핸즈온
바이브 코딩

핸즈온 바이브 코딩

요구사항 정의부터 리팩터링까지 직관이 아닌 원리로 익히는 실전 가이드

초판 1쇄 발행 2025년 10월 31일

지은이 정도현 / **펴낸이** 전태호
펴낸곳 한빛미디어(주) / **주소** 서울시 서대문구 연희로2길 62 한빛미디어(주) IT출판2부
전화 02-325-5544 / **팩스** 02-336-7124
등록 1999년 6월 24일 제25100-2017-000058호 / **ISBN** 979-11-6921-448-3   93000

책임편집 홍성신 / **기획** 이윤지 / **편집** 김지은
디자인 박정우 / **전산편집** 다인
영업마케팅 송경석, 김형진, 장경환, 조유미, 한종진, 이행은, 고광일, 성화정, 김한솔 / **제작** 박성우, 김정우

이 책에 대한 의견이나 오탈자 및 잘못된 내용은 출판사 홈페이지나 아래 이메일로 알려주십시오.
파본은 구매처에서 교환하실 수 있습니다. 책값은 뒤표지에 표시되어 있습니다.
한빛미디어 홈페이지 www.hanbit.co.kr / **이메일** ask@hanbit.co.kr

Published by Hanbit Media, Inc. Printed in Korea
Copyright © 2025 정도현 & Hanbit Media, Inc.

이 책의 저작권은 정도현과 한빛미디어(주)에 있습니다.
저작권법에 의해 보호를 받는 저작물이므로 무단 전재와 무단 복제를 금합니다.

지금 하지 않으면 할 수 없는 일이 있습니다.
책으로 펴내고 싶은 아이디어나 원고를 메일(writer@hanbit.co.kr)로 보내주세요.
한빛미디어(주)는 여러분의 소중한 경험과 지식을 기다리고 있습니다.

● 지은이 소개

지은이 정도현 dohyun@roboco.io

1995년 프런트엔드 개발자로 직업 프로그래머 생활을 시작하여 30년 가까운 세월 동안 일본과 한국에서 개발자, IT 컨설턴트, 아키텍트, AWS 테크니컬 트레이너로 일했다. 2022년부터 2년 만 동안 아마존에서 Senior SDE로서 AWS Skill Builder 서비스를 개발하다가 2025년 바이브 코딩 도입과 클라우드 플랫폼 엔지니어링을 전문적으로 컨설팅하는 로보코(roboco.io)를 창업하였다. 『팟캐스트 나는 프로그래머다』 1, 2권을 썼고 『실전 AWS 워크북』, 『배워서 바로 쓰는 14가지 AWS 구축 패턴』을 번역했다.

저자의 말

나의 어린 시절, 정확히 말하자면 1980년대 초반의 일이었다.

그때의 나는 영어라는 언어가 어른들이 어린이들을 괴롭히려고 일부러 만들어낸 가짜 언어라고 진심으로 믿었다. 억지로 시키니 배우기는 했지만, 이 언어로 실제 누군가와 의사소통한다는 건 상상조차 할 수 없었다. 지금 생각하면 터무니없는 이야기지만, 당시에는 내 주변의 모든 미디어에서 영어를 찾기 어려웠다. TV에 나오는 영화들은 전부 한국어로 더빙되어 있었고, 외국인이나 원서를 직접 만나는 일은 서울에서도 극히 드문 일이었다.

한마디로 영어가 '실제로 존재하는 언어'라는 사실 자체를 피부로 느낄 수 없었던 것이다. 나의 이런 엉뚱한 망상은 어느 날 친구 집에서 (지금은 사라진) 미국 프로레슬링 방송 WWF(현재의 WWE)를 AFKN$^{American\ Forces\ Korean\ Network}$이라는 주한미군 방송을 통해 접하면서 비로소 끝이 났다.

그로부터 40년이라는 긴 세월이 흘렀다.

그동안 세상은 완전히 달라졌다. 최근 몇 년간 가장 강력한 변화의 중심에 선 존재는 바로 AI다. 특히 AI가 가장 빠르고 파괴적으로 영향을 미치는 분야는 소프트웨어 개발일 것이다. 알파고가 인간을 넘어서는 모습을 지켜보면서 인간이 AI보다 확실히 잘할 수 있는 영역이 점점 좁아지고 있다고 느꼈고, 챗GPT의 등장 이후에는 '이제 본격적으로 프로그래밍이 AI의 영역으로 넘어가겠구나'라는 생각이 들었다. 머지않아 이 예측은 현실이 되었다. 변화는 이미 시작됐으며, 그 속도는 더욱 빨라지고 있다.

SNS에서는 이런 변화를 신기해하거나 막연한 두려움을 나타내는 개발자들이 많지만, 아직까지 자신과는 상관없는 먼일처럼 여기는 경우가 많다. 심지어 제대로 써보지도 않고 AI를 폄훼하는 사람도 적지 않다. 그러나 현실을 무시하는 데는 한계가 있다. 모든 개발자들이 AI가 가져올 이 파괴적인 변화를 정면으로 마주할 순간이 반드시 온다. 그때 AI와 함께 일할 준비가 되어 있는 사람과, 그렇지 않은 사람의 운명이 갈리게 될 것이다.

● 저자의 말

다시 어린 시절의 기억을 더듬어 보면, 80년대에는 동네마다 주산·암산 학원이 있었다. 당시 암산과 주산은 단순한 능력 계발 이상의 실용성을 가진 기술이었다. 전자계산기가 귀했던 시절, 암산 학원 출신이라면 일반인이 몇 초를 고민해야 할 계산도 눈 깜짝할 새에 풀어내고, 복잡한 연산조차 장난치럼 해치웠다. 그러나 반도체 기술의 발전과 저렴한 전자계산기의 대중화가 이루어지면서 암산과 주산이라는 기술은 순식간에 자취를 감추었다.

이제 프로그래밍도 주산·암산과 비슷한 운명을 맞지 않을까 하는 생각이 든다. 그 시기가 정확히 언제인지는 알 수 없지만, 남은 시간이 많지 않다는 사실은 분명하다. 그렇다고 해서 개발자라는 직업 자체가 사라지는 건 아니다. 소프트웨어의 수요는 오히려 증가할 것이고, 이를 전문적으로 관리하고 설계할 수 있는 개발자의 필요성은 계속될 것이기 때문이다. 하지만 분명한 건 전통적인 방식의 수작업 코딩에는 이미 시한부 선고가 내려졌다는 점이다.

부족한 점이 많지만, 이 책이 많은 개발자들에게 AI를 내 편으로 삼을 수 있는 계기가 되었으면 한다. 좋든 싫든 AI가 개발자의 직업을 현실적으로 위협하는 존재라는 사실을 피할 방법은 없다. 하지만 AI를 적이 아닌 친구로 삼는 것은 가능하다. 이 책이 개발자들이 AI를 친구이자 든든한 동료로 맞이하는 데 작은 지침서가 되길 바란다.

마지막으로 고마운 분들께 감사의 말을 전하고 싶다.

우선 같이 바이브 코딩에 대해 공부하며 여러 가지 아이디어를 공유한 염재현 님, 양윤상 님, 황진성 님에게 감사를 드린다. 특히 염재현 님의 통찰력이 없었다면 이 책은 나오지 못했을 것이다. AWS한국사용자모임(AWSKRUG)에서 교류하며 바이브 코딩에 대한 많은 아이디어를 제공해주신 날밤nalbam 유정열 님에게도 감사를 드린다. 그리고 부족한 나에게 책을 써 볼 것을 권해주신 한빛앤 임백준 대표님에게도 감사의 인사를 드린다. 자전거를 탈 때뿐 아니라 프로젝트를 할 때에도 항상 극한까지 몰아 붙여주신 김성훈 님에게도 감사를 드린다.

나는 바이브 코딩에 대한 대부분의 아이디어를 유튜브와 블로그에서 얻는다. 특히 처음 윈드서프에 대한 정보를 접한 유튜브 〈개발동생〉 채널과 긱뉴스(news.hada.io)에서 많은 영감과

정보를 얻고 있다. 바이브 코딩에 본격적으로 뛰어들 생각을 한 것도 〈개발동생〉의 윈드서프 소개 영상 덕분이었다. 끝으로 능력에 맞지 않게 책을 쓴답시고 매일 낑낑대던 나의 건강과 멘탈을 챙겨준 사랑하는 아내에게 감사의 말을 전한다.

정도현

이 책에 대하여

『핸즈온 바이브 코딩』은 AI 도구와 협업하며 개발하는 새로운 실무 패러다임, **바이브 코딩**(vibe coding)을 단계별로 익히는 실전서이다. 코드를 '감'이 아닌 원리와 프로세스로 관리하는 방법을 다루며, 챗GPT, 클로드 코드, 커서 IDE, 윈드서프 등 최신 AI 코딩 도구를 중심으로 '요구사항 정의 → 설계 → 구현 → 테스트 → 배포'의 선 과정을 실제 프로젝트 예제와 함께 설명한다.

책을 집필하는 도중에도 새로운 도구가 계속 나오고 있어서 모든 도구를 다 이 책에서 다루지는 못했다. 하지만 대부분의 AI 코딩 도구들은 비슷한 기능과 인터페이스를 제공하고 있어 이 책에서 제안하는 방법론은 도구에 상관없이 모두 적용 가능하다.

이 책은 단순한 도구 사용법을 넘어, AI를 동료로 삼는 개발자의 사고법과 실무 전략을 제시한다. 각 장은 독립적으로 읽을 수 있도록 구성되어 있으며, '이론 → 실습 → 프로젝트 → 리뷰'의 순서로 진행된다. 독자 여러분은 각 단계에서 'AI가 할 수 있는 일'과 '개발자가 해야 할 일'을 명확히 구분하면서, 효율적인 협업 모델을 구축할 수 있다. 또한 바이브 코딩의 성숙도 5단계 모델을 통해 스스로의 실무 역량을 점검하고 다음 단계로 성장하는 지침을 배울 수 있다.

대상 독자

이 책은 AI 코딩 도구를 이미 사용하고 있지만, 아직 체계적인 활용법을 찾지 못한 개발자를 위해 쓰였다. AI가 코드를 대신 짜주지만 그 결과물을 어떻게 관리하고 검증해야 할지 고민하는 실무 엔지니어, 또는 단순 자동 완성을 넘어 요구사항 정의부터 테스트까지 AI와 함께 관리하려는 팀 리더에게 특히 유익하다.

또한 AI를 단순한 도구가 아닌 협업의 동반자로 바라보려는 개발자와, LLM, 프롬프트 엔지니어링, MCP 등 최신 AI 코딩 인프라의 구조와 흐름을 이해하려는 기술 기획자에게도 이 책은 실무와 원리를 함께 짚어 주는 실전 가이드가 되어줄 것이다.

책의 구성

이 책은 총 11장으로 구성되어 있으며, '개념 이해 → 기술 원리 → 도구 활용 → 프로젝트 실습 → 리뷰 전략'의 다섯 흐름으로 이어진다. 1~2장은 바이브 코딩의 철학과 기술적 기반을 다루고, 3~4장은 실무 환경을 세팅하는 기술 스택을 소개한다. 5~6장은 실제 프로젝트를 시작하기 위한 준비와 프롬프트 설계 방법을 익히고, 7~10장은 클라우드와 풀스택 프로젝트를 통해 실무 적용력을 높인다. 마지막 11장에서는 바이브 코딩 시대의 리뷰 전략을 설명하며 마무리한다.

각 장의 주요 내용과 핵심 키워드를 요약하면 다음과 같다.

1장 바이브 코딩 소개
바이브 코딩의 개념과 탄생 배경, 성숙도 5단계 모델, 실전 전략을 소개한다.

2장 바이브 코딩의 원리
LLM, 트랜스포머 등 AI 코딩의 핵심 기술 원리를 개발자 시각에서 쉽게 설명한다.

3장 바이브 코딩을 위한 도구들
클로드 코드, 커서, 윈드서프, 코덱스, 제미나이 등 주요 IDE·플랫폼의 특징과 비교, 실제 활용법을 다룬다.

4장 바이브 코딩 최적화 기술 스택
운영체제, 에디터, 빌드, 테스트, 클라우드 등 바이브 코딩의 환경을 최적화하는 기술 구성을 설명한다.

5장 첫 번째 바이브 코딩 프로젝트
PRD 작성부터 설계, 구현, 테스트까지 '프로젝트 단위 관리' 수준의 바이브 코딩을 실습한다.

이 책에 대하여

6장 바이브 코딩을 위한 프롬프트 엔지니어링

효과적인 프롬프트 설계 원칙과 AI 에이전트의 규칙 관리 방식을 소개한다.

7장 패턴 언어

AI와 소통하기 위한 다양한 소프트웨어 엔지니어링 패턴을 소개한다. PRD, 설계 문서, README, 이슈 등 개발 문서 패턴과 클린 아키텍처, SOLID 원칙을 다룬다.

8장 MCP: AI 코딩 비서를 위한 만능 어댑터

AI 에이전트를 확장하는 MCP 개념과 활용 사례를 설명한다.

9~10장 실전 프로젝트

AI와 함께 설계하고 구현하는 클라우드 아키텍처 및 풀스택 웹 앱 개발 사례를 단계별로 안내한다.

11장 바이브 코딩 시대의 리뷰 전략

바이브 코딩 시대의 코드 리뷰와 품질 개선 전략을 행동경제학 관점에서 제시한다.

온라인 학습 강의

이 책의 내용을 더 깊이 이해하고 싶다면, 한빛+의 '핸즈온 바이브 코딩' 시리즈에서 강의와 실습 프로젝트를 함께 진행해보길 바란다.

- 한빛+: https://hanb.link/1bbF

CONTENTS

지은이 소개 ··· 4
저자의 말 ·· 5
이 책에 대하여 ··· 8

CHAPTER 01 바이브 코딩 소개

1.1 바이브 코딩이란 ·· 19
    1.1.1 챗GPT의 등장 ·· 19
    1.1.2 바이브 코딩의 유래 ·· 21
    1.1.3 기존 AI 코드 어시스턴트와 바이브 코딩의 차이점 ··························· 22
    1.1.4 바이브 코딩을 대하는 기본적인 마음가짐 ·· 22
    1.1.5 AI가 만든 코드를 100% 믿어도 될까? ·· 23

1.2 바이브 코딩 성숙도 ··· 25
1.3 바이브 코딩 전략 ·· 26
1.4 바이브 코딩의 한계와 극복 전략 ··· 28

CHAPTER 02 바이브 코딩의 원리

2.1 딥러닝과 LLM ··· 31
    2.1.1 인공신경망: 딥러닝의 기본 구조 ·· 32
    2.1.2 트랜스포머: LLM의 핵심 구조 ·· 32
    2.1.3 LLM의 학습 과정 ·· 35
    2.1.4 LLM은 어떻게 코딩 능력을 가지는가 ·· 36

2.2 어떤 언어 모델을 선택할 것인가 ··· 38
    2.2.1 사전 학습과 미세조정에 사용되는 데이터 ······································· 38

CONTENTS

    2.2.2 인스트럭션 튜닝과 RLHF로 코드 성능 향상 ········· **41**
    2.2.3 프로그래밍 능력 향상을 위한 기법 ········· **44**
    2.2.4 GPT와 클로드의 코드 처리 향상을 위한 설계 전략 ········· **48**
2.3 프로그래밍 작업을 위한 프롬프트 설계와 컨텍스트 최적화 ········· **52**
    2.3.1 효과적인 프롬프트 설계 ········· **52**
    2.3.2 시스템 프롬프트 및 환경 설정 ········· **54**
    2.3.3 긴 컨텍스트 활용과 최적화 ········· **55**
2.4 오픈AI vs 앤트로픽 접근법 ········· **57**
2.5 마치며 ········· **59**

CHAPTER 03 바이브 코딩을 위한 도구들

3.1 바이브 코딩 IDE 비교 ········· **62**
    3.1.1 주요 AI 코딩 도구 개요 ········· **62**
    3.1.2 가격 모델 및 사용 형태 ········· **68**
    3.1.3 개발자 커뮤니티의 평가 ········· **71**
    3.1.4 요약 ········· **73**
3.2 그 밖의 유용한 도구들 ········· **74**
    3.2.1 챗GPT: AI 조력자 겸 플래닝 도구 ········· **74**
    3.2.2 Codebase to Tutorial: 코드베이스 자동 분석과 튜토리얼 생성 ········· **75**
3.3 필자가 바이브 코딩에 즐겨 사용하는 기술들 ········· **77**
    3.3.1 Go 언어 ········· **77**
    3.3.2 타입스크립트: 정적 타입 체크 시스템을 갖춘 모던 자바스크립트 ········· **78**
    3.3.3 Next.js: 리액트 기반 웹 프레임워크의 표준 ········· **79**
    3.3.4 맨타인 UI: 높은 생산성의 리액트 UI 라이브러리 ········· **81**
    3.3.5 AWS: 클라우드 인프라의 기반 ········· **82**

3.3.6 AWS CDK: 인프라스트럭처를 코드로 관리하기 ········· 84

3.3.7 깃허브 액션: 간편하지만 강력한 CI/CD 파이프라인 구축 ········· 85

3.4 마치며 ········· 86

CHAPTER 04 바이브 코딩 최적화 기술 스택

4.1 운영체제 및 환경 ········· 90

4.2 에디터 및 IDE ········· 91

4.3 언어 및 런타임 ········· 92

4.4 테스트 및 빌드 도구 ········· 93

4.5 에이전트 통신 및 제어 도구 ········· 96

4.6 로그 및 피드백 시스템 ········· 97

4.7 마치며 ········· 99

CHAPTER 05 첫 번째 바이브 코딩 프로젝트

5.1 프로젝트 준비 ········· 101

5.1.1 무엇보다 '어떻게' 만들 것인가 ········· 102

5.1.2 AI 코딩 동료: IDE ········· 102

5.1.3 사용할 모델 선정 ········· 103

5.1.4 규칙 설정 ········· 105

5.2 첫 바이브 코딩 ········· 108

5.2.1 프로젝트 계획 세우기: PRD 작성 ········· 108

5.2.2 어떻게 만들 것인가 ········· 115

5.3 프로젝트 구현 ········· 123

CONTENTS

    5.3.1 프로젝트 초기 구조 설정 · 123
    5.3.2 TDD 방식으로 코어 로직 구현 및 디버깅 · 123
  5.4 마치며 · 125

CHAPTER 06 바이브 코딩을 위한 프롬프트 엔지니어링

  6.1 클로드와 AI 에이전트 기반 코딩 · 127
    6.1.1 효과적인 프롬프트 작성 원칙 · 128
    6.1.2 프롬프트 작성 예시 비교 · 130
  6.2 윈드서프와 커서의 규칙 관리 · 131
    6.2.1 윈드서프: 캐스케이드 구조와 규칙 관리 · 132
    6.2.2 커서: 규칙 정의와 적용 방식 · 134
  6.3 윈드서프와 커서의 규칙 관리 방식 차이점 · 137

CHAPTER 07 패턴 언어

  7.1 패턴 언어란 · 141
  7.2 개발 문서 패턴: PRD, 설계 문서, README, 이슈 · 142
    7.2.1 PRD · 143
    7.2.2 설계 문서 · 144
    7.2.3 README · 146
    7.2.4 이슈 작성 패턴 · 148
  7.3 소프트웨어 설계 원칙과 패턴 · 150
    7.3.1 SOLID 원칙 · 151

	7.3.2 클린 아키텍처	152
	7.3.3 도메인 주도 설계(DDD)	153
7.4	테스트 개발 패턴: TDD와 BDD	154
	7.4.1 테스트 주도 개발(TDD)	154
	7.4.2 행동 주도 개발(BDD)	155
7.5	운영 및 인프라 관련 패턴	156
	7.5.1 불변 인프라스트럭처	157
	7.5.2 12 팩터 앱	158
	7.5.3 서버리스 아키텍처	159
	7.5.4 제로 트러스트 보안	160
7.6	마치며	160

CHAPTER 08 MCP: AI 코딩 비서를 위한 만능 어댑터

8.1	MCP란	163
	8.1.1 MCP의 작동 원리	164
8.2	바이브 코딩과 MCP	166
8.3	CLI vs MCP	168
8.4	유용한 MCP 서버 사례와 추천	169
	8.4.1 개발 생산성 향상을 위한 MCP 서버	169
	8.4.2 개발 분야별 특화 MCP 서버	171
	8.4.3 아이디어 발상 및 지식 관리 MCP 서버	172
	8.4.4 그 밖의 바이브 코딩에 유용한 MCP 서버	173
8.5	마치며	174

CONTENTS

CHAPTER 09 실전 프로젝트 ①: 바이브 코딩으로 설계하는 AI 기반 클라우드 아키텍처

- 9.1 문제 정의: Fargate 자동 스케일링의 딜레마 ········ 176
- 9.2 정보 수집: AI에게 묻고 답하기(챗GPT DeepResearch) ········ 177
- 9.3 아키텍처 설계: 아이디어를 구체화하기 ········ 179
- 9.4 구현: AI와 함께 코드 작성하기 ········ 181
- 9.5 검증: AI와 함께 결과를 점검하기 ········ 184
- 9.6 마치며 ········ 185

CHAPTER 10 실전 프로젝트 ②: 풀스택 웹 앱 개발

- 10.1 프로젝트 개요: AI가 만든 RealWorld 웹 앱 ········ 190
- 10.2 Step 1: 제품 요구사항 문서 초안 작성 ········ 190
- 10.3 Step 2: PRD 다듬기와 확정 ········ 192
- 10.4 상세 계획 수립: plan.md와 단계별 이슈 생성 ········ 196
- 10.5 깃허브 이슈 생성 및 작업 관리 ········ 198
- 10.6 클로드 코드에 의한 구현 작업 착수 ········ 198
- 10.7 기술 스택 선택: 아르민 로나허의 권고와 실천 ········ 202
- 10.8 자동화된 풀스택 개발의 실증적 성과 ········ 204
- 10.9 마치며 ········ 205

CHAPTER 11　바이브 코딩 시대의 리뷰 전략

11.1　바이브 코딩에서 리뷰의 중요성 ··· 207
11.2　리뷰가 형식화되기 쉬운 이유 ··· 208
11.3　실질적인 리뷰를 위한 심리학 기반 접근: 행동경제학 ······················· 209
11.4　AI의 보조 역할: 인간 중심 리뷰를 위한 AI 활용 ···························· 211
11.5　개발 프로세스 전반의 리뷰 적용 지점과 품질 향상 방안 ·················· 213
11.6　바이브 코딩 시대의 개발자, 리뷰 능력이 경쟁력 ···························· 216

찾아보기 ··· 218

CHAPTER 1

바이브 코딩 소개

이 장에서는 먼저 '바이브 코딩'이라는 용어가 정확히 무엇을 의미하는지 짚어보고, 이 개념이 등장하게 된 배경을 간단히 소개한다. 이어서 이 책에서 목표로 삼는 바이브 코딩의 수준은 어떤 것인지, 또 이 수준에 도달하기 위해 어떤 전략이 필요한지를 함께 살펴보도록 하자.

1.1 바이브 코딩이란

바이브 코딩vibe coding은 원래 직관과 즉흥에 의존해 코드를 작성한다는 다소 부정적인 뉘앙스를 지닌 표현이었다. 하지만 인공지능artificial intelligence(AI), 특히 **대규모 언어 모델**large language model(LLM)의 등장은 이 표현에 새로운 의미를 부여했다. 이제는 AI가 제안하는 코드를 빠르게 시도하고, 반복 실험을 통해 개선하는 방식을 가리키는 말로 확장되었다.

이러한 변화를 결정적으로 이끈 사건이 바로 2022년 말 등장한 챗GPT였다. 챗GPT는 개발자의 일상에 깊숙이 파고들며 '바이브 코딩'이라는 용어를 본격적으로 자리 잡게 한 계기가 되었다.

1.1.1 챗GPT의 등장

2022년 11월. 카타르 월드컵이 한창이었고 세계 경제는 인플레이션과 전쟁의 영향으로 어수

선한 나날을 보내고 있었다. 사람들은 새로운 미래를 불안한 눈길로 바라보았다. 이러한 가운데 세상을 바꿀 커다란 변화가 조용히 태어났다. 오픈AI가 조용히 챗GPT를 출시한 것이다. 변변한 광고 하나 없이 챗GPT는 SNS를 통해 급속히 퍼졌고, 곧 전 세계 사람들의 일상 속 깊이 자리 잡았다.

그림 1-1 2022년 11월, 오픈AI 블로그에 공개된 챗GPT 첫 발표 화면

사실 변화의 조짐은 이미 2012년에 시작되었다. 다만 일반인들에게는 아직 알려지지 않은 영역이었다. 이미지넷 챌린지에서 제프리 힌튼$^{Geoffrey\ Hinton}$ 교수와 두 명의 박사과정 학생들이 만든 합성곱 신경망$^{convolutional\ neural\ network}$(CNN) 알렉스넷^{AlexNet}이 세계적인 대기업들을 누르고 우승한 것이다. 이들이 기록한 에러율은 15.3%로, 2위를 기록한 ISI 팀의 전통적 기법 에러율 26.2%와 비교하면 무려 10.8%라는 혁명적인 격차였다. 그 격차는 AI 연구의 역사를 새롭게 쓰는 사건이었다.

스마트폰의 등장과 보급은 딥러닝의 성장을 더욱 가속화했다. 스마트폰 사용자가 폭발적으로 늘어나면서 AI 학습의 필수 연료인 데이터가 전례 없는 속도로 쌓이기 시작했다. 여기에 기여한 또 다른 주역이 바로 **깃허브**^{GitHub}였다. 깃허브는 단순한 소스 리포지터리가 아니라 개발자들의 SNS였으며, 공개된 소스 코드와 데이터셋, 그리고 쉽게 구할 수 있는 그래픽 카드 덕에 누구나 딥러닝을 손쉽게 접할 수 있는 시대가 열렸다. 딥러닝은 점점 더 인간의 지능, 특히 언어라는 핵심 영역으로 파고들기 시작한 것이다. 이른바 LLM의 시대가 본격적으로 열리기 시작했다.

마침내 2021년 6월, 깃허브가 **코파일럿**[Copilot]을 출시했다. 이 책의 주제인 바이브 코딩은 사실상 이 코파일럿에서 시작되었다고 해도 과언이 아니다. 챗GPT가 질문에 대한 답변 형태의 문서를 생성했다면, 코파일럿은 주석이나 코드 문맥을 읽고 실제로 실행 가능한 코드를 순식간에 생성했다. 따지고 보면 코드 역시 언어였으며, 심지어 인간의 언어보다 더욱 논리적이고 구조화된 언어이다.

처음에는 AI가 작성한 코드의 신뢰성에 대한 갑론을박이 있었지만, 개발자들은 빠르게 AI와의 협업 방법을 습득했다. 코파일럿 등장 이후 2년이 흐른 2023년 봄, 커서 IDE가 AI 어시스턴트를 탑재한 채 등장했다. 코파일럿이 자동 완성 기능을 AI로 강화시킨 정도였다면, 커서는 코드베이스 전체를 생성할 수 있는 수준이었다. 커서는 이후 빠르게 발전하여 현재는 바이브 코딩이라는 새로운 프로그래밍 방식을 주도하는 도구로 자리 잡았다.

1.1.2 바이브 코딩의 유래

바이브 코딩이란 개발자가 문제를 간략하게 설명하면, AI가 필요한 코드를 알아서 생성해주는 AI 보조 프로그래밍 기법이다. 쉽게 말해, 복잡한 소프트웨어 엔지니어링 과정을 생략하고 무엇을 원하는지에 대한 지시만 명확하다면 AI가 능숙한 솜씨로 문제를 해결해준다. 프로그래머는 굳이 머리를 싸매고 코드 속으로 깊숙이 뛰어들 필요 없이, 편안한 마음으로 AI의 '바이브(직관)'에 맡기면 된다. 과거라면 대규모 팀이 필요했을 소프트웨어를, 이 마법 같은 능력 덕분에 이제는 초보 개발자도 혼자 만들어낼 수 있다. 앞으로는 인간이 애를 쓰며 해야 하는 일이 크게 줄어들 것이라는 기대가 커지고 있다.

원래 '바이브 코딩'이라는 용어는 농담처럼 쓰이던 일종의 개발자 밈이었다. 복잡한 스펙 수정이나 골치 아픈 디버깅 없이 직관적으로 뚝딱 만든 코드가 우연히 잘 작동할 때, 요즘 유행어로 하면 '럭키비키 코딩' 같은 표현으로 쓰이고는 했다. 그러던 것이 2025년 2월, 유명한 AI 연구자 안드레이 카르파티[Andrej Karpathy]가 X(구 트위터)에 올린 글을 계기로 진지한 기술 용어로 자리 잡았다. 그는 이 새로운 방식이 개발자가 AI의 직관적인 코딩 능력에 의존하며 개발을 수행하는 것이라고 정의했다. 개발자는 주로 자연어로 지시만 하고 결과를 관찰하며 필요할 때만 개입하는 접근 방식을 강조했다.

1.1.3 기존 AI 코드 어시스턴트와 바이브 코딩의 차이점

기존의 **깃허브 코파일럿**GitHub Copilot 같은 AI 코딩 어시스턴트는 인간이 직접 문제를 해결할 때 AI가 옆에서 돕는 방식이었다. 하지만 바이브 코딩에서는 개발자가 문제를 정의하면, 그 이후의 해결 과정은 AI가 스스로 수행한다. 물론 아직은 AI가 혼자 힘으로 해결할 수 있는 문제가 제한적이긴 하다. 원래 기존의 소프트웨어 개발에서도 컴파일러 체크, 자동화된 테스트, 반복적 배포 같은 단순한 일은 기계의 몫이었고, 요건 정의나 설계, 구현처럼 복잡한 작업은 인간이 맡았다. 하지만 GPT 같은 LLM의 등장으로 AI가 요건 정의마저 도우면서, 설계와 구현을 거의 전적으로 맡아주는 새로운 개발 방식이 탄생했다. 이제 기계가 다루는 영역이 크게 늘어난 것이다.

1.1.4 바이브 코딩을 대하는 기본적인 마음가짐

바이브 코딩은 엄청난 속도로 코드를 만들어내는 유능한 슈퍼 인턴과 함께 페어 프로그래밍을 한다는 생각으로 접근해야 한다. AI는 유능하고 손이 무척 빠르긴 하지만 인턴이라는 비유에서 알 수 있듯이, **모든 것을 다 맡길 수는 없다.** 컨텍스트context(맥락)가 비거나 알지 못하는 부분이 있으면, 스스로 채우기보다는 제멋대로 밀고 나가 문제를 만드는 경우가 많다. 따라서 바이브 코딩을 제대로 하려면 먼저 만들려는 것을 명확하게 정의하고 작업에 대한 계획을 세운 다음 AI가 작업하기 쉬운 작은 단위로 작업을 나눠야 한다. AI는 기존에 작성된 코드를 참고해서 비슷한 스타일로 작업하기 때문에, 앞으로 작성해 나갈 코드의 이정표가 될 수 있는 초기 셋업이나 예제 코드 준비에도 신경을 써야 한다.

마지막으로 작업 결과물을 자동으로 검증할 수 있는 수단이 필요하다. 여기까지 준비가 되었다면 이제 구현과 검증을 인간이 상상할 수 없는 속도로 빠르게 반복할 수 있다. AI는 손이 매우 빠르지만 때로는 눈앞의 문제만 보고 급하게 하드코딩으로 근본적인 문제를 우회하는 근시안적 성향도 보인다. 따라서 AI가 이상한 행동을 하지 못하게 적절한 가이드라인을 주고 컨텍스트를 철저히 관리해야 한다.

1.1.5 AI가 만든 코드를 100% 믿어도 될까?

> 아니, 사람은 의심하고 봐야 해.
> 많은 사람이 오해하고 있지만,
> 사람을 의심한다는 것은 곧 그 인간을 알려는 행위야.
> 많은 사람이 '믿는다'라는 미명하에 하는 일은,
> 사실 타인을 알려는 노력을 포기하는 것에 불과해.
> 그것은 결코 '믿는 것'이 아니라 '무관심'이야.
> 무관심이야말로 의심보다 더욱 비열한 행위임을
> 많은 사람이 모르고 있어.
>
> — 아키야마 신이치, 〈라이어게임〉

결론부터 말하면, 이 책은 AI가 만든 '코드'를 철저하게 신뢰하지 않는 방법으로 개발하는 것을 전제로 한다. 결과물을 반드시 테스트하고 리뷰하는 과정이 필요하다. 하지만 그런 식으로 개발하면 배보다 배꼽이 더 커지는 게 아닐까? AI를 활용하면 이 품질 관리와 테스트 자동화도 쉬워진다. 물론 사람이 개발하는 경우에도 테스트 주도 개발$^{\text{test driven development}}$(TDD)이나 행동 주도 개발$^{\text{behavior driven development}}$(BDD)에 기반을 둔 완전 자동화된 CI/CD 프로세스는 매우 효과적이다. 하지만 이를 위해서는 개발 파이프라인 구축과 TDD에 숙련된 인력이 필요하다. 기능을 릴리스한 개발자는 좋은 인사고과를 받지만, TDD를 하지 않았다고 직접적으로 나쁜 평가를 받지는 않는다. 결국 좋은 방법임에도 시간이나 인력 부족을 핑계로 자리 잡지 못했던 모범적인 개발 방법론이 바이브 코딩에서는 필수적인 요소로 자리 잡을 것이다. 이 책도 TDD와 BDD를 바이브 코딩에서 어떻게 효과적으로 사용할지에 대해 많은 분량을 할애하고 있다.

알아두기 — 바이브 코딩의 기술

바이브 코딩이라는 말을 들어본 적이 있는가? 원래 이 표현은 칭찬이 아니었다. 직관과 느낌에만 의존해 코드를 작성하면서, 엄격한 구조나 규칙은 종종 무시하는 개발자들을 다소 비꼬는 의미로 쓰였다. 그런데 흥미롭게도, 최근에는 AI, 특히 LLM을 활용해 프롬프트만으로 코드를 생성하는 방식과 연결되어 사용되고 있다. 물론 LLM을 사용하더라도 충분히 모범적이고 유지보수가 쉬운 코드를 작성할 수 있다. 특히 시행착오 없이 한 번에 잘 작동하는 코드를 얻었다면, 그건 바이브 코딩이 제대로 통했다는 뜻이며 AI 기반 개발의 본질을 제대로 이해했다는 의미이기도 하다.

염재현

AI 코딩이 컴파일러와 비슷하지 않냐는 질문을 받곤 한다. 표면적으로 보면 그 말이 맞다. 컴파일러가 코드를 기계로 바꾸듯이, LLM은 자연어 프롬프트를 코드로 바꾼다. 그러나 둘 사이의 유사성은 그 정도가 전부다. 가장 큰 차이는 결정성이다. 컴파일러는 같은 입력에 항상 같은 출력을 내지만, LLM은 같은 입력에도 미묘하거나 전혀 다른 출력을 내놓는다. 불완전하거나 맥락 없는 프롬프트를 입력하면 엉뚱한 결과가 나오기도 한다. 코드 언어는 명확하지만 인간의 언어는 애매모호하기 때문이다. 그래서 LLM은 언제나 의도를 '추측'해야만 한다.

그렇다면 이렇게 비결정적인 도구를 어떻게 믿고 사용할 수 있을까? 그 답은 다른 확률 기반 시스템을 신뢰하는 방법과 비슷하다. '수렴'이라는 개념이다. 예를 들어, 최적해를 찾을 때 무작위를 허용하며 조금씩 범위를 좁혀가는 시뮬레이티드 어닐링simulated annealing과 비슷하다. 머신러닝을 이용할 때 사용하는 확률적 경사 하강법stochastic gradient descent 역시 확률적으로 점점 좋은 결과로 수렴한다. 심지어 우리 인간 개발자도 매일 컨디션과 성과가 다르지만, 좋은 습관과 체계를 통해 신뢰할 만한 결과로 수렴한다. 즉, 완벽함이 아니라 유용한 결과로 수렴하도록 구조화하면 LLM도 충분히 신뢰할 수 있다.

수렴 같은 거창한 주제까지 언급하지 않더라도 생성된 코드가 제대로 됐는지 확인하는 것을 자동화하지 않으면 LLM 사용은 매우 괴롭다. 많은 사람이 LLM이 생성한 코드를 신뢰하지 못한다고 한다. 앞서 살펴본 대로 컴파일러와는 다른 점이 많아 신뢰하지 못하는 것도 당연하다. 생성된 코드가 올바른지 아닌지를 왜 사람이 직접 확인해야 할까? 유전 알고리즘genetic algorithm 같은 기법을 이용할 때, 교차 및 변이로 생성된 유전자가 실제로 적법한지 사람이 일일이 확인해야 한다고 하면, 아무도 그것을 이용하고 싶지 않을 것이다. 따라서 LLM을 제대로 활용하려면 몇 가지 원칙을 따라야 한다.

- 첫째, **과감히 단순화하라.** LLM은 종종 과도하게 복잡한 구조를 만들려고 한다. 필요 없는 클래스, 추상화, 복잡한 구조는 삭제하고 최소한의 형태로 유지하라. 단순화는 오류 가능성을 줄이고, 문제점을 빠르게 파악할 수 있게 해준다.
- 둘째, **작은 단계로 접근하라.** 한 번에 모든 걸 해결하려고 하면 실패한다. 명확한 요구사항부터 작성하고, 모호한 부분은 예시로 풀어라. 필요하면 설계 문서design document를 만들게 하고 그것을 함께 검토하라. 이렇게 차근차근 단계를 밟으면 오류를 줄일 수 있다.
- 셋째, **자동화를 적극 활용하라.** 예시가 생기면 바로 실행 가능한 테스트로 전환하라. 코드 포매터, 린터, 단위 테스트를 자동으로 수행하는 스크립트를 만들어두면 좋다. 사소한 스타일 문제는 자동 포매터에게 맡기고, LLM이 변경 후 스스로 테스트를 수행하고 실패한 부분을 수정하도록 유도하라. 자동화는 비용도 적게 들고 속도도 빠르다.
- 마지막으로, **좋은 입력을 제공하라.** LLM은 불확실할 때 갈팡질팡한다. 최신 문서, 정확한 API 정보 같은 신뢰할 만한 입력을 주면 무한한 반복과 불확실성을 크게 줄일 수 있다.

과거에 조롱 대상이었던 바이브 코딩이 이제는 AI 시대의 강력한 사고 방식으로 떠올랐다. 하지만 직감만으로는 부족하다. 이 게임은 결국 수렴을 잘 조율하는 일이다. 단순화하고 자동화하며 명확하게 방향을 제시하라. 그러면 모델이 바른 길을 찾아 스스로 '바이브'를 탈 것이다.

1.2 바이브 코딩 성숙도

SNS에서 '바이브 코딩을 해봤다'고 이야기하는 사람들 사이에도 실제 사용하는 바이브 코딩의 수준과 방법론에는 상당한 격차가 있다. 이로 인해 의사소통에 혼선이 생기고 서로 다른 기대 수준 때문에 혼란이 발생하기도 한다. 예를 들면 바이브 코딩 덕분에 작업이 훨씬 빠르고 수월해졌다는 성공 사례도 있지만, 반대로 기대했던 대로 제대로 동작하지 않아 오히려 오류가 늘고 시간만 낭비했다는 실패 사례도 적지 않게 있다. 간단한 작업이나 새로운 프로젝트를 처음부터 구현할 때는 바이브 코딩의 장점을 충분히 누리다가도, 복잡한 프로젝트나 기존 시스템의 마이그레이션 같은 까다로운 작업에서는 바이브 코딩이 오히려 발목을 잡았다는 사례도 적지 않다.

이러한 혼선을 막고 바이브 코딩을 명확하게 이해하고 활용하기 위해, 성숙도 모델을 다음과 같이 정의한다. 이 성숙도 모델은 바이브 코딩을 사용하는 수준에 따라 5단계로 구분되어 있으며, 개발자가 스스로의 능력을 진단하고 발전시킬 수 있는 기준을 제공한다.

1단계: 코드 단위 보조

가장 기초적인 수준으로, 개발자는 주로 한두 줄의 코드 작성을 AI의 도움을 받아 진행한다. 이 단계에서는 깃허브 코파일럿 같은 도구를 통해 코드 자동 완성이나 제안 기능을 활용해 작업을 빠르게 진행할 수 있다. 하지만 설계나 전체 흐름에 대한 통제력은 전적으로 개발자 본인의 책임이다.

2단계: 파일 단위 자동화

2단계에서는 보다 긴 코드나 스크립트 파일 전체를 AI의 도움으로 작성할 수 있다. 개발자는 AI가 제안한 코드를 검토하고 일부 수정해 필요한 기능을 빠르게 구현하고 자동화된 작업을 만들어 활용한다. 주로 간단한 유틸리티나 반복적이고 정형화된 작업에서 높은 효과를 보인다.

3단계: 컴포넌트 단위 설계

3단계에서는 개별 기능이나 모듈을 AI와 함께 설계하고 구현한다. AI가 제공하는 코드 초안을 바탕으로 설계를 다듬고, 필요한 테스트와 수정 과정을 거쳐 실제 프로젝트에서 활용 가능한 수준의 컴포넌트를 만들어낸다. 이 단계부터는 개발자의 아키텍처에 대한 이해와 코드 관리 능력이 중요해지며, 설계 의도가 AI에게 정확히 전달될 수 있도록 프롬프트 엔지니어링 기술이 필요해진다.

4단계: 프로젝트 단위 관리

4단계는 이 책에서 목표로 하는 수준이다. 전체 프로젝트를 바이브 코딩으로 관리하며, 요건 정의부터 설계, 개발, 테스트, 배포에 이르는 전 과정에서 AI의 지원을 받는다. 프로젝트 수준에서 코드의 일관성과 유지보수성을 확보하기 위해 AI와 효과적으로 소통하는 고급 프롬프트 엔지니어링 기술과 프로젝트 관리 역량이 필수다. 개발자는 AI와 협력하여 전체 프로젝트의 품질을 높이고 효율성을 극대화할 수 있다.

5단계: 서비스 단위 자동화 및 최적화

가장 높은 수준인 5단계는 서비스 전체의 운영과 최적화를 AI 기반으로 자동화하는 수준이다. AI가 프로젝트의 지속적인 유지보수와 개선 작업을 주도하며, 데이터 기반의 최적화를 통해 서비스 품질과 성능을 자동으로 관리한다. 이 수준에 도달한 조직이나 개인은 AI와 긴밀하게 협력하여 복잡한 운영 환경에서도 높은 수준의 자동화를 실현할 수 있다.

이 책에서는 집필 시점을 기준으로 출시된 도구들을 사용하여 실제 구현이 가능한 4단계, 즉 프로젝트 단위 관리 수준을 목표로 삼고 있다. 대부분의 개발자들은 4단계만 도입해도 충분히 바이브 코딩이 가져다주는 엄청난 생산성 향상을 피부로 느낄 수 있다. 모쪼록 위 척도가 자리 잡아 바이브 코딩 성숙도에 대한 명확한 이해를 통해 개발자들이 혼란 없이 효율적으로 바이브 코딩을 활용하고, 보다 성공적인 프로젝트 결과를 얻을 수 있기를 기대한다.

1.3 바이브 코딩 전략

앞서 이 책에서 제안하는 바이브 코딩의 목표 성숙도는 4단계, 즉 프로젝트 단위의 관리라고 언급했다. 프로젝트 단위 관리를 위한 바이브 코딩 접근 전략의 핵심은, 작업을 AI 모델이 가장 잘 수행할 수 있는 작은 단위로 나누고, 이를 다시 AI를 사용해서 관리하는 것이다. 기존의 바이브 코딩 방식은 직감이나 느낌에만 의존해, 구조와 규칙을 무시한 채 코드를 작성한다는 비판을 받아왔다. 반면 이 책이 제시하는 접근법은 철저히 체계적이고 구조화된 방식으로, 직관과 기술을 결합해 효율적이고 신뢰할 수 있는 코드를 만드는 것을 목표로 한다.

시작은 요건 정의부터 시작한다. 구현에 앞서 무엇을 만들 것인지 명확히 정의하는 단계이다. 이 단계에서는 **제품 요구사항 문서**product requirements document(PRD)를 작성해 프로젝트의 목적, 주요 기능, 동작 방식 등을 명확히 기술한다. 이 과정에서 챗GPT는 아이디어 생성부터 계획 구체화, 문서화까지 중요한 도구로서의 역할을 수행한다. PRD는 프로젝트의 방향성을 설정하는 데 도움을 주고, 모든 팀원이 공유하는 가이드라인으로 작용한다.

명확한 PRD를 작성한 이후, 이를 기반으로 작업을 잘게 나누는 것이 중요하다. 복잡한 작업을 한 번에 모델에게 맡기면 결과는 신뢰하기 어렵다. 따라서 요구사항을 문서화하고 명확하게 정의된 작은 단위의 작업으로 쪼갠다. 이렇게 하면 AI 모델은 작업의 맥락을 더 쉽게 이해할 수 있으며, 높은 품질의 코드를 생성할 가능성이 높아진다.

작업을 나눈 후에는 명확한 문서화가 필요하다. AI 모델은 입력된 프롬프트의 질에 따라 결과물이 달라지기 때문에, 작업을 명확하고 구체적으로 정의하는 것이 매우 중요하다. 필요한 경우 예시나 세부적인 요구사항을 명시해 모델이 정확한 코드를 작성할 수 있도록 돕는다.

또한 이 책에서는 작업의 일관성과 효율성을 높이기 위해 규칙을 적극 활용한다. 규칙은 프로젝트나 작업 공간의 전역global 및 개별 작업workspace에 대한 프롬프트 가이드라인으로, 모델의 동작을 명확히 규정한다. 이를 통해 작업이 프로젝트의 목표와 요구사항에 잘 부합하는지 지속적으로 점검할 수 있으며, 작업의 일관성을 유지하고 모델이 더 신뢰할 수 있는 결과를 생성하도록 돕는다.

작업 관리 도구로는 마크다운으로 작성된 작업 목록을 사용한다. TaskMaster AI와 같은 전문적인 작업 관리 도구도 있지만, 현재 여러 도구들이 작업 관리 기능을 빠르게 툴의 기능에 포함시키는 추세이다. 이 책에서는 모델이 제공하는 작업 계획 기능을 적극 사용하여 마크다운으로 작성된 체크리스트를 작업 관리에 적극 활용한다.

마지막으로, 실제 구현 과정에서 부족한 계획이나 요건이 발견될 수 있다. 이 경우, 유연하게 PRD를 수정하고 보완하는 반복적인 개선 과정을 거쳐야 한다. 이러한 과정 역시 챗GPT와 같은 도구를 활용해 효율적으로 진행할 수 있다.

결론적으로, 우리가 제안하는 바이브 코딩 접근 전략은 '명확한 요구사항 정의', '단순화', '작업의 작은 단위 분할', '자동화된 검증과 관리', '명확한 프롬프트와 규칙 제공', '지속적인 개선과 반복'이라는 핵심 원칙을 기반으로 한다. 이를 통해 개발자는 비결정적인 AI 모델을 효율적이고 신뢰성 있게 활용할 수 있다. 궁극적으로 유지보수가 쉬운 높은 품질의 코드를 얻을 수 있다.

1.4 바이브 코딩의 한계와 극복 전략

바이브 코딩은 AI가 모든 문제를 척척 해결하는 마법 같은 기술인 듯 보인다. 특히 간단한 작업에서는 실제로 그런 면이 있다. 코드를 몇 줄 작성하거나 간단한 기능을 추가하는 정도라면, 바이브 코딩은 놀랍도록 빠르고 효율적이다. 개발자는 대략적인 지침만 제공하고, 나머지는 AI가 마무리하는 형태다. 이러니 간단한 자동화 스크립트나 소규모 프로젝트에서는 바이브 코딩이 기존의 개발 방식을 압도할 수밖에 없다.

하지만 프로젝트의 규모가 커지고 복잡성이 증가하면 상황이 달라진다. 초반 기획이나 설계 단계에서 예상하지 못했던 변수들이 속속 드러나기 시작한다. AI는 이미 학습된 데이터와 주어진 명령 범위 안에서 주로 문제를 해결할 수 있으므로, 돌발적이거나 창의적인 문제 해결을 요구할 때는 쉽게 막힌다. 간혹 AI가 제시하는 해결책은 엉뚱하거나 오히려 문제를 악화시키기도 한다. 결국 이러한 상황에서는 바이브 코더의 역할이 결정적이다.

바이브 코더vibe coder에게 가장 필요한 능력은 명확한 방향 설정과 (문제 발생 시) 적절한 대응 방안 제시다. AI가 내놓는 여러 해결책 중에서 가장 적합한 것을 선별할 수 있어야 한다. 다시 말해, AI의 생산성은 바이브 코더의 역량에 비례해 증폭된다. 따라서 바이브 코더는 단순히 AI가 내놓는 결과물을 무비판적으로 수용해서는 안 된다. AI가 작성한 코드를 리뷰하고 평가하는 능력, 때로는 AI에게 작업을 재지시하거나 방향을 수정하는 역량이 필수적이다.

그렇다고 해서 AI가 처리하는 모든 세부 작업을 바이브 코더가 이해해야 한다는 뜻은 아니다. 세부 구현은 AI에게 맡기고 바이브 코더는 기획, 계획, 전략적 결정에 집중해야 한다. 프로젝트를 어떻게 구성할지, 각 단계의 목표는 무엇인지, 전체적인 방향을 어떻게 잡을지 등을 결정하는 것이 바이브 코더의 주된 임무다. 현시점에서 이런 작업들은 AI가 인간을 완전히 대체할 수 없는 지점이다.

좋은 바이브 코더가 되기 위한 가장 효율적인 방법은 작은 프로젝트부터 시작해 빠르게 반복하는 것이다. 바이브 코딩의 강점은 짧은 시간에 많은 것을 실험하고 수정할 수 있다는 데 있다. 처음부터 대규모 프로젝트에 도전하기보다는 작은 과제를 여러 번 반복하는 것이 좋다. 그렇게 하면서 AI와 함께 일하는 방식과 그 한계를 점진적으로 파악하고, 자신만의 프로세스와 툴셋을 구축해 나가야 한다.

결국, 바이브 코딩은 인간의 능력을 대체하는 것이 아니라 증폭하는 도구일 뿐이다. 바이브 코더의 역량이 높아질수록 AI를 통해 얻을 수 있는 결과물의 수준과 효율성도 급격히 증가한다. 반대로 바이브 코더가 기본적인 방향 설정이나 문제 해결 역량을 갖추지 못하면, 아무리 뛰어난 AI라도 기대만큼의 결과를 내지 못할 것이다.

> **알아두기** | **바이브 코딩의 약점과 강점**
>
> 정도현
>
> 바이브 코딩의 생산성은 두 가지 요소에 의해 크게 좌우된다. 하나는 바로 사람의 생산성, 즉 개발자의 문제 해결과 분석 능력이다. 다른 하나는 이를 보완하고 강화하는 도구나 프로세스의 생산성이다. 여기서의 생산성이란 단지 코드를 빠르게 짜는 능력만을 의미하지 않는다. 계획을 세우고 문제를 분석하며 해결책을 찾는 전반적인 역량까지를 포함한다.
>
> 실제로 여러 프로젝트를 수행하면서 바이브 코딩이 잘하는 작업과 그렇지 못한 작업들을 경험적으로 분류해봤다. 어떤 일이든 도구가 잘하는 것과 잘하지 못하는 것을 아는 것이 가장 중요하다. 잘 활용하려면 도구의 특성을 잘 알아야 한다는 뜻이기 때문이다. 우선 바이브 코딩이 유난히 잘하는 작업들부터 살펴보자.
>
> - 첫째, 명세(specification)가 명확하게 정의된 작업이다. 바이브 코더가 세세한 부분까지 알지 못해도 작업의 내용과 진행 순서가 잘 문서화되어 있다면 AI는 놀랍도록 정확한 결과물을 내놓는다. 명확한 문서화가 AI의 능력을 최대한 끌어내는 열쇠인 셈이다.
>
> - 둘째, 포팅 작업이다. 이미 다른 언어나 플랫폼, 프레임워크로 완성된 프로젝트가 있다면 그 코드 자체가 완벽한 명세서 역할을 한다. AI는 기존 코드를 참조하여 높은 완성도로 포팅 작업을 빠르게 수행할 수 있다. 특히 기존 프로젝트에 자동화된 테스트가 부족하다면 AI를 이용해 단위 테스트(unit test), 통합 테스트(integration test), 엔드투엔드 테스트(end-to-end test)를 먼저 생성한 후 이를 포팅 대상 프로젝트에 적용하면 훨씬 정확하고 효율적으로 작업을 진행할 수 있다.
>
> - 셋째, 간단한 스크립트나 유틸리티 작업이다. 입력과 출력이 명확하게 정해진 작업이라면 AI는 마치 빛의 속도로 일을 해낸다. 일회성 작업이라 할지라도 테스트 주도 개발(test driven development)(TDD) 방식을 도입하면 빠르게 작업하면서도 신뢰성을 높일 수 있다.
>
> 하지만 모든 일이 그렇게 간단하지는 않다. 바이브 코딩이 잘 못하는 작업들도 있다.

- **무엇을 만들어야 하는지 불분명한 작업이다.** 소프트웨어 개발 과정에서 종종 있는 일로, 실제 구현 과정을 통해 조금씩 사양을 개선하며 진행해야 하는 작업들이 있다. DevOps 관련 툴이나 복잡한 워크플로 설계가 그 예다. 이런 작업은 챗GPT와 같은 대화형 AI 서비스를 통해 여러 가지 상황들을 AI와의 대화를 통해 시뮬레이션하면서 방향을 잡은 다음 구현하는 것이 현명하다.

- **복잡한 컨텍스트를 지닌 작업이다.** 특히 복잡한 관계형 데이터베이스를 갖춘 모놀리식 아키텍처 같은 프로젝트는 컨텍스트가 방대하고 복잡해 사람조차 헤매기 쉽다. 이상적으로는 마이크로서비스 형태로 나눠서 작업하는 것이 좋지만 현실적으로 어려운 경우도 많다. 이럴 땐 프롬프트 엔지니어링을 통해 AI가 처리할 컨텍스트의 크기를 제한하는 방법이 있다. 작업별로 관련 문서나 코드만 선택해 규칙 파일로 제공하는 방식이다. 물론 작업마다 규칙을 동적으로 업데이트해야 하는 번거로움이 있지만 최근 TaskMaster AI나 BMAD-METHOD와 같은 도구들이 등장하면서 이 부분까지도 자동화되고 있다.

이처럼 바이브 코딩의 효과적인 활용은 결국 AI와 사람이 서로의 강점과 약점을 잘 이해하고 활용하는 데서 비롯된다. 명확히 정의된 작업에서는 AI의 빠른 처리 속도와 정확성이 빛나지만, 복잡하고 모호한 작업에서는 사람의 판단력과 분석력이 여전히 중요하다.

지금 이 순간에도 전 세계 바이브 코더들은 끊임없이 실험하고 있다. 이미 바이브 코딩으로 만들 수 있는 작업들은 실제로 구현되고 있으며, 아직 구현되지 않은 복잡한 문제들을 해결하려는 시도가 끊임없이 진행되고 있다. 도구는 한계가 있을지 모르나, 그 **도구를 활용하는 인간의 창의력과 도전 정신에는 한계가 없다.**

CHAPTER 2

바이브 코딩의 원리

바이브 코딩은 마법이 아니다. 똑똑한 AI 비서가 코드를 대신 짜주고 설계까지 대신해준다고 해도, 그 내부가 어떤 원리로 동작하는지 모르면 결국 한계에 부딪히기 마련이다. 제대로 된 바이브 코딩을 하려면 이 멋진 도구가 어떤 기술 위에 서 있는지 그 기반을 알아둘 필요가 있다.

이번 장에서는 바이브 코딩을 움직이는 핵심 기술들의 원리를 하나씩 들여다보면서, 바이브 코딩을 제대로 하기 위해 필요한 지식들을 살펴본다. 다만, 이번 장에서 다루는 모든 내용을 알아야만 바이브 코딩을 할 수 있는 것은 아니다. 바이브 코딩을 바로 경험해보고 싶다면 3장으로 이동해도 된다.

2.1 딥러닝과 LLM

> 레이서가 되기 위해 반드시 엔지니어일 필요는 없지만, 기술적 공감 능력은 필수다.
>
> – 재키 스튜어트, 레이싱 드라이버

일상에서 자동차를 운전한다고 해서 엔진의 구동 원리나 공학적 요소를 엔지니어 수준으로 이해할 필요는 없다. 그러나 레이싱에서 승리하고 싶다면 자동차가 어떤 원리로 동작하는지 엔지니어에 준하는 수준으로 이해하고 있어야 한다. 영국의 전설적인 레이서 재키 스튜어트는 이를 두고 '기술적 공감 능력mechanical sympathy'이라고 불렀다.

바이브 코딩은 머신러닝을 포함해 지금까지 인류가 축적해온 소프트웨어 공학의 집약체라 할 수 있다. 머신러닝 알고리즘 자체를 깊이 공부할 필요는 없지만, 바이브 코딩이 어떤 원리로 동작하고 어떤 제약이 있는지는 이해해야 프로덕션 수준에서 활용할 수 있다. 지금부터 바이브 코딩을 지탱하는 도구와 기술들의 동작 원리를 알아보자.

2.1.1 인공신경망: 딥러닝의 기본 구조

바이브 코딩에 대해 가장 처음 알아야 할 기술은 **딥러닝**deep learning이다. 딥러닝은 인공신경망artificial neural network(ANN)을 사용해 데이터로부터 모델이라고 불리는 일종의 엄청나게 많은 상수를 가진 거대하고 복잡한 방정식을 생성하는 기술이다. 인공신경망은 사람 뇌의 뉴런을 모방한 구조로, '입력층-은닉층-출력층'으로 이뤄진다. 각 뉴런은 이전 층에서 받은 입력값에 가중치(상수)를 곱하고 편향(상수)을 더해서 활성화 함수를 통과시켜 다음 층으로 넘긴다. 활성화 함수를 사용하는 이유는 비선형성을 만들기 위해서이다. 비선형성이라는 것은 쉽게 말해 입력값이 두 배가 됐을 때 출력값이 정확히 두 배가 되는 간단한 비례 관계가 아니라, 훨씬 복잡한 패턴으로 입력과 출력이 연결된다는 의미다. 만약 활성화 함수 없이 신호를 그냥 더하고 곱하는 방식으로만 전달하면, 입력과 출력이 단순한 직선 형태로 연결되는 선형 모델로 '퇴화'하게 된다. 이렇게 되면 복잡한 데이터의 특징을 모델로서 제대로 표현하지 못하고 단순한 예측만 하게 된다.

딥러닝 모델은 층이 깊고 파라미터 수가 많을수록 복잡한 함수를 표현할 능력이 향상된다. 현대의 딥러닝에서는 수백만~수십억 개에 달하는 가중치를 가진 거대 신경망도 드물지 않다. 예컨대 최신 대규모 언어 모델large language model(LLM)은 수십억 개 이상의 매개변수를 가진 매우 깊은 신경망이다. 하지만 이런 복잡한 모델도 결국 다층 뉴런 구조와 역전파를 통한 가중치 학습이라는 동일한 원리로 동작한다. 차이는 데이터 규모와 연산 자원의 크기에 있을 뿐이다. 머신러닝 알고리즘을 깊이 알 필요는 없지만, 원리와 한계를 이해해야 프로덕션에서 제대로 쓸 수 있다.

2.1.2 트랜스포머: LLM의 핵심 구조

LLM은 방대한 양의 자연어 데이터를 학습한 딥러닝 모델로, 주로 트랜스포머transformer라는 신경망 구조를 기반으로 한다. 트랜스포머는 2017년 구글 브레인 팀의 논문 「Attention is All You Need」에서 제안한 최신 모델로, 셀프 어텐션$^{self\ attention}$ 메커니즘을 통해 RNN 기반 모델의 한계를 극복한 구조이다. 순환 신경망$^{recurrent\ neural\ network}$(RNN)은 시퀀스를 한 토큰씩 순차적으로 처리하기 때문에 문장이 길어지면 장기 의존성$^{long-term\ dependency}$ 학습이 어렵고 연산이 순차적이라 병렬화가 힘들었다.

트랜스포머는 인코더-디코더 구조이면서도 RNN을 사용하지 않고, 멀티헤드 어텐션$^{multi-head\ attention}$이라는 병렬화된 어텐션 기법으로 모든 단어 간 관계를 한 번에 처리한다. 쉽게 말해, 문장 내 각 단어가 다른 단어들을 얼마나 참조해야 할지를 어텐션 점수라는 것으로 계산해, 멀리 떨어진 단어들 사이의 연관성까지 효율적으로 포착한다. 이러한 어텐션 메커니즘 덕분에 트랜스포머 모델은 문맥을 더 잘 이해하고 긴 문장도 효과적으로 처리할 수 있게 되었다. 학습 속도 또한 병렬 연산으로 크게 향상되었다. 이제 트랜스포머를 이해하기 위한 몇 가지 키워드를 살펴보자.

어텐션

트랜스포머의 **어텐션**^{attention}은 Query(질문), Key(기억), Value(값)라는 세 가지 개념을 사용해 각 단어가 얼마나 중요한지 판단한다. 쉽게 말해, 각 단어는 다음 세 가지로 변환된다.

- **Query**: "나는 어떤 정보를 찾고 있는가?" (검색어)
- **Key**: "나는 이런 정보를 가지고 있다" (색인/태그)
- **Value**: "내가 제공할 실제 정보는 이것이다" (내용)

즉, Query는 '찾는 내용', Key는 '제공 가능한 내용의 라벨', Value는 '실제 전달할 정보'로 이해할 수 있다.

어텐션의 핵심은 Query와 Key 간의 유사도(관련성)이다. 트랜스포머는 Query와 Key 벡터 간의 내적$^{dot\ product}$을 계산해 이 유사성을 측정한다. Query와 Key 벡터는 학습을 통해 문맥에 따라 유동적으로 변환한다. 같은 단어라도 포함된 문맥이 달라지면 다른 벡터로 표현된다. 유사도가 클수록 Query와 해당 Key는 서로 연관성이 높다고 판단하며, 높은 가중치^{weight}를 부여한다. 반대로 유사도가 낮으면 관련성이 적다고 판단해 낮은 가중치를 부여한다. 이렇게 계산된 가중치는 소프트맥스^{softmax} 함수를 거쳐 확률로 사용할 수 있는 0부터 1 사이의 값으로 변환된다. 이것을 '정규화되었다'라고 한다. 중요도가 높은 단어는 높은 확률을 얻고, 덜 중요한 단어는 낮은 확률을 얻는다. 최종적으로, 이 확률을 Value에 곱하고 합산해 각 단어가 어떤 정보에 집중할지를 결정한다. 결과적으로, 트랜스포머는 Query와 Key의 유사성을 통해 무엇이 중요한지, 무엇을 덜 신경 써도 되는지 자동으로 판단하는 것이다.

셀프 어텐션

셀프 어텐션self attention은 트랜스포머가 문장을 이해하는 특별한 방법이다. 문장 속 단어들이 서로를 바라보며 '누가 나와 가장 관련이 깊을까?'라고 묻는다고 생각하면 이해하기 쉽다. 예를 들어, '나는 오늘 은행에서 돈을 찾았어'라는 문장에서 '은행'은 주변 단어와의 관계를 살핀다. '돈을 찾았다'라는 표현을 만나면, '은행'은 금융기관의 의미로 강하게 연결된다.

이처럼 문장 속 모든 단어가 각자 **질문**Query을 던지고, 다른 모든 단어들이 가진 **정보**Key를 살펴 자기와의 연관성을 판단한다. 그리고 자신과 강하게 연결된 단어들로부터 **값**Value을 얻어 자신의 의미를 더욱 명확하게 만든다. 셀프 어텐션은 이렇게 문장 내 단어들이 서로 주의를 기울이고 의미를 공유하는 과정이다. 덕분에 트랜스포머는 문맥을 정확히 파악하고, 사람처럼 문장 전체를 깊이 이해할 수 있게 된다.

멀티헤드 어텐션

멀티헤드 어텐션multi-head attention은 트랜스포머가 여러 명의 숙련된 전문가로 구성된 팀처럼 데이터를 처리하는 메커니즘이다. 문제를 한 사람의 관점에서만 보면 쉽게 놓칠 수 있는 부분이 생긴다. 그러나 여러 전문가가 서로 다른 시각으로 동시에 문제를 바라보면, 이해는 훨씬 더 풍부하고 깊어진다.

멀티헤드 어텐션도 이와 비슷하게 동작한다. 예를 들어, 코드 한 줄을 작성할 때 성능을 중요하게 생각하는 전문가가 있고 보안을 중시하는 전문가가 있으며, 유지보수성을 우선으로 보는 전문가가 있다. 각 전문가(헤드)는 자신이 중시하는 부분을 집중적으로 정보를 분석한 후, 함께 모여 각자의 분석 결과를 종합적으로 검토한다. 이렇게 다양한 관점이 모이면 트랜스포머는 코드를 작성하거나 문장을 생성할 때 단 하나의 시각이 아닌 여러 시각을 동시에 고려한다. 그래서 더욱 정확하고 창의적인 결과를 만들어낼 수 있게 되는 것이다.

인코더와 디코더

인코더encoder**와 디코더**decoder는 트랜스포머의 두 주인공이다. 이 둘은 서로 역할을 나누어 문장을 이해하고 새로운 문장을 만들어낸다. 먼저, 인코더는 들어온 문장을 꼼꼼히 읽고 그 의미를 정확히 파악하는 역할을 한다. 마치 수업 시간에 선생님이 내용을 짚어 주듯, 인코더는 문장 속 중요한 단어와 문맥을 파악해 핵심 내용만 기억한다. 이렇게 압축된 내용을 디코더가 이어받는다. 디코더는 인코더로부터 전달받은 내용을 바탕으로 새 문장을 하나씩 써 내려간다. 마치 학생이 선생님의 설명을 듣고 자기만의 표현으로 노트를 정리하는 것처럼, 디코더는 문맥을 이해한 후 자연스럽고 적절한 문장을 만들어낸다.

2.1.3 LLM의 학습 과정

LLM의 학습 과정은 크게 두 단계로 나뉜다. 첫 번째 단계는 사전 학습pretraining으로, 방대한 말뭉치인 코퍼스corpus에서 일반적인 언어 패턴을 학습한다. 이때 데이터에는 인터넷 문서, 책, 위키백과 등 도메인 제한 없이 다양하고 거대한 양의 텍스트가 포함된다. 모델은 자가 지도 학습self-supervised learning 방식으로 학습하는데, 대표적으로 다음 단어 예측next token prediction이나 빈칸 채우기masked language modeling 과제를 수행한다.

예를 들어, GPT 계열 모델은 문맥을 주었을 때 다음에 나올 단어를 맞히도록 훈련되고, BERT 계열 모델은 문장 내 일부 단어를 가려놓고 그 단어를 예측하도록 훈련된다. 이렇게 대량의 텍스트로 학습하면 LLM은 언어의 구조와 의미를 폭넓게 익히게 된다. 다시 말해, 문법부터 상식적인 문장 흐름, 단어 간 미묘한 의미 관계까지 내재적으로 학습하여 언어 이해 능력의 기반을 얻는다. 트랜스포머 아키텍처의 어텐션 덕분에 문장 내 단어 관계도 잘 파악하여 문맥 이해력이 뛰어난 모델로 거듭난다. 사전 학습 단계에서 이렇게 얻어진 LLM은 파운데이션 모델foundation model이라고도 불리며, 다양한 NLP 작업의 기초로 활용될 수 있을 만큼 범용적인 언어 지식을 가지고 있다.

두 번째 단계는 미세조정fine-tuning이나. 미세조정은 말 그대로 사전 학습된 모델을 조금 더 미세하게 다듬는 과정으로, 특정 작업이나 도메인에 맞춰 추가 학습을 시키는 것이다. 예를 들어, 질문-응답, 번역, 요약, 감정 분석 등 구체적인 과제에 모델을 활용하려면 해당 태스크에 맞는 레이블된 소규모 데이터셋으로 모델을 추가 학습시킨다. 이렇게 하면 모델이 그 과제에 특화된 출력 형식을 배워 성능이 향상된다. 여기서 중요한 점은, 미세조정 시 기존의 일반 언어 지식은 유지하면서 새로운 작업에 필요한 부분만 조정한다는 것이다. 덕분에 적은 데이터로도 효율적인 학습 효과를 얻을 수 있다. 최근에는 인간이 원하는 방식으로 답변하도록 훈련하는 인스트럭션 튜닝instruction tuning이나 **인간 피드백 강화학습**reinforcement learning from human feedback(RLHF) 같은 기법도 활용된다. 결국 이는 미세조정의 특수한 형태로, LLM이 사용자 의도를 충실히 반영하고 유용한 결과를 생성하도록 추가 학습하는 과정이다. 이런 과정을 거쳐 최종 완성된 LLM은 챗GPT처럼 대화형으로 지식을 답변하거나, 특정 도메인 질문에 전문적으로 응답하는 등 활용 목적에 맞게 동작하게 된다.

2.1.4 LLM은 어떻게 코딩 능력을 가지는가

LLM은 기본적으로 인간의 언어를 다루도록 만들어졌지만, 프로그래밍 언어도 일종의 형식화된 언어라는 점에서 원리가 통한다. LLM이 코드를 작성할 수 있게 된 비결은 간단히 말하면 대규모 코드 데이터로 학습했기 때문이다. 예를 들어, 오픈AI가 개발한 코덱스^{Codex} 모델은 GPT 언어 모델을 기반으로 깃허브의 공개 저장소 5400만 개로부터 수집한 159GB 분량의 소스 코드로 추가 학습된 것이다. 이처럼 방대한 코드 코퍼스를 학습하면 모델은 프로그래밍 언어의 문법과 흔히 쓰이는 패턴들을 통계적으로 익히게 된다. 실제로 오픈AI의 연구에 따르면 코덱스는 파이썬을 비롯한 여러 언어의 코드를 학습한 덕분에 입력 프롬프트(예: 주석으로 작성된 요구사항)를 읽고 그에 맞는 함수를 구현하는 능력을 보여주었다. 요약하면, '코드를 많이 보여주면 모델이 코드를 배운다'는 것이 핵심 원리이다.

그렇다면 코드 데이터 수집은 어떻게 이루어질까? 주로 인터넷상의 공개 저장소에서 소스 코드를 크롤링해 데이터베이스를 구축한다. 앞서 언급한 코덱스의 사례에서는 2020년 5월 깃허브에서 수집한 수백만 개의 저장소가 활용되었다. 이때 단순 복사본이나 머신 생성 코드, 너무 짧거나 긴 파일 등은 품질 유지를 위해 필터링했다. 최종적으로는 다양한 프로그래밍 언어의 실사용 코드(라이브러리, 알고리즘 구현, 주석과 함께 있는 예제 등)를 망라한 거대한 텍스트 말뭉치가 만들어진다. LLM은 이 데이터로 마치 자연어를 학습하듯이 다음 토큰 예측 방식으로 코드를 학습한다. 예컨대 함수 정의나 주석을 읽으면 이어서 나올 코드 본문을 예측하고, 한 줄의 코드가 주어지면 다음에 이어질 합리적인 코드를 맞히는 식이다. 이런 훈련을 통해 모델은 프로그래밍 언어의 문법, 라이브러리 API 사용법, 알고리즘 구현 패턴 등을 내재화한다.

코드의 구조적 특성도 모델이 코딩 능력을 얻는 데 기여한다. 프로그래밍 언어는 자연어보다 엄격한 구문 규칙^{syntax}을 가지고 있어, 학습 데이터의 거의 모든 예시는 문법적으로 완전한 코드이다. 모델은 이러한 올바른 코드만을 보고 배웠기 때문에, 새로운 코드를 만들어낼 때도 통계적으로 문법 오류가 적은 코드를 생성하게 된다. 예를 들어, 여는 괄호에 맞춰 닫는 괄호를 쓰는 것, 들여쓰기 규칙을 지키는 것, 변수를 선언한 뒤 사용하는 것 등의 규칙을 지켜야 한다. 또 코드에는 함수 구조, 반복문과 조건문 패턴, 변수명 관례 등 반복되는 양식이 많아 예측하기가 비교적 수월하다. 모델은 방대한 데이터를 통해 '자주 함께 등장하는 토큰 시퀀스'를 학습하므로, 자주 쓰이는 코드 조각이나 알고리즘(예: 피보나치 수열, 정렬 구현 등)은 곧잘 기억하고 재생산한다. 한편으로 코드 학습에는 이런 구조 정보를 더 잘 살리기 위한 시도도 있다. 예를 들어, 소스 코드를 일반 텍스트로만 보는 게 아니라 **추상 구문 트리**abstract syntax tree(AST) 형태로 파싱해 학습에 활용한다. 혹은 코드 실행 결과(테스트 통과 여부 등)를 피드백으로 활용하는 연구도 진행되고 있다. 이러한 기법들은 모델이 문법뿐 아니라 의미적인 정확성까지도 더 잘 다룰 수 있도록 돕는다.

LLM이 코딩 능력을 갖추는 과정에서는 사전 학습과 추가적인 코드 학습의 조합이 중요하다. 일반적인 LLM은 이미 자연어에 대한 방대한 지식을 가지고 있으므로 프로그래밍에 대한 설명이나 문제 해석 능력이 뛰어나다. 여기에다가 앞서 언급한 대량의 코드로 추가 미세조정을 하면, 모델은 자연어로 주어진 요구사항을 이해한 다음 그에 맞는 코드를 작성하는 능력을 갖추게 된다. 예컨대 '주어진 배열의 이동 평균을 계산하는 함수를 작성하라'라는 자연어로 프롬프트를 주면, 모델은 이를 해석하고 적절한 파이썬 코드를 출력할 수 있다. 이는 학습된 코드 데이터에 주석이나 `docstring`이 코드와 짝을 이루는 경우가 많아, 모델이 설명–코드 간 맥락 연관성을 학습했기 때문이다. 실제로 깃허브의 많은 오픈 소스 코드에는 함수 상단에 기능을 설명하는 주석이 달려 있고 그 아래에 구현이 나온다. 그런 패턴을 모델이 익혀두었다가 응용하는 것이다.

이처럼 LLM이 코딩을 학습하는 원리를 요약하면 '방대한 양질의 코드 데이터로 다음 코드를 확률적으로 예측하도록 훈련한다'는 것이다. 그 결과 오늘날의 코드 특화 LLM들은 여러 프로그래밍 언어로 코드를 작성하고, 자연어로 된 요청을 이해해 해당 기능을 수행하는 코드를 생성해낼 수 있는 것이다. 다만 이러한 모델들도 완벽하지는 않아서, 종종 논리 버그나 경계 상황을 놓치는 코드를 내놓기도 한다. 그래서 실제로 활용할 때는 모델이 생성한 코드를 사람이 리뷰하거나, 자동 테스트를 통해 검증하는 단계가 반드시 필요하다. 그럼에도 불구하고, LLM의 등장으로 코드 자동 완성이나 코드 생성 도구(예: 깃허브 코파일럿)가 획기적으로 발전해 개발 생산성을 높이고 있는 상황이다. 결국 LLM이 코딩까지 할 수 있게 된 배경에는, 개발자들이 축적한 방대한 프로그래밍 지식을 데이터로 흡수하고 이를 일반 언어와 같은 방식으로 학습할 수 있게 된 기술적 진보 덕분이다.

2.2 어떤 언어 모델을 선택할 것인가

바이브 코딩에서 언어 모델을 선택하는 일은 특히 중요하다. 실제로 여러 모델을 활용하다 보면 livebench.ai와 같은 벤치마크 점수만으로 설명되지 않는 언어 모델의 고유한 특징들이 드러난다. 우리가 모델 내부를 직접 들여다볼 수는 없지만, 모델이 만들어진 과정을 이해하면 모델을 더 효과적으로 사용할 수 있다.

오픈AI와 앤트로픽은 LLM을 프로그래밍에 특화시키기 위해 다양한 학습 기법을 적용해왔다. 두 회사 모두 거대 신경망을 사전 학습하고, 추가적인 미세조정을 통해 모델이 프로그래밍 작업(예: 코드 생성, 디버깅, 코드 설명 등)에 최적화되도록 한다. 또한 인스트럭션 튜닝과 RLHF를 활용해 모델이 사람의 의도를 잘 따르고 유용한 코드를 생성하도록 한다. 나아가 함수 호출 기능, 도구 사용, 에이전트적 행동, MCP 활용 등의 새로운 기법을 도입해 모델의 문제 해결 능력을 향상시키고 있다. 이번 절에서는 공개된 문서와 논문들을 분석한 결과를 다섯 가지 측면으로 정리해서 살펴보고, 오픈AI와 앤트로픽의 전략 차이를 비교한다. 가능한 한 최신 정보를 사용하고자 노력했지만 최신 모델의 경우 공개된 정보가 적어 이전 모델들과 관련된 정보도 사용했다.

1. **사전 학습과 미세조정에 사용되는 데이터**: 코드 전문 모델을 만들기 위해 어떤 데이터를 사용하는가?
2. **인스트럭션 튜닝과 RLHF로 코드 성능 향상**: 코딩 능력을 높이기 위해 RLHF와 지시 기반 학습을 어떻게 활용하는가?
3. **도구 사용, 함수 호출, 에이전트 행동**: 모델의 프로그래밍적 능력을 키우기 위한 특수 기능과 기법은 무엇인가?
4. **대표 모델의 코드 처리 향상 설계**: GPT 계열과 클로드 계열을 예시로, 코드 이해 및 생성 능력을 향상하기 위한 구조나 학습 전략은 무엇인가?
5. **프로그래밍 작업을 위한 프롬프트 설계와 컨텍스트 최적화**: 코딩 작업에서 효과적인 프롬프트(시스템 메시지 등)를 어떻게 설계하고, 긴 컨텍스트 윈도우context window를 어떻게 활용하는가?

2.2.1 사전 학습과 미세조정에 사용되는 데이터

사전 학습이란 대규모 말뭉치(텍스트 코퍼스)를 이용해 모델을 처음 학습시키는 단계로, 주로 인터넷에서 수집된 방대한 텍스트 데이터를 사용한다. 이 과정에서 모델은 다음 단어 예측 등의 목표로 언어의 통계적 패턴을 학습하며, 여기에는 자연어뿐만 아니라 프로그래밍 코드 데이터도 일부 포함될 수 있다. 이후 모델을 특정 작업에 맞게 적응시키는 미세조정 단계에서는, 보다 작은 규모의 특화된 데이터로 모델을 추가 학습시켜 목표 성능을 높인다.

오픈AI의 데이터 활용 전략

오픈AI는 GPT 계열 모델을 사전 학습할 때 웹 텍스트 전체를 폭넓게 사용하지만, 코드 특화 모델의 성능을 높이기 위해 대량의 프로그래밍 코드로 추가 미세조정을 수행했다. 대표적인 예가 2021년에 공개된 코덱스 모델이다. 코덱스는 GPT-3 모델을 기반으로 깃허브의 공개 저장소에서 수집한 대규모 소스 코드로 추가 학습한 모델이다.

구체적으로, 오픈AI 연구진은 2020년 5월, 깃허브 공개 저장소 약 5400만 개에서 파이썬 코드를 수집했다. 그 결과, 크기 1MB 이하의 고유 파이썬 파일 약 179GB를 확보했다. 이 원시 데이터raw data에서 자동으로 생성된 코드나 지나치게 긴 라인 등이 걸러진 후 약 159GB 규모의 최종 학습 데이터셋이 만들어졌다.

코덱스 연구에 따르면 이 방대한 코드 데이터로 약 1000억 토큰에 해당하는 추가 학습을 수행했는데, GPT-3처럼 일반 언어로 사전 학습된 모델을 기초로 하면 수렴이 더 빠르지만 성능 자체는 처음부터 코드로 학습한 경우와 큰 차이는 없었다고 보고되었다. 그럼에도 학습 효율을 위해 GPT-3 사전 학습 모델을 기초로 코드 미세조정을 했다고 밝히고 있다. 또한 코드 도메인에 맞게 토크나이저tokenizer를 개선하는 시도도 있었다. 예를 들어 공백 문자열 전용 토큰들을 추가해 코드의 들여쓰기나 공백 패턴을 효율적으로 인코딩함으로써 토큰 수를 약 30% 절약했다고 한다.

오픈AI의 최신 모델인 GPT 계열 역시 학습 세부사항은 비공개이지만, 다양한 작업에서 뛰어난 성능을 보이는 동시에 GPT-4부터는 코드 처리 능력도 크게 향상되었음을 알 수 있다. GPT-4 개발 보고서에 따르면 'GPT-4는 인터넷 공개 데이터와 라이선스를 취득한 데이터 등으로 사전 학습한 뒤 RLHF를 통해 모델 성능을 개선했다'고만 공개되었을 뿐 구체적으로 어떤 데이터를 사용했는지는 밝히지 않았다.

그러나 외부 평가를 보면 GPT-4는 코드 생성 벤치마크에서 이전 세대 모델들을 압도한다. 예를 들어, HumanEval이라는 파이썬 코딩 문제 집합의 경우 GPT-4의 정답률은 67%로 보고되었는데, 이는 GPT-3.5의 48.1%나 오픈AI 코덱스의 약 28% 수준보다 훨씬 높은 수치이다. 이로 미루어 볼 때 오픈AI는 GPT-4의 사전 학습에 대규모 코드 데이터를 상당 부분 포함시켰고, 이후에도 다양한 코드 관련 문항에 대해 모델을 튜닝하여 이러한 성능 향상을 이끌어냈음을 추정할 수 있다.

실제로 오픈AI는 'GPT-4를 내부적으로 프로그래밍 업무에 활용하고 있으며 큰 효과를 보고 있다'고 밝힌 바 있어, 모델 자신이 코딩 노우미로서 실무에 투입될 만큼 신뢰도가 올라왔음을 시사한다. GPT-4.1은 더욱더 개발에 특화된 학습이 도입되었다. 예를 들면, `diff` 형식의 코드 패치를 다루는 능력을 향상시키기 위해 `diff` 출력 형식을 정확히 따르도록 미세조정되었다.

앤트로픽의 데이터 활용 전략

앤트로픽 역시 자사의 클로드 모델들을 거대한 말뭉치로 학습시켰으며, 여기에 프로그래밍 관련 데이터를 포함했다. 앤트로픽에서는 구체적인 데이터셋 구성을 모두 공개하지는 않았지만, 클로드 2는 '인터넷에서 수집한 공개 정보, 서드파티로부터 라이선스 받은 데이터, 사용자 제공 데이터 등의 독자적인 혼합 데이터셋으로 모델을 훈련했다'고 밝혔다. 클로드 2의 사전 학습 데이터는 2023년 초까지의 정보로 구성되어 있으며, 다국어 비중은 약 10% 정도라고 한다. 이는 대부분 영어 기반의 데이터(프로그래밍 언어 포함)임을 의미한다. 인터넷 텍스트에는 오픈 소스 코드나 프로그래밍 관련 문서가 다수 포함되므로, 클로드 모델도 사전 학습 단계에서 기본적인 코딩 지식을 습득했을 것이다.

클로드 3.7 Sonnet 역시 대규모 텍스트와 코드 데이터로 사전 학습되었다. 앤트로픽은 이 모델을 공개 인터넷 정보(2024년 11월까지)와 타사 제공 비공개 데이터, 레이블링된 데이터 등을 혼합한 자체 데이터셋으로 훈련했다고 밝히고 있다. 즉, 공개된 오픈 소스 코드와 프로그래밍 관련 문서(예: 깃허브 코드, README, 문서화 자료 등)도 다수 포함된 것으로 추정된다. 학습 시 웹 크롤러를 사용하되 `robots.txt` 등 윤리 기준을 준수하여 데이터를 수집했고, 사용자 대화 내용은 훈련에 포함하지 않는 등 데이터 필터링을 강화했다.

앤트로픽은 클로드 1에서 클로드 2로 발전시키며 코딩 능력 개선을 중요한 목표로 삼았다. 공식 보고서에 따르면 이전 클로드 모델들은 코딩 작업에서 업계 최고 수준에 미치지 못했기 때문에, 클로드 2에서 코딩 보조 능력을 크게 향상시켰다고 한다. 이를 위해 추가적인 코딩 데이터와 사용자 피드백을 활용해 모델을 튜닝한 것으로 보인다. 예컨대, 앤트로픽은 '클로드 2는 코딩 벤치마크와 인간 피드백 평가에서 상당히 향상된 성능을 보여준다'고 밝혔다. 이 결과 클로드 2는 HumanEval 평가에서 71.2%의 높은 점수를 기록하여 GPT-4(67.0%)를 앞질렀다고 알려져 있다. 클로드 3은 이 추세를 이어가 코드 생성 분야에서 최고 수준의 성능을 달성하고 있는데, 2024년 발표된 클로드 3 모델(코드명 'Opus')은 HumanEval에서 84.9%라는 매우 높은 정확도를 기록하며 구글 및 오픈AI 모델들을 넘어섰다고 보도되었다. 이러한 발전은 앤트로픽이 모델 학습에 투입한 코드 데이터의 양과 다양성을 지속적으로 늘리고, 코딩 테스트 통과율을 높이기 위한 문제 풀이 중심의 튜닝을 적극적으로 도입했음을 시사한다. 다만 앤트로픽은 오픈AI의 코덱스처럼 별도로 분리된 코드 전문 모델을 공개한 적은 없고, 단일 클로드 모델을 통해 일반 대화와 코딩 모두를 소화하도록 하는 전략을 취한다. 이는 학습 단계에서 코드와 일반 대화를 함께 다루되, 이후 튜닝을 통해 맥락에 맞는 반응을 이끌어내는 방식으로 보인다.

요약하면, 오픈AI는 GPT 시리즈의 코드 능력을 강화하기 위해 전용 코드 데이터셋(예: 깃허브)으로 대규모 미세조정을 수행했고, 앤트로픽도 자체적으로 혼합 데이터에 프로그래밍 리소스를 충분히 포함시켜 클로드 모델의 코딩 실력을 끌어올렸다. 이러한 모델들이 사용자 의도를 반영한 정확하고 유용한 코드를 출력하도록 만드는 튜닝 기법들을 살펴보겠다.

2.2.2 인스트럭션 튜닝과 RLHF로 코드 성능 향상

인스트럭션 튜닝과 RLHF는 LLM이 사람의 요청을 잘 따르고 바람직한 출력을 내도록 개선하는 핵심 기법들이다. **인스트럭션 튜닝**은 인간이 시키는 대로 응답하는 능력을 위해 지도 학습을 하는 것이다. 질문의 숨은 의도까지 파악하는 눈치를 가르친 것이라고 생각하면 된다. 예를 들어, 사람이 '리스트의 최댓값을 구하는 파이썬 함수를 작성해줘'라고 지시했을 때, 모델이 그 지시에 맞는 출력을 내도록 모범 답안을 보여주며 단순히 실행되는 것을 넘어 공간 복잡도나 시간 복잡도를 충족하는 코드를 생성하도록 학습시키는 방식이다. 오픈AI의 InstructGPT 논문 등에서는 인간이 작성한 시연 답변으로 모델을 추가 학습시켜 지시 따르기 성능을 높였음을 보여준다. 인스트럭션 튜닝을 통해 이전까지는 애매모호한 답변을 하거나 길게 늘어놓던 AI가 이제는 질문의 의도를 정확히 파악하고 간결하고 명확하게 답을 한다. 즉, 사용자들이 원하는 형식으로, 원하는 스타일로, 심지어 원하는 톤으로 말하기 시작한 것이다. 이 덕분에 오늘날 우리가 사용하는 챗GPT와 같은 모델들이 사용자와 더 자연스럽게 대화를 나눌 수 있게 되었다.

RLHF는 모델 출력에 대해 사람의 선호도를 반영하여 강화 학습 기법으로 최적화하는 것을 말한다. 구체적으로, 인간 평가자들이 모델의 여러 응답을 비교해 순위를 정하거나, 바람직한 답변을 직접 만들어 보여주면, 이를 바탕으로 보상 함수$^{reward\ model}$를 훈련한다. 그런 다음 근위 정책 최적화$^{proximal\ policy\ optimization}$(PPO)와 같은 강화 학습 알고리즘으로 모델이 높은 보상을 얻도록 미세조정하는 것이다. 이를 통해 모델은 단순한 다음 토큰 예측 능력을 넘어, 실제로 인간이 선호하는 답변을 내놓을 수 있게 된다. 오픈AI와 앤트로픽 모두 이러한 접근법을 사용하지만, 세부 방식과 철학에는 분명한 차이가 있다.

오픈AI: InstructGPT와 챗GPT

오픈AI는 2022년 1월에 발표한 InstructGPT에서 처음으로 대규모 RLHF 적용 성과를 공개했다. 그들은 'GPT-3 모델에 인간이 참여하는 루프를 통해 튜닝했더니, 사용자의 의도를 훨씬 잘 따르고 유해한 출력이 감소했다'고 보고했다. 이때 API 사용자들이 입력한 실제 프롬프트와 원하는 출력 형태를 수집해, 인간 평가자들이 모범 답안 시연도 해주고 모델 출력 간 선호도 순위도 매기는 방식으로 데이터를 얻었다. 그 결과 파라미터가 훨씬 작은 InstructGPT-13B 모델의 답변이, 튜닝 전 거대 모델(GPT-3 175B)의 답변보다 선호될 정도로 질적인 향상이 있었다. 이 InstructGPT 기법은 이후 GPT-3.5(챗GPT)와 GPT-4 계열에도 이어져, 기본 대화 모델의 토대가 되었다.

코드 생성 영역에서도 RLHF와 인스트럭션 튜닝은 중요한 역할을 했다. 오픈AI의 코덱스 모델 자체는 우선 순수한 코드 데이터로 지도 학습된 것이지만, 챗GPT나 GPT-4와 같은 대화형 모델에는 사람들이 묻는 코딩 질문에 대해 더 친절하고 정확하게 답하도록 추가 튜닝이 가해졌다.

예를 들어, 사람이 '버그가 있는 코드 조각을 주면서 디버깅해달라'거나 '특정 기능을 구현하는 코드를 작성해달라'와 같이 요청하는 시나리오들을 모델에게 학습시킨다. 인간 답변자로부터 그러한 질문에 대한 모범 답변(바람직한 코드와 해설)을 수집하거나, 모델 출력 여러 개 중 정확하고 이해하기 쉬운 것을 높은 순위로 평가하여, 모델이 그러한 방식으로 답변하도록 강화하는 것이다.

이러한 RLHF 과정을 거치면 모델은 함수의 정확성, 코드의 가독성, 설명 제공 여부 등을 인간 선호도에 맞춰 최적화하게 된다. 실제로 챗GPT 출시 이후 사용자들은 '함께 제공되는 해설이 이해하기 쉽다'거나 '함수형 프로그래밍 대신 더 직관적인 절차적 해결을 선택한다' 등 인간스럽고 배려 있는 코딩 답변이 인상적이라고 평가했다.

GPT-4의 경우 오픈AI는 RLHF에 추가적인 안전 보상 신호를 도입하여, 코드와 관련된 출력에서도 라이선스 문제나 악용 소지를 줄이도록 했다고 한다. 예컨대, 사용자가 해킹 스크립트나 악성 코드 작성을 요청하면, RLHF를 통해 이런 유해 요청은 거부하도록 학습시켜 두는 식이다.

오픈AI의 RLHF는 사람이 직접 채점하거나 랭킹한다는 점에서 고비용이지만, 다양한 시나리오에 모델을 노출하고 세밀하게 조정할 수 있다는 장점이 있다. 그 결과 GPT-4 같은 모델은 코딩 능력도 뛰어나면서, 사용자의 애매한 요구를 명확히 반문하거나, 잘못된 접근을 수정 제안하는 등 중급 이상의 개발자처럼 행동한다.

한편 오픈AI는 이러한 RLHF 파이프라인 구축 경험을 바탕으로, 시스템 메시지 등을 통해 모델의 어투와 역할을 쉽게 '조종^{steer}'할 수 있는 기능도 추가했다. GPT-4 API에서는 개발자가 시스템 프롬프트로 '당신은 뛰어난 소프트웨어 엔지니어이다'처럼 역할을 정해주면, 모델이 그에 맞춰 말투와 코드 스타일을 바꾼다. 이는 모델을 다양하게 활용하도록 인스트럭션 튜닝 결과를 사용자가 제어할 수 있는 형태로 제공한 예이다.

앤트로픽: 헌법 기반 AI와 HHH 원칙

앤트로픽도 RLHF를 활용하지만, 오픈AI와는 약간 다른 철학적 접근을 도입했다. 앤트로픽은 모델을 인간처럼 'Helpful, Honest, Harmless(도움되고, 정직하고, 무해한)' 조수로 만드는 것을 목표로, **헌법 기반 AI**$^{Constitutional\ AI}$라는 방식을 제안했다.

헌법 기반 AI는 말 그대로 AI에게 사람이 정한 '헌법(원칙 목록)'을 알려주고, AI가 스스로 그 원칙에 비추어 응답을 개선하도록 한 방법이다. 예를 들어, 앤트로픽이 공개한 클로드의 헌법에는 다음과 같은 조항이 포함되어 있다.

- 가능한 한 친절하고 유익하게 답할 것
- 확실치 않은 정보는 알려주지 말 것
- 유해한 조언이나 차별적인 발언을 하지 말 것

학습 과정에서 앤트로픽은 우선 일반적인 지도 미세조정$^{supervised\ fine-tuning}$ 단계에서 AI 모델에게 헌법 조항을 따르는 모범 응답들을 생성하게 하고(이 과정에도 AI를 활용함으로써 인간의 노력을 줄였다), 이후 강화 학습 단계에서도 인간 대신 AI의 피드백을 사용해 모델을 튜닝했다. 물론 앤트로픽도 인간 평가자를 완전히 배제한 것은 아니다. 클로드 2 모델에 따르면, 일부는 여전히 인간 피드백 데이터(external red-teaming 등)를 활용했고 RLHF와 헌법 AI 기법을 병행했다고 되어 있다. 요컨대 앤트로픽은 명시적인 원칙에 기반한 제약을 통해 모델이 바람직한 방향으로 답하도록 유도하면서, RLHF를 사용해 세부적인 유용성 면에서도 인간 선호에 맞추는 두 전략을 결합한 것이다.

코딩 작업에 있어서 앤트로픽의 이러한 접근은 어떤 효과를 낼까? Helpful(도움됨) 원칙에 따라 클로드는 질문자가 원하는 방식으로 최대한 문제를 풀어주고, Honest(정직함) 원칙 때문에 모르는 것은 모르거나 추측할 때 분명히 밝히려 할 것이다. 또한 Harmless(무해함) 원칙으로 인해 악의적인 코드는 제공하지 않거나 경고를 달 것이라 기대된다.

이를 실제로 구현하기 위해 앤트로픽은 RLHF를 활용한 코드 설명 및 평가 데이터도 확보했다. 예를 들어, 사람이 '이 코드의 버그를 찾아줘'라고 했을 때 클로드가 올바르게 버그를 짚어내면 높은 보상을 받고, 틀리면 낮은 보상을 받도록 학습시킨다면 클로드는 디버깅 맥락에서의 정밀한 사고를 훈련받게 된다. 앤트로픽 측 발언에 따르면 클로드 2 개발 시 '코딩 과제를 포함한 기술적 주제와 장문 추론이 필요한 주제에 특별히 신경써서 개선했다'고 한다.

앤트로픽은 헌법 원칙을 기반으로 자체 평가를 하는 기술을 실험했다. 이는 모델이 자신의 출력을 이성적으로 검토해 기준에 어긋나면 수정하게 하는 방식이다. 예컨대 클로드가 코드를 작성한 후 '이 코드가 비효율적이지 않은가?'를 스스로 따져보고 개선된 대안을 제시하는 식의 행동도 기대해볼 수 있다(다만 이러한 자체 피드백 능력이 어느 정도까지 구현되었는지에 대한 정보는 제한적으로 공개되어 있다).

결과적으로 오픈AI와 앤트로픽 모두 RLHF 기반 튜닝으로 모델의 코딩 답변 품질을 끌어올렸지만, 오픈AI가 인간 시연과 피드백에 무게를 두고 세밀한 사용자 지시 최적화를 이뤘다면, 앤트로픽은 명문화된 AI 원칙과 모델 스스로의 피드백을 활용해 좀 더 일반적인 지침 준수에 초점을 맞추면서도 RLHF를 병행하는 차이를 보인다. 그러나 두 접근 모두 '사용자가 의도한 대로, 유용하고 안전한 코드 출력'을 얻는 데 기여한다. 이러한 튜닝이 있었기에 양사의 모델들은 복잡한 프로그래밍 질문에도 일관되고 친절한 답변을 내놓을 수 있게 되었다.

2.2.3 프로그래밍 능력 향상을 위한 기법

오늘날의 코딩 보조 AI는 단순히 코드 한 블록을 완성하는 수준을 넘어, 주어진 문제를 해결하기 위해 필요한 조치들을 스스로 판단해 수행하는 수준으로 발전하고 있다. 여기에는 외부 도구 사용, 함수 호출, 에이전트적 행동과 같은 개념이 관련된다. 이 절에서는 이러한 개념을 설명하고, 오픈AI와 앤트로픽이 각 기법을 어떻게 활용하거나 지원하고 있는지 살펴본다.

- **도구 사용**: 언어 모델이 대화 중에 외부 소프트웨어 도구나 API를 활용하는 능력을 말한다. 예를 들어, 계산기, 웹 검색, 데이터베이스 질의, 코드 실행기 등을 모델이 직접 호출해 필요한 정보를 얻는 것이다. 기존 LLM은 훈련된 매개변수 내에 지식을 갖고 있지만, 도구를 사용하면 동적으로 정보를 가져오거나 코드 실행 결과를 확인할 수 있어 보다 정확한 응답이 가능하다.
- **함수 호출**: LLM은 단순히 자연어 명령만 생성하는 것이 아니다. 특정 함수의 인수를 채워 넣는 구조화된 출력을 생성해, 미리 정의된 함수를 실행하도록 할 수도 있다. 2023년 오픈AI는 챗GPT API에 함수 호출 기능을 도입했다. 개발자가 미리 정의한 함수들의 시그니처(매개변수 타입 등)를 모델에 제공하면 모델이 사용자 요청을 해석해 해당 함수를 호출하기 위한 JSON 객체를 만들어내는 식이다. 그러면 API 클라이언트 측에서 그 JSON을 실제 함수 실행에 사용하고, 결과를 다시 모델에 전달해 후속 응답에 활용할 수 있다. 이를 통해 모델은 예컨대 '날씨 알려줘'라는 요청에 스스로 `get_weather(location="Seoul")`과 같은 호출을 생성해 최신 날씨 API 정보를 얻은 뒤 사용자에게 답변하는 게 가능해진다. 프로그래밍 도메인에서도 복잡한 계산이 필요한 경우 모델이 `run_code(code="...")` 같은 함수를 호출함으로써, 실제 코드 실행 결과를 참고해 답변 정확도를 높이는 식의 응용이 가능하다.
- **에이전트적 행동**: 모델이 마치 인간 개발자처럼 주어진 목표를 향해 여러 단계의 행동을 계획하고 수행하는 능력를 뜻한다. 싱글턴 singleton의 질문-답변을 넘어, 모델이 상태를 유지하면서 '다음에 무엇을 할지'를 결정하는 것이다. 예를 들어, 문제를 이해한 뒤 해결 방안을 여러 단계로 나누고, 각 단계를 실행하거나 필요한 자료를 찾아, 마지막에 최종 해결책을 완성하는 과정이 이에 해당한다. 이러한 능력을 위해서는 모델이 중간 생각(사고 과정)을 표현하고, 그에 따라 도구 호출 등의 액션을 취하며, 결과를 다시 해석하는 루프 구조가 필요하다. 오픈 소스 커뮤니티에서는 GPT-4 등을 활용해 이런 프로세스를 구현한 AutoGPT, BabyAGI 같은 실험적 에이전트들이 등장하기도 했다. 즉, LLM을 코어로 하고 주변에 도구 실행 환경을 갖춰 모델이 '스스로 행동하게' 하는 프레임워크들이 연구되고 있다.

이제 이러한 개념들을 오픈AI와 앤트로픽에서 어떻게 다루고 있는지 보겠다.

오픈AI: 함수 호출과 플러그인으로 도구 활용

오픈AI의 챗GPT는 2023년부터 플러그인 Plugins 기능을 통해 외부 도구와 연계되기 시작했다. 예컨대 코드 인터프리터 code interpreter 플러그인은 챗GPT에 파이썬 코드를 실행할 수 있는 격리된 샌드박스를 제공했다. 이를 통해 모델은 사용자 요청에 따라 코드를 실행하고, 그 결과를 활용해 후속 답변을 생성할 수 있었다. 이러한 플러그인은 모델 자체의 파라미터를 변경하지 않는다. 대신 외부 도구를 연결해 활용 범위를 넓힘으로써 LLM의 유용성을 크게 확장했다.

한편, 오픈AI는 앞서 언급한 함수 호출 기능을 API에 도입함으로써 보다 일반적인 도구 사용 패턴을 모델 응답에 내재화했다. 2023년 6월에 공개된 GPT-4(버전 0613)와 GPT-3.5-turbo(0613) 모델들은 모두 이 함수 호출 옵션을 지원한다. 예를 들어 개발자가 {"name": "run_python", "parameters": {...}}라는 함수를 정의하고 사용자 프롬프트와 함께 함수 목록을 모델에게 주면 모델은 필요 시 응답으로 {\n "name": "run_python", "arguments": {...}\n} 형태의 JSON을 반환한다. 이렇게 하면 대화 과정에서 모델이 필요에 따라 스스로 코드를 실행하거나 컴파일하는 행동을 취할 수 있게 된다. 물론 현재 챗GPT UI상의 Code Interpreter도 내부적으로는 이런 함수 호출 메커니즘과 비슷하게 모델이 python() 함수를 호출하는 구조로 구현되어 있다.

오픈AI는 이러한 기능 덕분에 모델이 툭하면 긴 설명을 늘어놓는 대신, 요구사항에 맞게 정확한 작업 수행을 하도록 유도할 수 있다고 밝혔다. 오픈AI는 모델 출력 포맷을 제어하는 기능을 통해 LLM이 외부 툴을 능숙히 다루게 만들었고, 이는 코딩 비서로 챗GPT의 활용 범위를 넓혀주었다.

또한 연구 측면에서 오픈AI는 LLM이 중간 사고 단계를 갖도록 하는 기법들도 실험해왔다. 공개적으로 알려진 바로는 'Let's think step by step'이라는 프롬프트를 추가해 **사고 연쇄**chain-of-thought(CoT)를 유도하면 복잡한 문제 해결 성능이 올라간다는 것이 있다. 오픈AI 자체 발표에서도 GPT-4가 사고 연쇄 추론을 지원한다고 언급했다. 이는 기본적으로 프롬프트 엔지니어링 수준의 기법이지만, RLHF 단계에서 모델이 겉으론 답만 내되 속으론 논증을 펼치는 분리된 방식을 학습했을 가능성도 있다. 실제 챗GPT는 복잡한 코딩 문제에 답할 때 내부적으로는 여러 가능성을 평가하며 (이를 사용자가 보기는 어렵지만) 최종 답변만 제시하는 것으로 추정된다. 이러한 특성을 더 발전시킨 것이 오픈AI의 도구 사용 및 함수 호출 기능으로 이어졌다고 볼 수 있다.

정리하면, 오픈AI는 함수 호출이라는 일반적 장치를 통해 LLM의 도구 사용 능력을 끌어냈고, 이미 챗GPT 플러그인을 통해 코드 실행, 웹 검색 등 다양한 툴 연계를 실현했다. 이는 모델이 에이전트로 행동할 수 있는 기반을 마련해주었다. 실제로 일부 사용자는 GPT-4에 함수 호출과 루프를 적용해 반복적인 코딩 작업을 자동으로 처리하는 비서처럼 활용하려는 시도를 하고 있다.

앤트로픽: 대용량 컨텍스트와 에이전트형 코딩 도구

앤트로픽은 오픈AI와 접근법이 조금 다르다. 모델 자체 기능 개선보다는 환경 및 맥락 제공 측면에서 도구 사용을 도와주는 전략을 취하고 있다. 가장 두드러지는 것은 **컨텍스트 윈도우**^{context window}의 혁신이다. 클로드 모델은 2023년 클로드 2 기준으로 100,000 토큰이라는 엄청난 컨텍스트 길이를 자랑한다. 이는 GPT-4의 최대 컨텍스트인 32k보다 훨씬 큰 것으로, 수십만 단어에 이르는 정보를 한 번에 모델에 제공할 수 있음을 의미한다.

앤트로픽은 이를 통해 '수백 페이지에 달하는 기술 문서나 전체 코드베이스를 한 번에 프롬프트로 입력해 요약이나 수정이 가능하다'고 강조했다. 실제 예시로, 수만 줄에 달하는 코드를 클로드에 모두 입력하고 특정 기능을 추가하거나 버그를 찾아달라고 할 수 있고, 클로드가 그 맥락을 모두 고려해 작업을 수행할 수 있다. 이렇게 되면 외부 검색이나 도구 호출 없이도 모델 내부 기억만으로 많은 작업이 가능하다. 이는 일종의 수동적 도구 사용이라고 할 수 있다. 즉 '필요한 문서를 찾아 입력에 넣어주는 역할'을 사람이 (또는 보조 프로그램이) 해주고, 모델은 거대한 윈도우^{window} 기억을 풀가동하여 문제를 해결한다. 앤트로픽은 이 접근을 발전시켜 아예 차세대 모델에서는 200k 토큰 이상의 맥락도 다룰 수 있게 했다고 알려졌다.

앤트로픽도 오픈AI처럼 함수 호출과 유사한 기능을 고려하고는 있다. 다만 현재 공개된 클로드 API에는 오픈AI의 함수 호출과 동일한 인터페이스는 없다. 대신 앤트로픽은 에이전트형 코딩 툴을 별도로 내놓았다. 그것이 바로 2025년 공개된 **클로드 코드**이다. 클로드 코드는 터미널에서 동작하는 커맨드라인 도구로 개발자가 자신의 코드베이스에 클로드를 통합해 여러 작업을 자동화하도록 도와준다. 예를 들어, 클로드 코드는 현재 디렉터리의 파일들을 분석해 컨텍스트로 자동 삽입해주고, 사용자가 명령을 내리면 클로드가 해당 코드베이스에 맞는 답변이나 수정을 제안하도록 한다. 이때 `CLAUDE.md`같이 특별한 파일에 프로젝트의 핵심 정보(빌드 방법, 코딩 스타일 가이드, 주요 함수 설명 등)를 적어두면 클로드가 항상 그 내용을 참고하도록 되어있다. 이는 앤트로픽이 모델을 훈련시켜 함수를 호출하게 하기보다, 환경을 조성해서 모델이 충분한 정보를 얻은 채 답을 하게 하는 접근임을 보여준다. 클로드 코드 자체가 하나의 '에이전트' 역할을 하여, 사용자의 프롬프트를 해석해 `Git` 명령을 실행하거나 테스트를 돌리는 등의 루틴 작업도 수행한다.

또한 앤트로픽은 클로드 3.7 모델에서 하이브리드 추론^{hybrid reasoning} 모드를 도입했다. 이 모드에서는 모델에게 '생각의 양'을 조절할 수 있는 옵션을 주어, 간단한 문제는 바로 답하지만 어려운 문제는 추론 과정을 길게 거치도록 했다. 클로드 3.7은 사용자가 원하면 'scratchpad'라 불리는 임시 메모 공간에 자신의 추론 과정을 보여주며 문제를 풀 수 있다. 이는 마치 모델이 종이에 끄적이듯이 내부 사고를 드러내는 것으로, 복잡한 코딩 문제를 해결하는 데 유용하다.

앤트로픽의 제품 책임자 말에 따르면 '클로드 3.7은 단계별 추론이 필요한 코딩 문제에서 매우 뛰어나며, 오픈AI의 모델을 능가하는 성과를 보였다'고 한다. 이러한 명시적 추론 모드는 곧 모델이 에이전트처럼 여러 단계를 거쳐 답하도록 하는 기능으로 볼 수 있다. 사용자가 '더 깊게 생각해봐'라고 하면 클로드가 장황하게 분석을 늘어놓고, 결국 더 정확한 코드를 내놓는 식이다. 이것은 오픈AI가 함수 호출로 툴 사용을 해결한 것과는 다른 결로, 앤트로픽은 모델 내부의 사고 프로세스 제어를 통해 문제 해결 능력을 증가시키는 실험을 하는 셈이다.

정리하면, 오픈AI는 모델 외부의 도구(함수/플러그인)를 연계하는 데 집중한 반면, 앤트로픽은 모델 내부의 맥락과 사고 과정을 확장 및 제어하는 접근을 강조하고 있다. 두 회사 모두 최종적으로는 LLM이 멀티스텝 문제 해결과 코딩 시나리오 최적화를 할 수 있도록 한다는 공통 목표를 가지고 있다. 이제 이러한 노력의 결과물인 GPT-4와 클로드 모델들의 설계 및 학습상의 특징을 구체적으로 비교해보자.

2.2.4 GPT와 클로드의 코드 처리 향상을 위한 설계 전략

이제 오픈AI와 앤트로픽의 대표 모델들이 코드를 얼마나 잘 다루며, 이를 위해 어떠한 특화된 설계나 학습 기법이 적용되었는지 살펴보겠다.

오픈AI: GPT의 특징과 코드 처리 설계

GPT-5는 오픈AI가 2025년에 공개한 차세대 멀티모달 LLM으로, 텍스트뿐 아니라 이미지 입력까지 자연스럽게 처리하는 것이 특징이다. 내부 아키텍처와 세부 학습 기법은 여전히 비공개지만, 공개된 기술 리포트와 사용자 피드백을 통해 여러 특징을 파악할 수 있다. GPT-5 역시 트랜스포머 기반 모델로, 대규모 사전 학습 이후 RLHF를 통해 지시 따르기 성능을 강화했으며, GPT-4보다 훨씬 방대한 토큰 데이터와 컴퓨팅 자원을 활용해 학습된 초대형 프로젝트였다. GPT-5 개발 과정에서 주목할 점은, 오픈AI가 코드 및 추론 능력을 사전에 다양한 스케일링 법칙 실험으로 예측했고, 실제 최종 모델의 벤치마크 결과가 그 예측과 근접하게 나타났다는 점이다. 이는 GPT-5도 모델 규모, 데이터, 연산량을 확장할수록 성능이 예측 가능하게 향상된다는 경험적 법칙을 다시 입증한 사례다.

맥락 길이와 튜닝

GPT-5의 코드 처리 성능을 크게 끌어올린 설계 요소로는 맥락 길이 확장과 정확성 중심의 튜닝을 들 수 있다. GPT-5는 기본적으로 수십만 토큰(최대 40만 토큰 이상)을 지원해, 긴 코드베이스나 대형 프로젝트 전체를 한 번에 입력하고 분석할 수 있다. 이는 GPT-4의 8k~32k(확장판은 100만 토큰)보다 훨씬 안정적으로 대용량 컨텍스트를 처리하는 성능을 보여준다. 또한 GPT-5에는 동적 연산 할당과 지시 제어 시스템 프롬프트 개선이 적용되어, 개발자가 코드 포맷, 답변 스타일, 심지어 응답 깊이까지 더 세밀히 제어할 수 있게 되었다. 예를 들어, 'pytest 형식의 단위 테스트를 작성하고, 실패할 수 있는 엣지 케이스도 포함해'라는 지시에 충실하게 응답하는 것이 가능해졌다. 이는 인스트럭션 튜닝 및 보상 모델 개선 덕분이다.

안전성과 검증 지향 코드 생성

GPT-5는 코드 생성에서 신뢰성과 검증 가능성을 강화했다. 오픈AI는 GPT-5 학습 과정에서 안전한 답변 전략을 도입해, 부정확한 코드를 자신 있게 제시하기보다 오류 가능성을 경고하거나 아예 테스트 케이스를 함께 제안하는 방식으로 응답하도록 했다. 사용자는 GPT-5가 생성한 코드를 즉시 실행·검증하면서, 모델이 스스로 '버그 가능성'을 언급하거나 보완 코드를 제시하는 모습을 확인할 수 있다. 이는 GPT-4 대비 한층 정교한 RLHF 시그널의 결과로, 실제 개발자가 신뢰할 수 있는 코드를 얻는 데 도움을 준다.

멀티모달 입력과 코드 이해 확장

GPT-5는 이미지 입력까지 자연스럽게 지원해, 코드 처리 범위를 IDE와 GUI 환경 전반으로 넓혔다. 예를 들어, 스크린샷으로 주어진 에러 로그나 깨진 UI 컴포넌트를 입력받으면 GPT-5가 해당 문제를 분석하고 코드 수정 방향을 제안할 수 있다. 이는 개발자가 IDE에서 경험하는 시각적 정보를 코드 이해와 연결시킬 수 있게 해주며, 프론트엔드와 백엔드 모두에서 활용도가 커졌다. 이러한 기능은 아직 일부 제한적이지만, GPT-5가 장기적으로 프로그래밍 전 과정을 다루는 멀티모달 코파일럿으로 설계되었음을 보여준다.

성능 지표와 경쟁 구도

벤치마크에서도 GPT-5의 코딩 실력은 뚜렷한 성과를 보였다. 예를 들어 SWE-bench 벤치마크에서 약 75%의 정답률을 달성했고, HumanEval·Polyglot 등 주요 코드 평가에서도 GPT-4 대비 큰 폭의 향상을 보였다. 경쟁 프로그래밍 플랫폼 Codeforces의 고난도 문제도 GPT-5가 단시간에 정답을 낸 사례가 보고되었다. 다만 경쟁사 모델들도 빠르게 발전 중이다. 구글의 제미나이, 앤트로픽의 클로드 코드, 메타의 코드 라마 등도 각각 쿠딩 특화 성능을 강화하며 GPT-5와의 격차를 좁히고 있다. 그럼에도 GPT-5는 범용 대규모 언어 모델에 고도화된 코딩 능력을 통합한 대표적 사례로, 오픈AI의 데이터 설계와 튜닝 접근이 여전히 업계 최상위 수준임을 보여준다.

앤트로픽: 클로드 모델의 특징과 코드 처리 설계

앤트로픽의 클로드 4(Sonnet 4 / Opus 4)는 2025년에 공개된 차세대 멀티모달 LLM으로, 대화형 조수를 넘어 실제 개발 현장에서 쓸 수 있는 코딩 및 추론 특화 모델로 자리 잡았다. 이 세대의 가장 큰 변화는 '빨리 답하는 모드'와 '깊게 생각하는 모드'를 상황에 따라 오가며, 필요한 경우 검색, 파일 접근, 코드 실행 같은 외부 도구 호출을 추론 과정과 자연스럽게 엮어 내는 점이다. 엔터프라이즈 환경에서는 MCP$^{Model\ Context\ Protocol}$ 커넥터와 Files API, 샌드박스 코드 실행 기능을 함께 제공해 사내 리포지터리와 지식 베이스, 빌드·테스트 툴체인까지 모델의 사고 흐름 안으로 끌어들인다. 결과적으로 사용자는 '문제 서술 → 자료·코드 연결 → 실행·검증 → 수정 제안'으로 이어지는 에이전틱 워크플로를 한 세션에서 끝까지 밀어붙일 수 있다.

▍초대용량 컨텍스트와 확장 추론의 결합

클로드 4의 체감 성능을 단번에 끌어올린 요소는 초대용량 컨텍스트다. Sonnet 4는 베타 기준 최대 100만 토큰급 맥락을 다루며, 수만 라인의 코드와 대형 설계 문서를 한꺼번에 올려놓고 맥락을 잃지 않은 채 분석·수정·질의를 반복한다. 긴 맥락 안정성이 확보되자, 여러 모듈에 걸친 버그의 원인을 한 번에 좁혀 가거나 대규모 리팩터링 계획을 한 호흡으로 세우고 적용하는 일이 현실이 되었다. 여기에 확장 추론이 결합되면서, 간단한 요청에는 지체 없이 답하되 난도가 높아질수록 모델이 스스로 더 오래 사고하고 필요한 도구를 호출해 증거를 모으고, 그 결과를 다시 추론의 재료로 삼는 방식으로 답변의 신뢰도를 끌어올린다. 사용자는 생각 과정의 노출 수준을 설정으로 조절할 수 있고, 모델이 어떤 가정을 세웠는지 또는 어떤 경로로 오류를 의심하는지까지 읽어가며 후속 지시로 방향을 잡는다.

▌리뷰·디버깅·정합성 검증에 기반한 개발 루프

코드 처리 관점에서 보면, 클로드 4는 '긴 문맥 이해 – 도구 결합 – 실행 검증'의 삼박자를 기본 전제로 한다. 개발자는 대형 PR[pull request]의 변경 요지를 요약하고, 파급 가능성을 짚게 한 다음, 누락된 테스트를 제안받고 즉석에서 스니펫을 실행해 결과를 다시 반영시키는 식으로 리뷰와 디버깅을 한 덩어리로 합친다. 실패한 테스트 케이스를 건네면 모델은 로그와 스택 트레이스를 바탕으로 원인을 국소화하고, 최소 수정 패치를 제안하며, 필요하면 추가 실험을 통해 가설을 재조정한다. 사양서·디자인 문서·코드를 한 세션에 모아두고 사양–구현 정합성을 왕복 점검하는 작업도 훨씬 수월해졌다. 이러한 변화는 SWE-bench 같은 실전형 평가에서 장시간 자기수정 루프가 끊기지 않는 강인성으로 드러나고, 현업에서는 '작업이 중간에 헛돌지 않는다'는 체감으로 이어진다.

▌안전·정직·무해성(HHH) 강화와 엔터프라이즈 적합성

안전과 정책 준수 측면은 여전히 뚜렷하다. 앤트로픽이 오래 다져온 HHH[Helpful, Honest, Harmless] 원칙은 클로드 4에서도 한층 강화되어, 라이선스 위험이 있거나 악용 우려가 큰 요청에는 요약·해설 같은 대체 응답을 우선시한다. 이 보수성은 때로는 답이 아쉽게 느껴질 수 있지만, 엔터프라이즈 채택과 컴플라이언스 관점에서는 신뢰를 담보하는 장치로 작동한다. 결과적으로 클로드 4는 '마음대로 길어지는 환각을 줄이고, 근거를 쌓아가며, 위험을 피해간다'는 일관된 사용감을 준다.

▌세대 전환의 핵심: 3.x에서 4로의 성숙

클로드 3.x와 4의 차이를 한 줄로 요약하면, 컨텍스트는 더 길고 안정적으로, 추론은 더 깊고 도구 친화적으로, 작업 흐름은 더 현실적인 에이전트 형태로 성숙했다는 점이다. 이전 세대가 긴 문맥을 읽을 수 있다는 가능성을 보여줬다면, 클로드 4는 그 긴 문맥 위에서 검색·파일·실행을 읽어 실제 개발 루프를 굴릴 수 있게 만들었다. 덕분에 대형 코드베이스를 통째로 들고 씨름하는 작업(PR 요약과 리스크 진단, 실패 테스트 기반의 최소 수정, 사양–코드 정합성 검증)이 한 세션 안에서 매끄럽게 이어진다.

이 모든 변화는 모델을 '대화형 조수'에서 '협업형 개발 파트너'로 격상시키며, 장시간 안정성·설명 가능성·컴플라이언스의 균형을 중시하는 앤트로픽의 설계 철학을 분명히 보여준다.

2.3 프로그래밍 작업을 위한 프롬프트 설계와 컨텍스트 최적화

LLM의 코딩 능력을 최대한 끌어내려면 모델 자체의 성능도 중요하지만, 사용자가 어떻게 프롬프트를 구성하고 시스템을 세팅하는지도 큰 영향을 미친다. 이 내용은 2.2절의 하위 항목으로 다룰 예정이었지만, 분량과 중요도가 커 별도의 절로 구성했다. 이 절에서는 오픈AI와 앤트로픽 모델을 사용할 때 유용한 프롬프트 설계 기법, 시스템 메시지 활용, 긴 컨텍스트를 효과적으로 쓰는 방법 등을 다룬다. 프롬프트에 대한 더 자세한 내용은 6장에서 다루고, 이 절에서는 간단히 설명한다.

2.3.1 효과적인 프롬프트 설계

프롬프트^{prompt}란 모델에게 주는 입력(명령과 문맥)을 의미한다. 코딩 작업에서 프롬프트를 잘 설계하면 모델이 훨씬 정확하고 원하는 형식으로 답변하도록 유도할 수 있다.

▎명확한 지시와 요구사항 나열

무엇을 원하는지 구체적으로 알려주는 것이 중요하다. 예컨대 '이 파이썬 코드의 버그를 수정해줘'보다는, '다음 파이썬 코드 조각에 버그가 있어. 주어진 입력 예시와 기대 출력에 맞게 코드를 수정하고, 수정 이유를 설명해줘'처럼 **문제, 조건, 기대**를 모두 명시하는 것이 좋다. 모델은 주어진 정보를 기반으로 추론하므로, 테스트 케이스나 오류 메시지 등 힌트를 함께 제공하면 더 정확한 답을 얻을 수 있다.

▎언어와 형식 지정

어떤 프로그래밍 언어로 답해야 하는지, 코드만 원하는지, 설명도 필요한지 등을 언급하면 도움이 된다. 예를 들어, '다음에 제시하는 함수의 C++ 구현을 제공하고, 가능하면 시간 복잡도를 언급해줘'와 같이 말하면 모델이 코드뿐 아니라 부가 설명도 달게 된다. 오픈AI 모델의 경우 시스템 메시지에서 '답변 시 코드 블록에는 파이썬 같은 언어로 명시해'라는 지침을 주어 마크다운 코드 블록을 확실히 출력하게 할 수도 있다.

▎예시

모델에게 원하는 출력 형식을 가르치기 위해 예시를 제공할 수 있다. 예를 들어, 챗봇 대화를 시작할 때 사용자가 아닌 시스템 또는 숨겨진 맥락으로 Q&A 예시를 두어, 모델이 그 패턴을 따르게 할 수 있다. 코딩에서도 '주석이 잘 달린 함수 예시'를 보여주고 유사하게 하라고 할 수 있다. 다만 너무 많은 예시는 토큰을 많이 소비하므로, 핵심만 담아 간결하게 제시해야 한다.

사고 연쇄 유도

아주 복잡한 문제라면 모델에게 스스로 사고 단계를 출력하게 하는 것도 방법이다. 예컨대 '1단계: 문제 분석. 2단계: 해결 계획 수립. 3단계: 코드 제시'와 같은 포맷을 요구할 수 있다. 챗GPT 등은 기본적으로 최종 답만 주지만, '생각하는 과정을 모두 보여줘'라고 명령하면 어느 정도 사고 과정을 글로 써주는 경향이 있다. 앤트로픽 클로드 3.7처럼 scratchpad 기능이 있다면 이를 활용해 모델의 중간 추론을 검토해볼 수 있다. 다만, 일반 챗GPT에서는 모델이 논리 사슬을 길게 늘어놓으면 가끔 오류도 그럴듯하게 만들어낼 수 있으므로, 사용자가 그 사고 연쇄를 검증하며 받아들여야 한다.

역할 부여

프롬프트에서 모델에게 특정 역할을 부여하면 그에 맞는 어조와 내용으로 답변한다. 예를 들어, '당신은 10년 경력의 시니어 파이썬 개발자이다'라고 시작하면, 모델이 보다 전문가처럼 상세히 설명하려 할 수 있다. 오픈AI GPT 계열은 이런 역할 지시를 잘 따르도록 학습되어 있다. 따라서 필요하다면 '코드를 검토하는 엄격한 린트 도구처럼 행동해줘'와 같은 요청도 가능하다. 앤트로픽 클로드도 기본적으로 친절한 조수 역할을 하지만, 역할을 달리 부여하면 (스택 오버플로 답변자처럼 상세하게 답해줘) 역할에 맞춰 응답 스타일이 변한다.

하지만 대부분 코딩 도구의 시스템 프롬프트에서 소프트웨어 개발에 적합한 역할을 부여하고 있으므로 사용자 프롬프트에서 역할 부여는 어투가 바뀔뿐 코딩 성능 자체에 미치는 영향은 제한적이다.

요청 분할

한 번에 복잡한 걸 요구하기보다는, 단계를 나눠서 여러 차례에 걸쳐 대화하는 것이 효과적일 때가 있다. 예를 들어, 먼저 '문제를 이해했는지 요약해줘', 이어서 '해결 계획을 세워줘', 마지막으로 '코드를 작성해줘'라고 단계별로 지시하면 모델이 집중할 수 있어 실수가 줄어든다. 특히 긴 코드를 한 번에 출력할 경우 중간에 컨텍스트를 잊기 쉬운데, 단계별로 진행하면 맥락을 다시 강조할 수 있어 더 안정적이다.

2.3.2 시스템 프롬프트 및 환경 설정

시스템 프롬프트는 오픈AI 챗GPT API 등에서 대화의 기본 성격을 정해주는 숨겨진 메시지다. 앤트로픽 클로드 API에서도 `system` 역할 메시지를 지원하며, 비슷한 용도로 `INST:` 혹은 `META:` 지시를 줄 수 있다. 시스템 프롬프트를 잘 활용하면 모델의 출력을 미세하게 제어할 수 있다.

▎코딩 스타일 가이드

시스템 프롬프트에 '코드는 PEP8 스타일로, 주석은 영어로 간결하게 남길 것' 같은 지시를 넣으면, 모델이 전반적인 출력 스타일을 일관성 있게 가져간다. 회사 내부 코딩 컨벤션이나 변수명 규칙도 미리 알려줄 수 있다. 앤트로픽 클로드의 클로드 코드 도구에서 `CLAUDE.md` 파일에 이런 가이드라인을 작성해두면 클로드가 이를 읽고 항상 따르게 하는 것도 같은 원리이다.

▎금지 또는 우선 사항

'절대로 표준 라이브러리 외에는 사용하지 말 것', '출력에 `bash` 프롬프트 표시 금지' 등 세부 정책을 시스템에 명시할 수 있다. 이렇게 하면 사용자가 일일이 요청마다 언급하지 않아도 모델이 기본적으로 그 조건을 기억한다. 예컨대 영리 프로젝트에서 GPL 라이선스 코드를 피해야 할 때, 'GPL 라이선스의 코드는 인용하거나 출력하지 마'라고 미리 지정할 수 있다. (물론 모델이 라이선스를 완벽히 구분하진 못하지만, 적어도 알려진 GPL 코드 조각에 대해서는 거부 확률이 높아질 것이다.)

▎역할 플레이

앞서 말한 역할을 시스템 메시지로 주면, 사용자 프롬프트가 간결해지고 모델도 일관된 태도를 유지한다. '당신은 내 전문 프로그래밍 조교야. 항상 최신 C++ 표준을 기준으로 답하고, 추가로 더 나은 구현 팁을 알려줘'처럼 써두면, 이후 답변마다 모델이 그 지시에 맞춰 행동한다. 이는 챗GPT 인터페이스상의 '개발자 메시지'와 유사한 효과이다.

▎컨텍스트 축약 정보

시스템에 전체 코드는 넣기 어렵지만, 핵심 정보는 주고 싶을 때 요약본을 넣어둘 수 있다. 예를 들어, '프로젝트 전체 개요: 이러이러한 모듈들로 구성됨. 이 세션에선 모듈 A 관련 질문만 다룸.' 이런 식으로 쓰면, 모델이 사용자의 실제 질문을 받기 전에 이미 큰 그림을 알고 있게 된다. 이를 통해 우리는 작업의 목적이나 현재 상황을 매번 일일이 설명하지 않아도 되며, 앤트로픽 클로드 코드의 `CLAUDE.md` 메커니즘이 이런 용도이다.

오픈AI와 앤트로픽 모두 개발자들에게 이러한 시스템 레벨 제어를 허용하고 있고, 이를 공식 문서에서 안내하고 있다. 특히 오픈AI는 '시스템 메시지를 통해 모델의 말투와 답변 내용을 크게 바꿀 수 있다'며 활용을 독려한다. 앤트로픽도 API 가이드에서 클로드의 헌법 원칙을 오버라이딩하지 않는 범위에서 시스템 지시를 줄 수 있다고 설명한다.

2.3.3 긴 컨텍스트 활용과 최적화

긴 컨텍스트를 쓸 수 있다는 것은 모델에게 많은 정보를 주어 똑똑한 답을 얻게 해주지만, 자칫 노이즈에 휩싸여 혼란을 줄 수도 있다. 따라서 컨텍스트를 최적으로 사용하는 방법이 필요하다.

▎필요한 정보만 포함

컨텍스트에 너무 많은 코드를 넣으면 모델이 핵심을 놓치거나, 중요하지 않은 부분에 주의를 할애할 수 있다. 중요한 함수나 오류가 나는 부분 위주로 발췌해서 주고, 나머지는 요약하는 편이 좋다. 예를 들어, 5개 파일 중 1개에만 버그가 있다면 그 파일과 에러 메시지만 주고, 다른 4개는 '정상 동작'이라고 서술하는 정도로 충분하다.

▎세그먼트화

매우 긴 컨텍스트를 다룰 때는, 논리적으로 블록을 나누고 각 블록에 주석을 달아주는 것이 좋다. 예를 들어 `<!-- Module A Code Start -->` ... `<!-- Module A Code End -->` 처럼 마크업을 해두면, 모델이 구획을 인지하고 참조하기 편해진다. 이는 인간이 읽기 쉽게 하는 것과 같은 이치이다. 앤트로픽 클로드는 100k 토큰을 제공할 경우 알아서 문단별로 파악하려 하지만, 그래도 구조적으로 잘 정돈된 입력이 더 나은 응답을 유도할 것이다.

컨텍스트 윈도우 크기에 따른 전략

오픈AI GPT-4 8k 모델을 쓸 때와 32k 모델을 쓸 때 전략이 달라야 한다. 8k에서는 꼭 필요한 부분만 줘야 하므로, 질문마다 관련 함수 정의와 입출력 예시 정도만 넣는다. 반면 32k에선 관련 모듈 전체를 넣어도 되니, 모델이 더 넓은 시야로 답하게 할 수 있다. 앤트로픽 클로드 100k도 마찬가지로, 전체를 줘도 되지만 때론 일부만 주고 '필요하면 물어봐'라고 하는 편이 나을 수도 있다. 클로드는 긴 컨텍스트에서 오히려 질문을 잊지 않도록, 사용자에게 '제가 이해하기로는 질문은 X이다. 이제 자료를 검토하겠집' 같은 메타 발언을 하기도 하는데, 이는 좋은 신호이다. 컨텍스트가 너무 길 때는 질문을 마지막에 한 번 더 강조해주는 것도 모델이 초점을 잃지 않도록 하는 요령이다.

자동 컨텍스트 추출 도구 활용

실제 구현에서는, 사용자가 물어본 내용에 따라 관련 있는 코드 조각만 빠르게 탐색할 수 있게 해주는 랭귀지 서버와 LLM을 결합하기도 한다. 예를 들어, 질문이 '로그인 기능에 버그가 있어'라면, 벡터 데이터베이스를 검색해 '로그인'과 연관된 파일을 찾아 그들만 컨텍스트에 싣는 방식이다. 이는 일종의 정보 추출 프리프로세싱으로, 챗GPT 플러그인 중에도 문서 쿼리용이 있고, 클로드 코드도 프로젝트 파일을 모두 넣는 대신 유사한 기능을 수행한다(클로드 코드는 중요 파일 목록을 `CLAUDE.md`에 기록하도록 권장). 이러한 툴을 쓰면 모델의 컨텍스트 부하를 줄이고, 중요한 부분에 집중하게 할 수 있다.

토큰 비용과 속도 고려

긴 맥락은 그만큼 비용(토큰 비용)이 들고 응답 시간도 느려진다. 오픈AI API나 앤트로픽 API 모두 입력 토큰에 요금을 책정하므로 100k 토큰을 매번 넣는 것은 비용이 크다. 따라서 필요할 때만 풀맥락 활용을 하고, 간단한 질문에는 짧게 주는 식으로 경제성을 따져야 한다. 모델이 특정 정보를 이미 답변에서 줬다면, 두 번째 질문부터 그 정보를 다시 안 넣어도 기억하고 있을 가능성이 높다(동일 세션이라면). 이런 점을 이용해, 한 세션 내에서 점진적으로 컨텍스트를 확장하거나 줄이며 효율을 꾀할 수 있다.

마지막으로, 프롬프트 실험을 적극적으로 하는 것이 중요하다. 같은 질문이라도 표현이나 제공 정보에 따라 LLM의 답이 크게 달라지므로, 개발 단계에서 여러 프롬프트 버전을 테스트해보고 최적의 형태를 찾아야 한다. 오픈AI는 이러한 평가를 체계화하려고 오픈AI Evals라는 프레임워크를 공개하기도 했다. 앤트로픽도 내부적으로 다양한 실제 시나리오로 모델을 평가하여 튜닝 방향을 잡는다고 한다. 사용자 역시 자기 프로젝트에 맞는 템플릿 프롬프트(예: 버그 리포트 → 해결) 세트를 마련해두면, 일관되고 재현성 있는 결과를 얻을 수 있을 것이다.

이상의 원칙들을 토대로, 오픈AI의 GPT 계열이나 앤트로픽 클로드를 활용한 프로그래밍 작업은 훨씬 수월해질 수 있다. 마지막으로, 지금까지 논의한 양사의 접근법 차이를 표로 간략히 비교하고 정리해보자.

2.4 오픈AI vs 앤트로픽 접근법

두 회사의 프로그래밍 특화 LLM 전략을 핵심 요소별로 비교하면 다음과 같다.

표 2-1 오픈AI vs 앤트로픽[1]

비교 항목	오픈AI (GPT-4 등)	앤트로픽 (클로드 등)
사전 학습 데이터	• 인터넷 텍스트 전반 + 코드 일부 • 별도 공개 코드 데이터로 추가 학습 (예: 깃허브 159GB 파이썬 코드) • GPT-4는 데이터 세부사항 비공개 (광범위한 도메인 포함)	• 인터넷 텍스트 + 라이선스 데이터 혼합 • 코드 데이터 명시적 언급은 없으나 포함 (사전 학습 커팅 시점 2020년 초) • 사용자 대화 데이터 일부 활용 (피드백 등)
모델 사이즈/ 구조	• GPT-4 파라미터 수 비공개 (수천억~일조 추정) • 멀티모달 입력 지원 (텍스트+이미지) • 추론 최적화로 8k/32k 맥락 지원 (일반 트랜스포머, 일부 개선)	• 클로드 2/3 파라미터 수 비공개 (GPT-4 동급 추정) • 텍스트 입력 전용 (이미지는 연구 중) • 위치 인코딩 등 개량으로 100k~200k 맥락 지원 (long-form attention 최적화)
코드 미세 조정	• GPT-3 → 코덱스: 대규모 공개 코드로 추가 학습 (HumanEval 0%→28.8%) • GPT-4: 사전 학습에 코드 비중 증가 + 내부 eval 통해 코드 성능 예측/검증 • 코드 전용 모델 (코덱스) 따로 운영했으나 GPT-4에 통합	• 별도 코드 전용 모델 없이 단일 클로드로 통합 • 클로드 2: 코드/수학 성능 대폭 개선 (HumanEval ~71%) • 코드 관련 데이터/문제 추가 학습 (명시적으로 언급) • 고객 사용 피드백으로 지속 개선 (실사용 대화 분석)

---

[1] [표 2-1]의 성능 수치는 해당 모델의 발표 시점 기준이며, 모델 버전 업에 따라 변동 가능성이 있다.

비교 항목	오픈AI (GPT-4 등)	앤트로픽 (클로드 등)
인스트럭션 튜닝	• InstructGPT 방식: 인간 시연 + 랭킹으로 지도 학습 • 챗GPT/GPT-4: 대화 데이터 대량 학습, 코딩 QA도 포함 • 모델 출력의 스타일/격식 등을 인간 선호에 맞춤 (예: 설명 첨부)	• 헌법 AI 방식: AI 자기 피드백 + 원칙 기반 응답 생성 • RLHF 병행: 인간 피드백으로 유용성 보강 • HHH 지침 준수하도록 튜닝 (코딩 답변도 친절/안전)
RLHF	• 인간 평가자 다수 투입, 다단계 비교로 세밀 조정 • 오픈AI 전담 팀 운영, 모델 유해요소 감소 신호 추가 • 코딩에선 정확성/유용성 높은 답 선호 → 정답률 향상 • 함수명 유추 등 추론시 과신 줄이고 근거 명확히 하도록 유도	• 헌법 원칙에 따른 AI 피드백으로 1차 정제 • 추가로 인간 red-team 피드백 등 활용 (특히 안전 분야)
에이전트적 행동	• AutoGPT 등 서드파티 프레임워크에서 GPT-4를 에이전트로 활용 (계획+실행 루프) • 오픈AI 자체는 안전 우려로 완전 자율 에이전트 제공은 신중 • 대신 함수 호출+플러그인으로 반자율 에이전트 형태 (인간이 최종 승인) 권장	• 클로드 코드가 클로드를 반자율 에이전트로 활용 (파일 수정, 테스트 실행 자동화) • 클로드 모델은 multi-turn에서도 일관성 유지 우수 (장기 목표 추적 잘함) • 하이브리드 추론 모드로 사용자가 추론 깊이 제어, 에이전트화 보조
맥락 길이	• GPT-4: 8k 기본, 32k 확장 (GPT-3.5-turbo도 16k 버전 존재) • 긴 컨텍스트 활용에 따른 성능 저하는 적지만, 비용 증가 고려 • 긴 코드 입력 시도 많으나 32k 한계로 전체 프로젝트 다루긴 어려움	• 클로드 2: 100k 토큰 (약 75k 단어) • 클로드 3: 200k 토큰까지 확장 (보도 자료 기준) • 대용량 문맥에서 우수한 응답 일관성 (모델이 장기 dependency 잘 처리) • 전체 코드베이스 투입해 Q&A 실용화 (문맥 큐레이션 중요)
코딩 성능 지표	• HumanEval Python: GPT-4 67.0% (zero-shot pass@1) • GPT-3.5: ~48%, 코덱스: ~28% • LeetCode Hard 등 문제 다수 해결, 코딩인터뷰 통과 사례 다수	• HumanEval Python: 클로드 2 ~71%, 클로드 3 ~85% (SOTA 수준) • 평가에 따라 GPT-4와 엇비슷하거나 우위 • 장황한 설명을 포함하는 답변 경향 (간결성은 GPT-4가 약간 우세) • 고객사 피드백: 대규모 코드 분석/요약에 강점
안전 및 정책	• 사용 정책 명확, 위반 시 출력 거부 (예: 해킹 코드, 비밀 유출) • RLHF로 정치적/혐오/불법 조언 걸러내도록 학습 • 코드 라이선스 관련 언급은 없으나 깃허브 데이터 사용에 논란도 있었음 • 개인 정보, 기업 코드 입력 시 암묵적 위험 (엔터프라이즈 버전은 암호화 저장 등 보완)	• 클로드는 '헌법'에 따라 유해 콘텐츠 거부 적극적 • 폭력적이거나 불법적인 코딩 요구에도 강하게 거부 • 앤트로픽은 기업 데이터 프라이버시 강조, 2025년 발표한 보안 대응 백서에서 '클로드는 사용자 데이터 악용하지 않도록 설계' 언급 • AI 헬퍼 이용으로 인간 검열 최소화, 대신 모델 자체 판단 준수

2.5 마치며

오픈AI와 앤트로픽은 LLM을 프로그래밍 도메인에 특화시키기 위해 방대한 데이터와 창의적인 기법을 동원해왔다. 오픈AI는 코덱스를 시작으로 축적한 코드 학습 노하우를 GPT-4에 통합하여, 뛰어난 코드 생성 및 이해 능력을 구현했다. 반면 앤트로픽은 거대한 컨텍스트와 헌법 기반 정밀 튜닝을 통해 클로드 모델을 진화시켜, 프로그래밍 조수로 손색없는 능력을 갖추게 만들었다. 두 회사 모두 인스트럭션 튜닝과 RLHF로 인간이 선호하는 스타일과 정확도를 달성했다. 최근에는 함수 호출, 에이전트적 프레임워크, 추론 제어 등 혁신적인 아이디어를 접목하여 모델의 활용성을 높이고 있다.

프로그래밍 작업에 특화된 LLM을 효과적으로 사용하려면, 모델의 강점과 제한을 이해하는 것이 중요하다. 오픈AI의 모델은 함수 호출 등을 통해 다양한 툴과 연계될 수 있고, 앤트로픽 클로드는 긴 문맥에서 폭넓은 분석을 해주는 장점이 있다. 사용자는 자신의 용례에 맞춰 이러한 특성을 활용하고, 앞서 논의한 프롬프트 설계 기법으로 모델에게 명확한 가이드를 제공해야 한다. 또한 민감한 경우에는 출력된 코드의 정확도나 보안성을 검증하는 절차(예: 테스트 실행, 리뷰)를 거치는 것이 바람직하다.

아무리 좋은 언어 모델이라도 아직 완벽하지 않으며, 종종 할루시네이션으로 잘못된 코드를 그럴듯하게 생성하거나 모호한 질문에 엉뚱한 해답을 줄 수 있다. 따라서 인간 개발자는 이를 페어 프로그래밍의 개념으로 받아들여, 모델의 제안을 비판적으로 검토하고 필요한 최종 수정을 가해야 한다.

향후 오픈AI와 앤트로픽의 경쟁과 협력을 통해, LLM의 프로그래밍 능력은 더욱 개선될 전망이다. 더 많은 프로그래밍 언어와 프레임워크에 대한 학습, 실시간 문서 조회나 IDE 통합 등의 기능, 모델 간 협업 (예: 한 모델이 작성하고 다른 모델이 검증) 같은 흥미로운 방향도 논의되고 있다. 이러한 발전이 이루어진다면, 개발자들은 일상적인 코딩 작업을 AI에 위임하고 더 창의적인 설계와 문제 해결에 집중할 수 있을 것이다.

CHAPTER 3

바이브 코딩을 위한 도구들

앞에서 살펴본 것처럼 바이브 코딩은 뛰어난 언어 모델을 중심으로 작동하지만, 그게 전부는 아니다. 실제로 바이브 코딩이 원활하게 이루어지려면 언어 모델을 둘러싼 다양한 도구와 프로세스가 유기적으로 맞물려 돌아가야 한다.

이 책에서 소개하는 도구와 프로세스는 완벽하거나 최종 형태가 아니다. 지금 이 순간에도 수많은 기업과 오픈 소스 커뮤니티에서 새로운 도구가 끊임없이 쏟아지고 있다. 따라서 바이브 코딩을 제대로 하려면, 프로젝트를 진행하면서 새롭게 등장하는 도구들을 계속 시험하고, 도입 여부를 신중히 판가름하는 작업이 필요하다. 그러나 문제는 이러한 작업이 생각보다 간단하지 않다는 점이다. 새로운 도구를 접하고 평가하는 일은 시간과 자원이 많이 들기 때문에, 개인 개발자가 혼자서 꾸준히 따라가기는 결코 쉽지 않다.

앞으로는 이런 어려움을 해결해주는 바이브 코딩 전문 컨설팅 서비스나 조직 내에서 바이브 코딩 도입을 주도적으로 추진하는 내부 전문가 역할이 새롭게 등장할 것이다. 이들은 최신 기술 트렌드를 민첩하게 추적하고 최적의 도구와 방법론을 선별하여 개발 팀에 제안하는 전문가로 자리 잡을 가능성이 크다.

이 책의 목표인 바이브 코딩 성숙도 4단계(프로젝트 수준의 바이브 코딩)를 구현하기 위해 필자가 직접 업무에서 사용하면서 검증한 도구들을 이 장에서 소개할 것이다. 독자들은 이 도구들을 살펴보며 자신에게 적합한지 판단하고, 직접 경험하면서 더욱 깊이 있는 이해를 쌓을 수 있기를 바란다. 다만 그 사이 더 나은 도구가 언제든 등장할 수 있으므로 그때그때 목적과 제약사항에 맞춰 어떤 대안이 있는지 확인해보기 바란다.

3.1 바이브 코딩 IDE 비교

지금부터 **파이썬, 타입스크립트, Go** 등 다중 언어 환경을 지원하는 대표적인 AI 코딩 도구인 **클로드 코드, 커서, 윈드서프, 코덱스, 제미나이**의 성능과 특징을 비교해보자.

각 도구가 엔드투엔드 개발 워크플로(기획, 구현, 테스트, 배포, 트러블 슈팅)를 얼마나 잘 처리하는지, 그리고 인간 개입을 얼마나 줄여주는지를 살펴본다. 아울러 프로젝트 컨텍스트를 대규모로 이해하고 유지하는 능력, 외부 도구·버전 관리·테스트 프레임워크와의 통합, 다중 언어 지원 여부도 함께 알아본다.

또한 AI 기능(컨텍스트 유지력, 작업 오케스트레이션, 코드 생성 정확도), IDE 기능(디버깅, 리팩터링, 실시간 협업, 자동 완성), 프로젝트 확장성 및 코드 유지보수, 코드베이스 탐색 및 이해 지원, 확장성(플러그인/오픈 API) 등의 항목을 항목별로 상세히 비교한 표를 제시한다. 더불어 가격 모델, 클라우드/로컬 지원 여부, 개발자 커뮤니티의 평가도 함께 언급한다.

3.1.1 주요 AI 코딩 도구 개요

현재 시장에는 엄청나게 많은 상용/오픈 소스 코딩 도구들이 하루가 멀다 하고 쏟아져 나오고 있다. 하지만 그중 프로덕션 레벨에서 사용 가능한 도구는 제한적이다. 비용 대비 성능, 안정성, 보안이라는 측면에서 사용자 기준에 적합한 프로덕션 레벨 바이브 코딩 도구로 **클로드 코드**[Claude Code], **커서**[Cursor], **윈드서프**[Windsurf], **코덱스**[Codex], **제미나이**[Gemini]가 있다. 이 도구들의 성능 우열은 큰 의미가 없다. 서로 빠르게 다른 도구의 장점을 흡수하며 발전해 나가고 있기 때문이다. 다만, 각각의 도구들이 추구하는 바이브 코딩의 방향성에는 소소한 차이가 있는데, 클로드 코드, 코덱스 CLI, 제미나이 CLI는 완전 자동화에 기반한 병렬 처리에 좀 더 무게중심을 두고 있다.

이들 CLI 도구들은 헤드리스 모드라고 하는 UI 없이 백그라운드에서 동작하는 실행 모드를 제공한다. 사용자는 이를 통해 이들 AI 코딩 도구들을 마치 명령어처럼 사용하는 것이 가능해지며 병렬 실행도 가능하다. 어느 정도 자동화된 개발에 성공한 바이브 코딩 고급 사용자들은 헤드리스 모드를 사용해서 병렬로 개발하는 단계에 접어들게 된다. 윈드서프와 커서, 코덱스 VS Code는 사용자와의 상호작용을 강화해서 AI의 작업 내용에 대한 가시성을 높이는 데 초점을 두고 있다.

클로드 코드

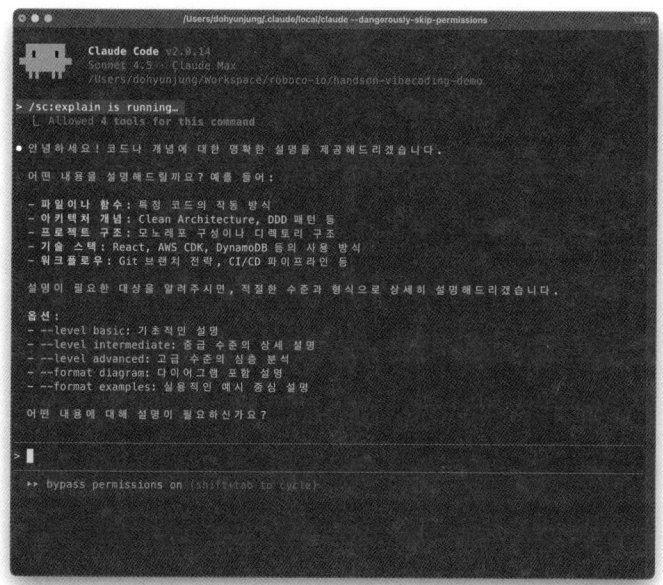

그림 3-1 클로드 코드 UI

앤트로픽에서 출시한 AI 코딩 에이전트로, LLM 클로드를 IDE 및 터미널에 통합한 도구이다. 명령줄 환경에서 동작하지만 커서, 윈드서프, VS Code, JetBrains IDE와 연동되는 플러그인 기능도 제공한다. 전체 코드베이스를 몇 초 만에 맵핑하고 이해해 프로젝트 전반에 걸친 맥락을 파악하고, 이슈 읽기, 코드 작성, 테스트 실행, PR 제출까지 개발 흐름 전체를 자동화하는 것을 목표로 개발되었다. 클로드 모델의 강력한 코딩 성능을 바탕으로 다중 파일 수정, 대화형 문제 해결, 고급 코드 생성에 특화되어 있으며, 파이썬, 타입스크립트, Go 등 언어에 구애받지 않고 동작한다.

커서

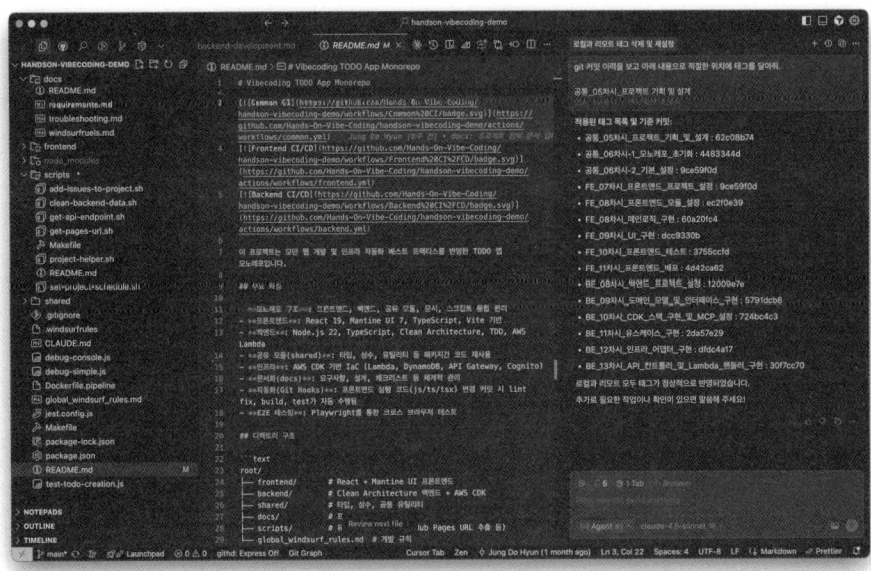

그림 3-2 커서 UI

애니스피어^{Anysphere}에서 개발한 AI 코드 에디터로, VS Code 기반의 친숙한 인터페이스에 AI를 깊이 결합했다. 사이드바 챗(Composer)을 통해 자연어로 명령하면 코드를 생성 및 편집해준다. 그리고 일반 모드와 에이전트 모드를 제공해 사용자가 원하는 만큼 개입할 수 있다. '코드베이스를 알고 있는' AI라는 슬로건처럼 전체 프로젝트를 인덱싱하여 코드 질의나 참조가 가능하고, Tab 자동 완성으로 다음에 작성할 코드를 예측해 여러 줄을 한 번에 완성해준다. 파이썬, 자바스크립트, Go 등의 언어를 대부분 지원하며, GPT-5, 클로드 등 최신 LLM 모델들을 혼용하여 코드 생성에 활용한다. 개발자는 VS Code와 유사한 환경에서 자동 완성, 자연어 리팩터링, AI 코드 설명 등의 기능을 누릴 수 있다. 그리고 필요 시 웹 문서 검색으로 라이브러리 문서를 찾아주는 등 외부 지식도 활용한다. 2025년 8월 7일에는 터미널 환경에서 사용 가능한 커서 CLI도 공개되어 보다 폭넓은 환경에서 사용할 수 있게 되었다.

윈드서프

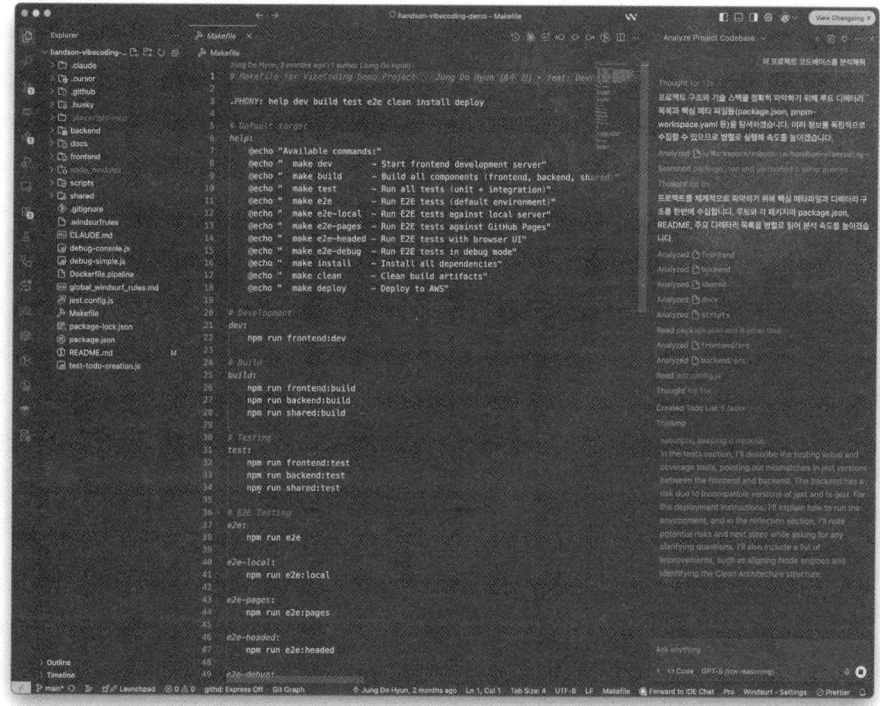

그림 3-3 윈드서프 UI

기존 Codeium을 발전시킨 AI 기반 통합 IDE로, 'AI 네이티브' 에디터를 표방한다. Cascade라는 에이전트가 탑재되어 사용자의 의도를 파악해 '당신보다 10단계 앞서 생각하고 코드와 오류를 미리 해결하는 것'을 목표로 한다. 그리고 테스트를 작성하기 전에 오류를 예측해 수정하고, 문제가 발생하기 전에 해결하여 개발자가 집중이 흐트러지지 않고 몰입 상태('flow', 또는 'in the zone'이라고도 함)를 유지할 수 있도록 돕는다. Tab 자동 완성 기능은 사용자의 명령 이력, 클립보드, Cascade 작업 내역까지 추적하여 맥락에 가장 맞는 코드를 제안한다. 윈드서프는 코드를 자동으로 실행해 결과를 미리 보여주는 실시간 프리뷰가 가능하며, Next.js와 같은 프런트엔드 프레임워크부터 백엔드까지 파이썬, 타입스크립트, Go 등의 프로젝트를 IDE 내에서 '빌드→테스트→배포'까지 일괄적으로 진행할 수 있다. 드래그&드롭 UI 디자인 구현, Playwright 테스트 통합, 깃허브 배포, 슬랙/DB 연동 등 다양한 외부 서비스 연계(MCP 서버)를 통해 엔드투엔드 작업을 자동화할 수 있는 확장성도 갖추고 있다.

코덱스 CLI와 VS Code 확장 기능

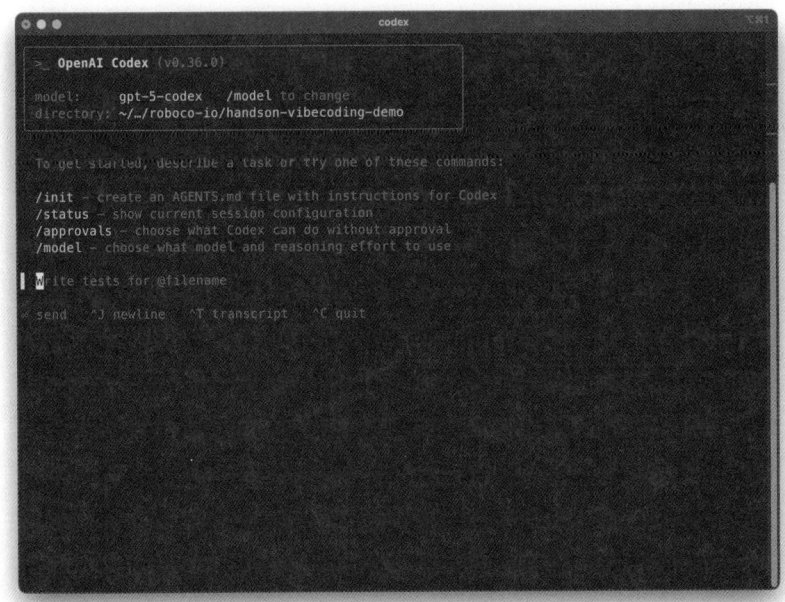

그림 3-4 코덱스 CLI UI

코덱스 CLI와 VS Code 확장 기능은 GPT-5 코덱스 계열 모델을 터미널과 에디터 작업 흐름에 그대로 결합하는 개발 도구로, '자연어 지시 → 코드/문서/테스트 생성 → 실행·검증 → 패치 적용 → PR 작성'까지 한 흐름으로 밀어붙이는 에이전틱agentic 코딩을 지원한다. 리포지터리 전반을 인덱싱해 다중 파일 편집·리팩터링을 안전하게 `diff` 초안으로 제시하고, 실패 로그, 테스트 결과, 스크린샷 같은 근거를 읽어 원인 국소화→최소 수정을 제안한다.

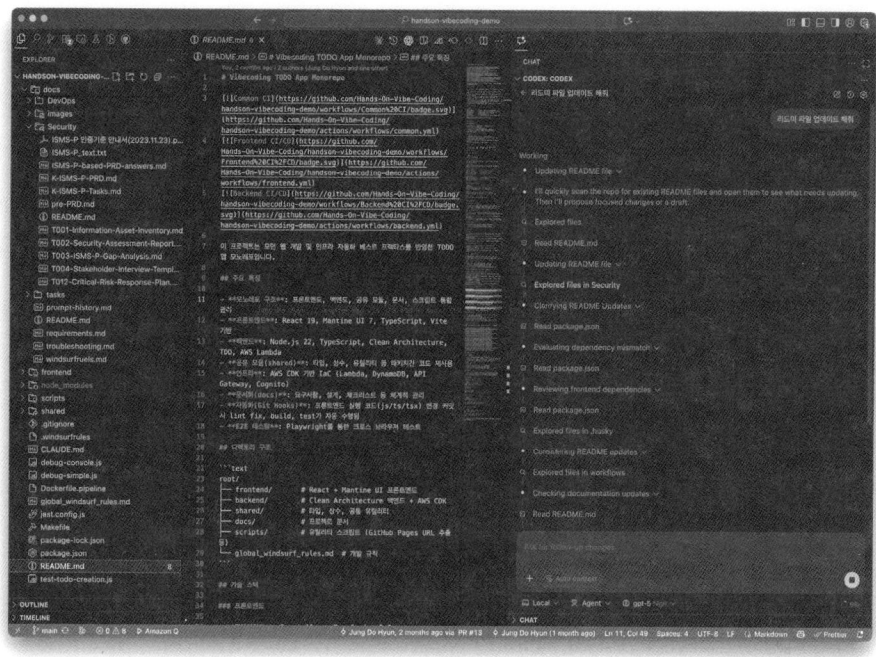

그림 3-5 코덱스 VS Code 확장 기능

VS Code에선 편집기 컨텍스트(열린 파일, 선택 영역, 터미널 출력)를 자동으로 활용해 대화형 코딩, 리뷰 코멘트 생성, 마이그레이션 가이드, 문서화까지 이어지며, CLI에선 스크립트화 가능한 명령으로 배치 작업·CI 연계가 쉽다. 또한 함수 호출/도구 사용으로 빌드, 테스트 러너, 이슈 트래커, Git 작업을 호출해 이슈, 커밋, 브랜치, PR의 전 과정을 자동화하고, 승인 전 드라이런·가드레일(권한/폴더 한정, 커밋 전 확인)로 통제 가능한 자동화를 구현한다.

제미나이 CLI

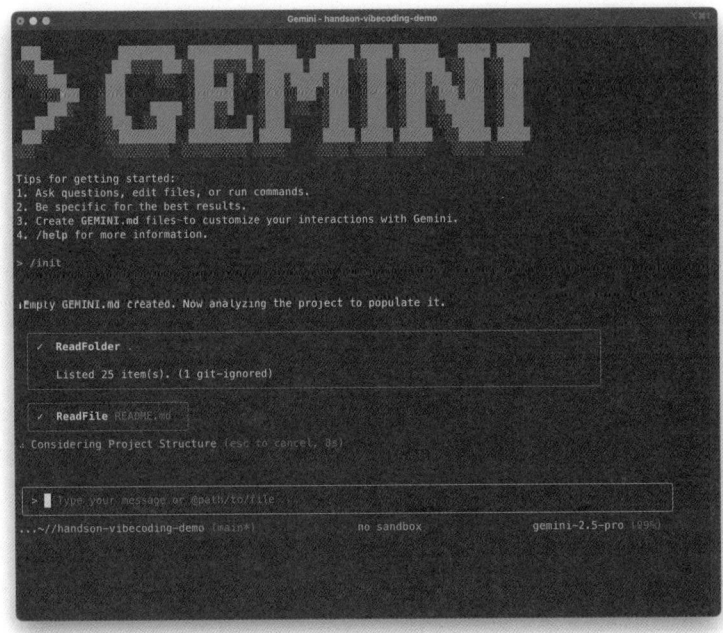

그림 3-6 제미나이 CLI UI

구글의 멀티모달 모델 제미나이를 기반으로 한 공식 CLI 도구이다. 제미나이 CLI도 클로드와 매우 유사한 사용성과 성능을 가지고 있다. 제미나이만의 가장 큰 장점은 매우 넉넉한 무료 사용량이 제공된다는 점이다. 분당 60개, 하루 최대 천 개의 요청을 무료로 제공하고 있어 개인 학습 용도나 비용이 우선되는 프로젝트의 경우 우선적으로 고려해볼 만하다. 성능도 제미나이 2.5 프로에 와서는 클로드나 GPT의 최신 모델들에 뒤처지지 않는다는 평이 많으며, 가용성과 속도면에 있어서는 오히려 경쟁사들을 능가하는 모습을 보여주기도 한다.

3.1.2 가격 모델 및 사용 형태

바이브 코딩 도구를 선택할 때, 가격 모델은 중요한 고려 요소다. 그러나 비용이 낮다고 해서 반드시 최선의 선택이 되는 것은 아니다. 업무 패턴, 규모, 조직의 목표에 맞추어 판단해야 한다. 바이브 코딩 도구의 과금 구조는 크게 세 가지로 나눌 수 있다. 하나는 입출력 토큰량에 따라 비용이 달라지는 **사용량 기반 과금제**이고, 다른 하나는 월 단위로 정해진 금액을 내는 **구독형 과금제**다. 마지막으로 기본 사용량은 구독형으로 제공되, 이를 초과하는 부분에 대해서는 사용량에 따라 추가 비용이 부과되는 **하이브리드 모델**이 있다. 대부분의 도구는 과금에 있어서 낮은 사용량부터 높은 사용량을 단계적으로 지원하는 계단형 과금 구조를 제공한다.

개인 사용자라면 가급적 무료부터 시작해서 계단 과금 구조를 하나하나 올라가도록 하자. 연간 구독과 같은 장기 구독은 대부분 20%나 2개월 정도의 할인 혜택을 제공하지만, 개인 사용자는 가급적 장기 구독에 신중해야 한다. 언제 어디서 기존의 도구들을 뛰어넘는 혁신적인 도구가 튀어나올지 모르는 상황이기 때문이다.

그럼 지금부터 대표적인 바이브 코딩 도구들의 가격 모델을 살펴보자. 아래 내용은 2025년 9월 기준으로 조사된 것으로, 언제든 변경될 수 있으므로 각 도구의 공식 홈페이지에 있는 요금 안내 페이지를 반드시 확인하기 바란다.

클로드 코드

앤트로픽의 `Claude.ai` 플랫폼에서 제공되며, 무료 플랜, 프로 플랜(월 20달러), 맥스 5x(월 100달러), 맥스 20x(월 200달러), 팀/엔터프라이즈 플랜으로 이용 가능하다. 바이브 코딩 관점에서 보면, 클로드 코드는 개인·팀·엔터프라이즈 라인업을 그대로 유지하면서, 개인은 '무료 – 프로 – 맥스'로 올라가는 계단형 과금 구조를 취한다. 프로는 월 20달러 수준으로 고정적 사용량과 우선 접근을 제공하고, 더 큰 작업량이 필요한 사용자는 맥스로 올라가 사용 한도를 크게 넓힌다. 팀/엔터프라이즈 쪽은 좌석 단위 과금과 SSO, 보안, 관리 기능을 묶어 제공하는데, 실무에서 긴 러닝 세션이나 대형 리팩터링을 굴릴 계획이라면 프로로 시작해 팀 플랜으로 넘어가는 식의 확장이 자연스럽다.

바이브 코딩을 처음 접하는 사람에겐 프로 플랜으로 시작하는 것을 추천한다. 이후 바이브 코딩이 익숙해질수록 더 높은 수준의 자동화를 사용하게 될 것이므로 더 많은 양의 토큰을 필요로 하게 된다. 상위 플랜으로의 업그레이드는 그때그때 필요에 의해 진행하는 것을 추천한다.

커서

커서는 개인용으로 'Hobby → Pro → Pro+ → Ultra'로 이어지는 4단계가 뚜렷하다. Pro가 월 20달러로 실사용의 기준선이고, 백그라운드 에이전트·확장된 맥락 윈도우·무제한

탭 자동완성 같은 기능이 여기에 포함된다. 사용량이 많은 개발자는 Pro+나 Ultra로 올라가 모델 호출량과 에이전트 사용량이 크게 늘어난다. 팀 플랜은 좌석당 과금으로 제공되며, 커서 문서에는 실제 사용 패턴에 따른 월간 총비용 가이드도 제시되어 있어 팀 규모나 자동화 강도에 맞춰 비용을 가늠하기 좋다.

윈드서프

윈드서프는 크레딧 기반의 단순한 층위를 택한다. 무료 플랜으로 가볍게 시작해 월 구독(Pro/Teams 등)에서 월 크레딧을 확보하고, 초과분은 애드온 크레딧으로 보충하는 구조다. 장점은 다양한 상용 모델을 한 IDE 안에서 돌리되, 비용 통제가 크레딧 지갑 하나로 일원화된다는 점이다. 대규모 프롬프트를 자주 올리는 바이브 코딩 스타일이라면 Pro 이상의 월 크레딧이 체감상 필요하고, 팀 배포나 SSO 같은 거버넌스 요건이 생기면 Teams/Enterprise로 전환하는 방법을 추천한다.

코덱스

오픈AI 코덱스는 별도 구독 상품이라기보다, 실제로는 챗GPT 유료 플랜과 오픈AI API 토큰 요금이라는 두 갈래로 쓰인다. 개인은 챗GPT Plus(월 구독)나 Pro와 같은 구독으로 코딩 기능을 묶어서 쓰고, 팀·비즈니스는 좌석 기반의 플랜을 통해 조직 관리 기능과 함께 접근한다. 보다 큰 작업량이나 자동화 파이프라인을 돌릴 때는 API 과금이 실비용을 좌우한다.

최신 요금표 기준으로 GPT-5 계열의 입력·출력·캐시 입력 단가가 공개되어 있어, 대용량 프롬프트(예: 사양서+리포+다파일 코드)와 장시간 실행 에이전시가 많은 워크로드라면 출력 토큰과 캐시를 어떻게 구성할지가 핵심 변수가 된다. 결국 코덱스는 '구독으로 기본 사용성을 확보하고, API로 정밀하게 확장하며, 토큰 단가 – 캐시 – 맥락 길이' 삼박자를 최적화하는 방식이 비용 효율을 좌우한다.

제미나이

구글 제미나이는 두 축이 분명하다. 하나는 제미나이 API의 토큰 과금으로, 무료·유료 티어 구분과 모델별 입력/출력 단가가 공식 문서에 명확히 제시된다. 초장문 컨텍스트나 멀티모달(이미지, 오디오, 비디오) 입력을 많이 쓰는 바이브 코딩 흐름일수록 '출력 토큰'과 '프롬프트 길이 구간'의 단가 영향을 크게 받으므로, 증거 스니펫과 원문을 어떻게 축약·캐싱하느냐가 요금 최적화의 관건이다.

다른 한 축은 제미나이 Code Assist 구독으로, 개인용 무상 옵션과 함께 Standard(월 단가), Enterprise(연결제 할인 적용 시 더 낮은 월 단가)가 공식 가격표에 공개돼 있다. IDE/Google Cloud 통합과 보안·감사 기능을 중시한다면 Code Assist 과금이 관리 편의성을 제공하고, 반대로 사용자 정의 자동화와 백엔드 파이프라인 중심이라면 API 토큰 과금으로 세밀 제어를 택하면 된다.

3.1.3 개발자 커뮤니티의 평가

벤치마크 점수나 가격표만으로는 현장에서의 체감 품질을 설명하기 어렵다. 개발자 커뮤니티 평가는 각 도구가 긴 컨텍스트·파일 편집·자기수정 루프 같은 바이브 코딩의 핵심 시나리오에서 실제로 어디까지 완주하는지, 레거시 리팩터링·난해한 디버깅·PR 리뷰처럼 엣지 케이스에서 어떤 한계를 드러내는지, 그리고 IDE 통합 품질·레이턴시 안정성·토큰/세션 관리 난이도가 생산성에 어떤 영향을 주는지를 가장 빨리, 가장 솔직하게 보여준다.

더불어 커뮤니티 피드백은 보안·라이선스 컴플라이언스·장시간 실행의 신뢰성 같은 리스크 신호와 로드맵의 지속성·패치 속도 같은 공급자 성숙도를 미리 가늠하게 해주어 결과적으로 팀이 총소유비용$^{Total\ Cost\ of\ Ownership}$(TCO)과 운영 리스크를 함께 최적화한 도구 조합을 고르는 데 결정적 근거가 된다. 아래 도구별 평가는 레딧, 해커뉴스, 그리고 필자가 운영하는 바이브 코딩 뉴스 단톡방,[1] 그밖에 개발자 블로그의 평가를 참고하여 작성되었다.

▍클로드 코드

'AI 코딩의 획기적 전환점'이라는 평가를 받을 만큼 강력한 자동화 능력을 인정받고 있다. 인터컴^{Intercom} 등 초기 도입 기업들은 클로드 코드로 '기존에 불가능했던 프로젝트까지 수행한다', '복잡한 다중 단계 작업 처리 면에서 대안들보다 앞선다'고 호평했다. 특히 코드 이해력과 멀티 파일 편집 능력은 타의 추종을 불허하며, 다른 많은 AI IDE들이 클로드 모델을 선호하는 이유가 되고 있다.

---

[1] https://open.kakao.com/o/gy12RTBh

반면 CLI 기반 사용 경험은 IDE에 익숙한 개발자에게 다소 진입장벽이 있다는 지적도 있으며, 컨텍스트를 광범위하게 쓰다 보니 토큰 소모량이 많다는 피드백도 있다. 전반적으로 '**강력하지만 익숙해지는 데 시간이 필요**'하고 '**IDE 통합 플러그인으로 개선 중**'으로 요약된다.

커서

출시 이후 개발자들 사이에서 입소문을 타며 '**새로운 작업 환경으로 갈아탔다**'는 사용 후기가 많다. 코파일럿 대비 능동적인 편집 제안과 긴 문맥 자동 완성에 높은 만족도를 보이고, '생산성이 2배 이상 올랐다', '생각하는 속도로 코딩한다'는 평가가 있다.

반면 복잡한 디버깅이나 대규모 기존 코드 리팩터링 등에서는 아직 한계가 있어, 이에 대해서는 기존 IDE 기능을 병행해야 한다는 현실적인 조언이 있다. 커서 팀도 이러한 피드백을 바탕으로 Bug Bot 등의 기능을 추가하고 있으나, 보수적인 개발자들은 'AI가 생성한 코드 품질을 전적으로 신뢰하기 어렵다'며 중요한 코드는 직접 작성하고 검토하는 흐름을 유지하고 있다.

윈드서프

커서와 더불어 바이브 코딩 열풍을 주도한 도구로, '**말하면 바로 만들어준다**'는 자동화 편의성이 호평받았다. 프로그래밍 경험이 적은 사용자도 윈드서프의 'it-just-works' 스타일 덕분에 빠르게 결과물을 얻었다는 후기가 있으며, 게리 탄[Garry Tan](YC 대표)은 '하루만 써보면 로켓을 단 기분'이라고 극찬하기도 했다. Cascade 에이전트에 대해서는, 어떤 이들은 '너무 앞서 나가 작업 제어가 어렵다'고 느끼기도 하고, 다른 한편으로는 '오히려 커서보다 손이 덜 가서 좋다'는 의견으로 나뉜다. UI/UX 측면에서는 실시간으로 미리보기와 그래픽 활용 등으로 '코딩 경험이 세련되고 재미있다'는 평이 많다.

다만 Beta 시절에는 Cascade의 과잉 행동(불필요한 변경 시도 등)을 지적하는 경우도 있었으나, 업데이트로 개선되고 있다. 윈드서프 개발 팀은 커뮤니티 피드백에 적극 대응하여 엔터프라이즈 기능, 브라우저 기반 IDE 등도 속속 선보이고 있다.

코덱스

최신 GPT-5 코덱스 발표 이후 많은 커뮤니티에서 '자기수정 루프가 길게 유지되는 대형 작업'에서의 완주력과, 실전형 SWE-bench 성능 향상에 주목하고 있다. 초기 사용기는 '작업이 무겁거나 길수록 차이가 커진다'는 반응과 함께, 일부 환경에서의 동작 특성·설정법 같은 '초기형 특유의 기벽'도 지적한다.

해커뉴스와 다수의 개발자 블로그에서 진행된 논의에서 이 버전이 단순 미세조정이 아닌 '에이전틱 코딩에 최적화된 변종'이라는 해석이 힘을 얻는 분위기다. 내부 도구, CLI, 웹까지 아우르는 배치가 빠르게 확산되는 가운데, 팀들은 '구독(Plus/Pro 등)으로 기본 사용성을 확보하고, API 과금으로 대형 작업을 확장'하는 하이브리드 운용을 선호한다. 코덱스에 대한 종합적인 평은 '장시간 자율 코딩 능력이 강하게 체감되며, 세팅과 거버넌스는 점진적으로 보완 중'이다.

제미나이

무료 티어 확대와 에이전트 모드 공개 이후 '접근성은 좋아졌고, IDE 통합 개선이 빠르다'는 긍정이 늘었다. 다만 일부 개발자는 '대화형 보조에 치우쳐 진짜 에이전트처럼 끝까지 밀어주는 힘은 약하다'거나, 특정 시기 성능 저하·루프 이슈를 겪었다는 불만을 공유하기도 했다.

구글은 에이전트 모드와 IDE 개선을 잇달아 내놓으며 코드베이스 전반에 대한 분석, 계획, 승인 후 변경의 페어 프로그래밍 경험을 보강했지만, 커뮤니티 정서는 '무료 사용성과 생태계 결속은 강점이지만 대규모 리팩터링과 난해한 디버깅에선 아직 편차가 있다'로 요약된다. 실무 평가는 '긴 컨텍스트/클라우드 연동 과금 구조와 함께 비용-효율 조합을 만들기 좋다'는 쪽이 우세하다.

3.1.4 요약

클로드 코드는 뛰어난 에이전트 지능과 코드 맥락 유지 능력으로 최소한의 인간 개입으로도 복잡한 프로젝트를 돌릴 수 있는 강력한 도구이다. 커서는 친숙한 에디터 환경에서 개발자 생산성을 즉각 높여주는 실용성이 강점이며, 특히 코드 자동 완성과 편집 편의성에서 높은 평가를 받는다. 윈드서프는 한 발 더 나아가 개발 전 과정을 한 곳에서 자동화하며 '흐름을 깨지 않는' 사용자 경험을 제공하고, 코딩 경험 자체를 혁신하려고 한다.

각 도구마다 지향점과 장단점이 조금씩 다르므로, 팀이나 개인의 상황에 맞게 선택하는 것이 중요하다. 프런트엔드부터 배포까지 빠른 프로토타이핑을 원한다면 윈드서프의 자동화된 흐름이 맞을 수 있고, 기존 개발 습관을 유지하며 AI 보조를 받기엔 커서가 편안한 선택일 것이다. 대규모 코드 리포지터리 관리나 복잡한 리팩터링에는 클로드 코드나 코덱스 CLI, 제미나이 CLI처럼 강력한 컨텍스트 이해 에이전트가 유리하며, 학습 목적이나 비용에 민감한 경우라면 제미나이 CLI가 적합하다.

궁극적으로 이들 IDE는 모두 '사람과 AI의 협업'을 통해 개발 효율을 높이는 도구인 만큼, 개발자는 AI의 능력을 활용하되 최종 결정과 책임은 사람에게 있음을 유념해야 한다. 앞으로도 모델 성능 향상과 기능 보완이 빠르게 이뤄질 것으로 기대되며, 개발자 커뮤니티의 피드백을 종합하면 '과장된 기대보다는 실제 약 50~200% 생산성 향상'이 현실적인 수치이고, 이를 꾸준히 높여가는 방향으로 각 도구가 발전하고 있다. AI 시대의 새로운 코딩 '바이브'를 이해하고 도구별 장점을 적재적소에 활용한다면, 대규모 프로젝트도 거뜬히 해낼 수 있는 막강한 개발 파트너를 얻을 수 있을 것이다.

3.2 그 밖의 유용한 도구들

바이브 코딩은 구현에 해당하는 코딩만을 지칭하지 않는다. 소프트웨어 라이프사이클 전체에 AI를 활용하기 때문에 기획, 설계, 운영에 이르기까지 다양한 부분에서 AI를 활용해서 생산성을 극대화시킬 수 있다. 코딩 도구는 아니지만 소프트웨어 개발에 유용한 AI 기반 도구들을 추가로 소개한다.

3.2.1 챗GPT: AI 조력자 겸 플래닝 도구

챗GPT는 오픈AI가 개발한 강력한 대화형 AI 챗봇으로, 바이브 코딩 환경의 든든한 조력자다. 자연어로 질문을 하면 마치 사람처럼 대답해주고, 복잡한 문제에 대한 해법이나 코드를 제안해준다. 챗GPT Plus 구독을 통해 더 향상된 기능을 활용할 수 있다. Plus 플랜을 사용하면 최신 GPT 모델에 접근하여 더 정확하고 전문적인 답변을 얻을 수 있으며, 서비스가 혼잡한 시간대에도 안정적인 이용이 가능하고 새로운 기능도 빠르게 사용할 수 있다. 예를 들어 Plus 사용자에게는 DALL-E 이미지 생성이나 웹 브라우징을 통한 최신 정보 검색 기능이 우선 제공되어, AI의 활용 범위가 한층 넓어진다. 이미 유튜브상에서는 챗GPT를 활용해서 UI 디자인을 수행한 예를 쉽게 찾아볼 수 있다.

챗GPT의 주요 특징으로는 풍부한 지식 기반과 맥락을 유지하는 대화 능력이 있다. 한 번의 질문에 대한 답변뿐만 아니라, 추가 질문을 통해 대화를 이어가며 세부 내용을 추가하거나 아이디어를 발전시킬 수 있다. 이는 마치 사람과 대화하면서 브레인스토밍하는 것처럼, 개발 아이디어를 구체화하는 데 유용하다. 특히 프로그래밍 분야에서 챗GPT는 코드 예시를 작성하거나 문제 원인을 찾아주는 등 개발 보조 역할을 훌륭히 수행한다. 챗GPT Plus의 경우 Advanced Data Analysis(일명 코드 인터프리터) 기능이 추가되어 이러한 코딩 능력이 더욱 강화되었다. 이 기능을 활용하면 간단한 프로그래밍 관련 질문에 대해 최적화된 코드를 얻을 수 있고, 테스트 코드 작성, 디버깅, 리팩터링과 같은 작업도 손쉽게 도와준다. 심지어 복잡한 의사코드를 실제 동작하는 코드로 변환해주는 등 코딩 생산성을 크게 끌어올려 준다.

바이브 코딩 맥락에서 챗GPT는 플래닝 도구로서 특히 빛을 발한다. 개발을 시작하기에 앞서 프로젝트의 구조를 구상하고, 필요한 구성 요소를 계획하는 일을 챗GPT와 함께 할 수 있다. 예를 들어, 만들고자 하는 애플리케이션의 기능 목록을 뽑고 우선순위를 정하거나, 어떤 프레임워크와 라이브러리를 사용할지 검토할 때 챗GPT에게 조언을 구할 수 있다. 또한 특정 알고리즘이나 구현 방법에 대한 아이디어를 얻거나, 문제가 생겼을 때 원인을 함께 추론하는 등 AI 페어 프로그래머로 활용할 수 있다. 이러한 플래닝 단계에서의 활용이 중요한 이유는, 바이브 코딩에서는 개발자가 큰 그림을 잡고 세부 구현은 AI의 도움을 받는 형태로 작업이 진행되기 때문이다. 챗GPT를 통해 사전에 충분한 계획과 설계를 해두면 이후 소개할 다른 도구들을 사용할 때 방향을 잃지 않고 일관된 개발을 이어나갈 수 있다. 요약하면, 챗GPT는 방대한 지식과 대화형 추론 능력을 바탕으로 바이브 코딩 환경의 초석이 되는 도구이며, 특히 Plus 버전의 강력한 기능들은 AI와의 협업 효율을 한층 높여준다.

3.2.2 Codebase to Tutorial: 코드베이스 자동 분석과 튜토리얼 생성

복잡한 오픈 소스 코드베이스를 이해해야 할 때, 또는 사내 프로젝트라도 문서화가 제대로 되어 있지 않은 경우 어디서부터 시작해야 할지 막막한 경험이 있을 것이다. 바이브 코딩 환경에서는 이러한 문제도 AI에게 맡겨 해결할 수 있다. Codebase to Tutorial(이하 CTT)[2]은 이

---

[2] https://code2tutorial.com

름 그대로 코드베이스를 자동으로 분석해 튜토리얼 형태로 설명문을 만들어주는 혁신적인 도구다. AI 에이전트는 지정한 깃허브 저장소를 크롤링하여 전체 코드를 훑은 뒤, 핵심이 되는 추상화 개념들과 구성 요소들이 어떻게 상호작용하는지 파악한다. 그리고는 복잡한 코드를 초보자도 이해할 수 있을 만한 쉬운 튜토리얼로 변환해준다. 예를 들어, 수백 줄의 소스와 여러 모듈로 이루어진 프로젝트라 하더라도, 이 CTT를 사용하면 마치 블로그의 기술 포스트를 읽는 것처럼 주요 기능과 흐름을 단계별로 풀이해주는 결과물을 얻을 수 있다.

CTT의 주요 특징은 다음과 같다. 첫째, 자동화된 코드 해석이다. 사람이 코드를 처음부터 끝까지 읽으며 이해 포인트를 찾아내는 대신, AI가 이를 대신하여 전체적인 구조를 파악한다. 클래스와 함수들, 데이터 흐름을 분석하여 어떤 부분이 핵심 로직이고 어디에서 어떤 일이 벌어지는지 짚어준다. 둘째, 지식 베이스 구축 기능이다. CTT는 코드를 읽는 것에 그치지 않고, 내부적으로 해당 코드베이스의 지식을 정리해 일종의 설명용 데이터베이스를 만든다. 이를 바탕으로 문서화를 하기 때문에, 단순 주석 나열이 아니라 맥락을 고려한 체계적인 설명이 가능하다. 셋째, 시각화와 튜토리얼 구성이다. 결과물은 텍스트 설명뿐만 아니라 다이어그램이나 도식화를 곁들여 이해를 돕는다. 함수 호출 관계나 모듈 구조 등을 그림으로 표현하여, 독자가 해당 코드의 구조를 한눈에 파악할 수 있게 해준다.

이 도구가 바이브 코딩에 적합한 이유는, AI와 협업하는 개발 방식에서 남이 만든 코드를 빠르게 이해하는 능력이 중요하기 때문이다. 바이브 코딩을 하다 보면 기존의 오픈 소스 라이브러리를 통합하거나 이전 프로젝트의 코드를 참고해야 하는 일이 잦다. 이때 CTT를 활용하면 짧은 시간에 타인의 코드베이스를 학습할 수 있다. 이는 마치 유능한 선배 개발자가 코드 리뷰를 해주며 '여기가 중요한 부분이고 이렇게 동작해'라고 알려주는 효과를 낸다.

덕분에 개발자와 AI는 CTT 분석 결과를 참고하여 정확한 작업 계획을 세울 수 있고, AI와의 코딩 흐름도 끊기지 않는다. 또한 CTT가 생성한 튜토리얼은 학습 자료로도 유용하다. 신규 팀원에게 프로젝트 구조를 설명하거나, 자신이 나중에 참고하려는 목적으로도 활용할 수 있다. 바이브 코딩 환경에서는 이러한 AI 기반 문서화가 자동으로 이뤄지므로, 개발자는 생산된 튜토리얼을 확인하며 모르는 부분을 즉각 보완할 수 있다. 결론적으로 CTT는 코드 해석의 부담을 줄여주는 도구로서, 복잡한 코드와 씨름하는 대신 AI가 요약해준 내용을 보고 더 창의적이고 생산적인 작업에 집중할 수 있게 해준다.

3.3 필자가 바이브 코딩에 즐겨 사용하는 기술들

지금까지 살펴본 AI 도구들에 더해, 이번에는 필자가 바이브 코딩에서 자주 활용하는 기술들을 소개한다. 기술 스택 자체에 대한 상세한 내용은 4장에서 다루지만, 여기서는 대중적이고 비용 부담이 적으면서도 개발, 배포, 운영에 효과적인 기술들을 선정한 이유와 함께 간략히 살펴보고자 한다.

이 책은 풀스택 개발 전반을 설명하려는 것이 아니라 어디까지나 바이브 코딩에 초점을 맞추고 있으므로, 지금부터는 각 기술의 개념과 특징, 바이브 코딩에 적합한 이유를 차례대로 알아본다.

3.3.1 Go 언어

Go 언어는 구글이 설계한 정적 타입 언어로, 빠른 컴파일과 단일 바이너리 배포, 고루틴이나 채널과 같은 간결한 동시성 모델을 무기로 대규모 백엔드 개발의 생산성과 신뢰성을 동시에 끌어올린다. 표준 라이브러리만으로도 HTTP 서버, JSON/프로토콜 처리, 암호화, 프로파일링까지 실무에 필요한 기능을 광범위하게 커버하며, `go fmt/go vet/go test`로 이어지는 일관된 툴체인은 팀 규모가 커져도 코드 품질과 스타일을 자동으로 정렬해 준다. 무엇보다 정적 링크된 단일 실행 파일로 빌드되어 컨테이너 최소화, 콜드 스타트 단축, 운영 단순화를 동시에 얻을 수 있고, 에러 메시지가 명확하여 리팩터링 과정에서도 실패 지점이 뚜렷하게 드러난다. 이런 특성은 '작동하는 서버를 빠르게 올리고, 반복적으로 고쳐 나가는 백엔드 개발의 본질'과 잘 맞물린다.

바이브 코딩 관점에서 Go 언어가 돋보이는 이유는 에이전트가 툴을 '기계적으로' 잘 다루게 해주는 생태계 구조에 있다. 바이브 코딩에서는 모델이 대화 사이사이에 명령줄 도구를 호출해 테스트, 빌드, 런, 로그 점검 등의 작업을 반복하는데, Go 생태계는 이 루프를 정말 빠르게 수행할 수 있다. `make/task` 같은 간단한 진입점으로 테스트, 로깅, 개발 서버, 린팅을 한데 묶어두면, 에이전트가 해당 커맨드를 그대로 호출해 증거를 모으고, 최소 수정 패치를 제안한 다음 이를 다시 검증하는 흐름을 빠르고 안정적으로 수행한다. 이러한 안정성과 속도에 대해 플라스크를 개발한 개발자인 아르민 로나허는 자신의 블로그 포스트 'Agentic Coding

Recommendations[3]에서 Go 언어로 이 루프를 구성했을 때 실전에서 체감 성능이 특히 좋았다는 노트를 남겼다. 요지는 명확하다. 명령이 단순하고 재현 가능한 도구일수록 에이전트가 덜 헤매며 더 멀리 간다. 그리고 Go 언어는 그 조건에 가장 부합하는 프로그래밍 언어이다.

정리하면, Go 언어는 정적 타입이 주는 컴파일 타임 안정성, 표준화된 테스트/포맷/정적 분석 도구, 단일 바이너리 배포와 빠른 루프, 그리고 명령줄 중심의 투명한 워크플로 덕분에 백엔드 바이브 코딩의 기본 언어로 손색이 없다. 에이전트가 `go test`로 실패를 재현하고, `go fmt`/`go vet`로 코드 품질을 보장해주며, `make`로 시나리오를 오케스트레이션할 때, 사람-모델 협업은 추측이 아닌 증거와 재현성 위에서 굴러간다. 실무에서 중요한 것은 멋진 문법보다 끝까지 완주하는 자동화 루프인데, Go는 그 루프를 가장 적은 마찰로 구성하게 해준다. 그래서 백엔드 바이브 코딩의 첫 번째 추천 기술로 프로그래밍 언어인 Go를 선택했다.

3.3.2 타입스크립트: 정적 타입 체크 시스템을 갖춘 모던 자바스크립트

타입스크립트TypeScript는 마이크로소프트에서 개발한 자바스크립트의 상위 확장 언어로, 정적 타입 지원을 통해 대규모 개발의 생산성과 안정성을 높여준다. 자바스크립트의 단점을 보완하기 위해 만들어진 정적 타입 언어이며, 자바스크립트의 모든 기능을 포함하면서도 변수나 함수에 명시적인 타입 선언을 할 수 있게 해준다. 즉, 코드를 작성하는 시점에 타입 오류를 잡아주기 때문에 런타임에 발생할 수 있는 많은 에러를 사전에 방지한다.

타입스크립트로 작성된 코드는 컴파일 단계를 거쳐 순수 자바스크립트로 변환되며, 이 과정에서 잘못된 타입 사용, 존재하지 않는 프로퍼티 접근 등의 문제를 미리 경고받는다. 또한 최신 ECMAScript 문법과 기능들을 지원하고, 클래스, 인터페이스, 열거형 등의 풍부한 문법을 제공하여 객체 지향 프로그래밍과 모듈화된 코드 구조를 쉽게 구현할 수 있다.

타입스크립트의 주요 특징은 무엇보다 정적 타입 시스템이다. 이로 인해 코드의 가독성이 높아지고, 협업 시 의사소통이 명확해진다. IDE의 인텔리센스 기능과 결합하면 함수의 매개변수 타입이나 반환 타입에 대한 자동 완성 및 문서화 힌트를 얻을 수 있어 개발 생산성이 향상된다. 또한 타입스크립트는 자바스크립트와 완전히 호환되므로, 기존 JS 라이브러리를 그대로 활용하면서 점진적으로 도입할 수도 있다. 대규모 프로젝트에서 리팩터링이 용이하다는 점도 큰 장

---

3 https://lucumr.pocoo.org/2025/6/12/agentic-coding/

점인데, 타입 정보가 있다 보니 코드 변경 시 영향 범위를 컴파일러가 추적해준다. 이처럼 안정성과 편의성을 고루 갖춘 타입스크립트는 현대 웹 개발에서 사실상 표준으로 자리 잡고 있다.

바이브 코딩 환경에서 타입스크립트를 사용하는 이점은 상당하다. 첫째, AI와의 협업에서 오류를 줄여준다는 것이다. AI가 코드를 생성할 때 정적 타입 정보가 있으면, 터무니없는 타입 불일치나 잘못된 API 호출을 줄일 수 있다. 예를 들어, 챗GPT에게 타입스크립트 환경에서 코드를 작성하게 하면, 컴파일러 에러를 통해 즉각 피드백을 주고받으면서 올바른 코드를 얻기가 수월하다. 이는 곧 AI에게 명확한 가이드라인을 제공하는 효과가 있어, 결과물의 품질이 올라간다. 둘째, 규모 있는 프로젝트 관리에 유리하다. 바이브 코딩으로 간단한 시제품을 만들 때는 자바스크립트만으로도 가능하겠지만, 기능이 복잡해질수록 타입스크립트의 위력이 발휘된다. AI가 생성한 코드라도 타입스크립트 타입 정의를 통해 체계가 잡히면, 이후 유지보수나 추가 개발이 한결 쉽다. 셋째, Next.js 등 프레임워크와의 찰떡궁합이다. 이 장에서 함께 다루는 Next.js는 타입스크립트를 공식 지원하며, 맨타인^{Mantine} UI 같은 라이브러리도 타입 정의를 제공한다.

따라서 스택 전반에 타입스크립트를 사용하면 일관된 개발 경험을 얻을 수 있고, AI도 모든 층에서 타입 정보를 활용할 수 있다. 결국 타입스크립트는 바이브 코딩의 기반 언어로 선택하기에 손색이 없으며, 안정적이고 신뢰할 만한 코드베이스를 AI와 함께 만들어나갈 수 있도록 도와준다.

3.3.3 Next.js: 리액트 기반 웹 프레임워크의 표준

Next.js는 Vercel에서 개발한 리액트 프레임워크로, 서버 사이드 렌더링$^{server\ side\ rendering}$(SSR)과 정적 사이트 생성$^{static\ site\ generation}$(SSG) 등을 지원하여 현대 웹 개발에 최적화된 기능을 제공한다. 쉽게 말해, 리액트로 웹 애플리케이션을 만들 때 필요한 거의 모든 것을 갖춘 풀스택 프레임워크이다. Next.js의 등장으로 개발자는 페이지 라우팅, 코드 분할, 번들링, API 엔드포인트 구성 같은 반복 작업을 일일이 설정하지 않아도 된다. Next.js를 사용하면 리액트의 기본 기능을 확장하여 보다 빠르고 안정적인 웹 앱을 손쉽게 개발할 수 있다. 이는 Next.js가 내부적으로 다양한 최적화 기능을 제공하기 때문이다.

Next.js의 주요 특징으로는 우선 페이지 기반의 파일 시스템 라우팅이 있다. 개발자는 **pages/ 디렉터리**에 파일을 생성하는 것만으로 자동으로 URL 경로가 만들어지므로, 리액트 라우터 등을 설정할 필요 없이 직관적으로 라우팅을 관리할 수 있다. (최신 버전에서는 app/ 디렉터리와 React Server Components를 활용하는 새로운 라우팅 체계를 도입하기도 했다.) 둘째, 서버 사이드 렌더링과 정적 생성을 상황에 맞게 선택할 수 있다. Next.js는 각 페이지별로 getServerSideProps나 getStaticProps를 통해 데이터를 미리 기저의 HTML을 생성하는 기능을 제공하며, 이를 통해 SEO 향상이나 초기 로딩 속도 개선을 꾀할 수 있다. 또한 클라이언트 사이드에서 SPA처럼 동작하는 부분과 SSR/SSG 부분을 혼용할 수 있어 유연한 하이브리드 앱을 만들 수 있다. 셋째, 내장 API 라우트 기능이다. /pages/api 폴더 아래에 파일을 만들면 별도의 서버 없이 곧바로 Node.js 기반 백엔드 API 엔드포인트가 생성된다. 이 덕분에 작은 규모의 백엔드 로직이나 웹훅 처리 등을 간단히 구현할 수 있다. 넷째, 자동 코드 분할과 번들 최적화이다. Next.js는 페이지 단위로 번들을 분리하고 공용 모듈은 공유하도록 해주며, 필요할 때만 관련 코드를 불러오기 때문에 초기 로드 시간이 단축된다. 다섯째, 개발 편의성 측면에서 Hot Reloading(파일 저장 시 자동 반영), 풍부한 에러 메시지와 경고, 타입스크립트와의 완벽한 통합 지원 등을 들 수 있다. 이러한 특징들 덕분에 Next.js[4]는 리액트 개발의 생산성을 극대화하는 도구로 평가받는다.

바이브 코딩에서 Next.js를 사용하는 이유와 장점은 분명하다. 표준화된 구조와 자동화된 기능이 많기 때문에, AI가 작업하기에 유리한 환경을 제공한다. 예를 들어, 챗GPT에게 'Next.js로 로그인 페이지를 만들어줘'라고 하면, Next.js 특유의 페이지 구조나 API 라우트 규칙에 맞춰 코드를 생성할 것이다. 개발자가 일일이 구조를 설명하지 않아도, Next.js라는 공통된 약속 덕분에 AI도 예측 가능한 결과를 내놓는다. 이는 바이브 코딩의 효율을 높이는 요소다.

또한 Next.js는 풀스택 기능이 있으므로, 프런트엔드와 간단한 백엔드를 한 번에 다룰 수 있다. 바이브 코딩 흐름에서는 한 번에 여러 계층을 넘나들며 개발하는 경우가 많은데, Next.js를 쓰면 일관된 환경에서 프런트와 백엔드를 모두 AI와 함께 다룰 수 있다. SSR 지원으로 SEO나 초기 로드 성능까지 자동으로 챙길 수 있으니, AI가 생성한 결과물을 별도 최적화하는 부담도 줄어든다. 한편, Next.js의 풍부한 문서와 예제는 AI의 학습 데이터에도 반영되어 있을 확률이 높아, AI가 Next.js 관련 코드를 작성할 때 정확도가 높아지는 효과도 기대할 수 있다. 결국 Next.js를 도입하면 생산성, 성능, 협업 면에서 이점을 얻게 되며, 이러한 이유로 바이브 코딩의 프런트엔드 프레임워크로 적합한 선택이라 할 수 있다.

---

[4] http://Next.js

3.3.4 맨타인 UI: 높은 생산성의 리액트 UI 라이브러리

맨타인Mantine UI는 120개가 넘는 재사용 가능한 컴포넌트와 풍부한 훅hook을 제공하는 완전한 기능의 리액트 컴포넌트 라이브러리이다. UI 개발을 빠르고 쉽게 만들어주기 위해 디자인된 맨타인은, 미리 디자인되고 구현된 다양한 UI 요소들을 제공하여 일관된 스타일의 웹 애플리케이션을 손쉽게 구축할 수 있게 해준다. 예를 들어, 버튼, 모달, 드롭다운 같은 기본 요소부터 캘린더, 리치 텍스트 에디터, 데이터 테이블 등 고급 컴포넌트까지 폭넓게 구비하고 있다. 맨타인의 모토는 Flexible, Fully Featured, Accessible로 요약할 수 있다. 말 그대로 유연하고 기능이 풍부하며 접근성 표준을 준수하는 컴포넌트를 제공하는 것이 장점이다.

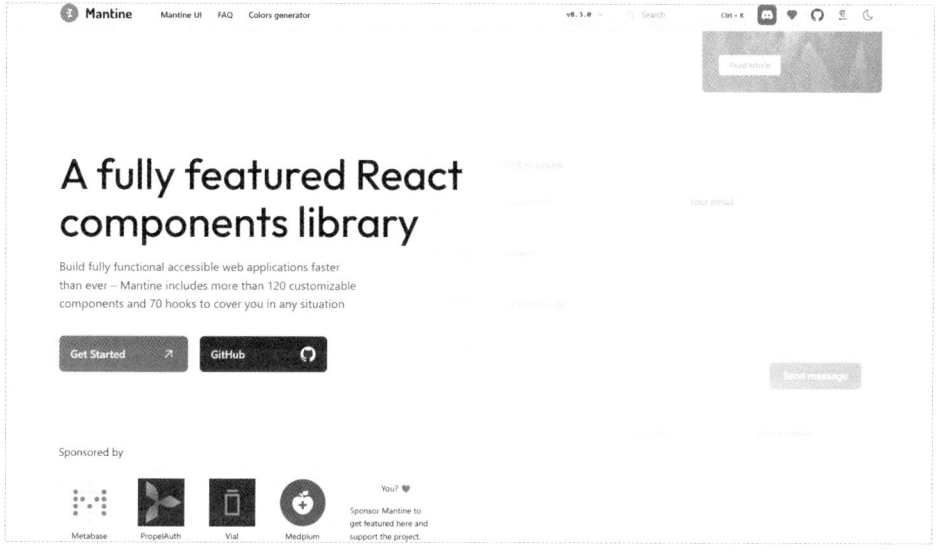

그림 3-7 맨타인 UI 웹사이트[5]

맨타인 UI의 주요 특징을 살펴보자. 첫째, 테마 커스터마이징이 용이하다. 맨타인은 모든 컴포넌트가 공통된 테마 객체를 통해 스타일을 제어하도록 되어 있어서, 색상 팔레트나 폰트, 여백 등의 디자인 토큰만 수정하면 전체 앱의 스타일을 일괄 조정할 수 있다. 다크 모드와 라이트 모드를 지원하는 것도 실용적이다. 둘째, 반응형 디자인에 신경 써서 만들어졌다. 대부분의 맨타인 컴포넌트는 모바일, 태블릿, 데스크톱 각각에 알맞은 레이아웃을 쉽게 구성할 수 있도록 속

---

[5] https://mantine.dev

성과 스타일이 준비되어 있다. 셋째, 풍부한 훅 제공이다. UI 구성 외에도 날짜 계산, 폼 상태 관리, viewport 크기 감지 등의 자주 쓰는 로직을 맨타인 훅으로 제공하여 개발자가 직접 유틸리티 함수를 만들 필요를 줄여준다. 넷째, 접근성 측면에서 ARIA attribute 지원과 키보드 내비게이션 등을 대부분 컴포넌트에 내장하여, 별도의 노력 없이도 접근성을 확보할 수 있다. 다섯째, 타입스크립트 지원이 완벽하다. 모든 구성 요소와 훅에 대한 타입 정의가 제공되어, 타입스크립트 환경에서 개발할 때 IntelliSense와 컴파일러 도움을 충분히 받을 수 있다.

맨타인 UI를 바이브 코딩 환경에 도입하는 가장 큰 이유는 UI 개발 속도를 극적으로 높일 수 있기 때문이다. 일반적으로 프런트엔드 개발은 디자인과 구현에 많은 시간이 소요되지만, 맨타인을 활용하면 상당 부분을 단축할 수 있다. 예를 들어, AI에게 '사용자 프로필 편집 폼을 만들어줘'라고 하면 내비게이션 바^{Navbars}, 헤더^{Headers}, 푸터^{Footers}, 사용자 정보 및 컨트롤$^{User\ info\ and\ controls}$ 등 준비된 컴포넌트를 조합하여 금세 형태를 갖춘 폼 코드를 생성할 수 있다. 개발자는 세부 CSS를 일일이 작성할 필요 없이, 맨타인 컴포넌트의 props를 조정하며 원하는 UI에 가깝게 다듬기만 하면 된다.

이 방식은 AI 코드 생성의 정확도도 높인다. 표준화된 컴포넌트를 쓰기 때문에 AI가 익숙한 패턴을 따라 코드를 작성할 가능성이 크고, 결과물이 바로 원하는 모양과 동작을 갖출 확률도 높다. 게다가 맨타인은 문서화가 잘 되어 있고 사용법이 직관적이어서 AI와 협업할 때 발생할 수 있는 모호함도 줄여준다. 예를 들어, '맨타인의 Modal 컴포넌트를 이용해 팝업 창을 구현해줘'라고 요청하면, AI는 공식 문서의 예제를 참고해 정확한 코드를 만들어낼 수 있다.

바이브 코딩은 짧은 시간 안에 프로토타입을 만들고 개선하는 성격이 강하다. 맨타인을 사용하면 UI 개발에서 시행착오를 최소화하고, 곧바로 동작하는 화면을 확보할 수 있다. 그 결과 전체 개발 사이클이 빨라지고, 개발자는 기능 구현이나 사용자 경험 향상에 더 집중할 수 있다. 정리하면, 맨타인 UI는 신뢰성 있는 UI 구성 요소를 AI가 효과적으로 활용하게 해줌으로써, 바이브 코딩의 장점을 극대화하는 프런트엔드 도구라 할 수 있다.

3.3.5 AWS: 클라우드 인프라의 기반

AWS는 전 세계에 분포한 데이터 센터를 통해 200개가 넘는 완전한 기능의 서비스를 제공하는, 가장 포괄적이고 널리 채택된 클라우드 플랫폼이다. 간단히 말해, AWS는 우리가 개발한 애플리케이션을 배포 및 운영할 수 있는 인프라를 필요한 만큼 빌려 쓸 수 있게 해주는 거대한 서비스 묶음이다. 서버를 띄우는 EC2(가상 컴퓨팅), 데이터를 저장하는 S3(스토리지), 데이터베이스 서비스(RDS, DynamoDB 등), 네트워킹(VPC, API Gateway)부터, 최신에는 AI 모델 서비스(세이지메이커)나 IoT, 머신러닝, 관리형 API 등 폭넓은 분야의 클라우드 기능을 제공한다. 스타트업부터 대기업, 정부 기관에 이르기까지 수백만의 고객이 AWS를 사용하여 비용을 절감하고 민첩성을 향상시키며 혁신의 속도를 높이고 있는 것도 유명하다.

AWS의 주요 특징은 풍부한 서비스와 유연한 확장성이다. 필요한 서비스만 골라 쓸 수 있고, 부하가 늘어나면 리소스를 확장(스케일 아웃)하여 대응할 수 있다. 종량제 요금제$^{pay\ as\ you\ go}$로 사용한 만큼만 비용을 지불하면 되므로 초기 투자 부담 없이도 시작할 수 있다. 또한 글로벌 인프라를 기반으로 지리적으로 분산된 리전^{region}과 가용 영역(AZ) 개념을 제공하여, 애플리케이션을 전 세계 사용자들에게 낮은 지연으로 제공하거나 재해복구 환경을 손쉽게 구축할 수 있다.

AWS는 클라우드 업계의 리더답게 보안, 인증, 모니터링 도구도 잘 갖춰져 있어 엔터프라이즈 수준의 요구사항도 충족시킨다. 무엇보다 개발자들에게 매력적인 점은, 모든 기능이 API와 IaC$^{infrastructure\ as\ code}$를 통해 제어 가능하다는 것이다. AWS 콘솔 웹페이지에서 클릭으로 자원을 만들 수도 있지만, 명령줄 도구나 각종 언어용 SDK, 그리고 이후 설명할 CDK 같은 IaC 도구를 사용해 코드로 인프라 관리를 자동화할 수 있다.

비단 바이브 코딩뿐만 아니라 AWS는 여러 애플리케이션을 서비스하기 위한 최적의 환경이다. 소규모 프로토타입을 작은 규모로 테스트해볼 수도 있고, 사용자가 몰리면 자동으로 확장하여 대응할 수도 있다. 즉, 개발 단계에서의 유연함과 확장 가능성을 운영 단계까지 이어갈 수 있는 것이다.

또한 AWS는 워낙 많은 개발자와 기업이 사용하다 보니, 챗GPT 같은 AI도 AWS 관련 지식이 풍부하다. 가령 'AWS에 이 앱을 배포하려면 어떻게 해야 하나?'라고 물으면 AI가 EC2 설정이나 S3 버킷 구성, CI/CD 파이프라인까지 척척 설명해줄 정도다. 이는 바이브 코딩 과정에서 배포와 운영에 대한 허들을 낮춰주는 효과가 있다.

더불어 AWS는 IaC, 자동화에 친화적이므로 AI를 통해 인프라 코드를 생성하고 관리하기에도 좋다. 요컨대, AWS는 개발에서 서비스까지 엔드투엔드로 지원해주는 플랫폼이며, 바이브 코딩으로 탄생한 산출물을 안전하고 확장성 있게 운용하기 위해 반드시 짚고 넘어가야 할 요소다.

3.3.6 AWS CDK: 인프라스트럭처를 코드로 관리하기

AWS CDK^{Cloud Development Kit}는 클라우드 인프라를 코드(IaC)로 정의하고 AWS Cloud Formation으로 프로비저닝할 수 있게 해주는 프레임워크다. 쉽게 말하면, AWS 자원(예: EC2, S3, 람다^{lambda} 등)을 설정하는 작업을 일일이 콘솔에서 클릭하는 대신, 프로그래밍 언어로 작성된 코드로 정의할 수 있도록 해주는 도구다.

개발자는 자바스크립트/타입스크립트, 파이썬, 자바, Go 등의 익숙한 언어로 CDK 코드를 작성하며, CDK가 이를 CloudFormation 템플릿으로 변환하고, CloudFormation이 실제 AWS에 자원을 생성하거나 업데이트해준다. AWS CDK 자체는 오픈 소스 프로젝트로 시작하여 현재는 AWS의 공식 IaC 도구로 자리 잡았다. 복잡한 인프라 구성을 추상화된 고수준의 콘스트럭트^{construct}로 제공하여, 수백 줄의 CloudFormation YAML을 몇 줄의 코드로 대체할 수 있다는 점이 개발자들에게 특히 환영받는다.

AWS CDK의 주요 특징은 다음과 같다. 첫째, 모듈화와 재사용성이다. 인프라 설정을 코드로 관리하므로, 반복되는 패턴을 모듈로 추출하고 여러 스택에서 재사용할 수 있다. 예를 들어, 표준적인 웹 서버+DB 구성 세트를 하나의 construct로 만들어두고 프로젝트마다 활용 가능하다. 둘째, 조건부 로직과 루프 처리가 가능하다. 일반 코드이기 때문에 `for` 문이나 `if` 문을 사용하여 환경별로 다른 설정을 적용하거나, 여러 자원을 동적으로 생성할 수 있다. 이는 정적인 템플릿 기반의 CloudFormation에 비해 뛰어난 점이다. 셋째, 강력한 타입 지원과 IDE 통합이다. 타입스크립트나 파이썬 등으로 CDK를 쓰면, AWS 리소스들의 프로퍼티에 대한 자동 완성, 타입체크 등의 이점을 누릴 수 있다. 초보자도 IDE 힌트를 보면서 인프라를 구성할 수 있으니 학습 장벽이 낮아진다. 넷째, 커스텀 리소스 연동과 기타 고급 기능이다. CDK로 정의하지 않은 외부 리소스와 연동하거나, CloudFormation에 없는 신규 AWS 서비스도 Custom Resource 형태로 호출해 제어할 수 있다. 다섯째, 드라이런(`practice`) 및 변경 내역 미리보기(`diff`) 기능이다. 코드를 작성한 후 배포하기 전에 어떤 자원이 생성, 삭제, 변경될지 미리 확인할 수 있어, 인프라 변경에 따른 위험을 낮춰준다.

바이브 코딩 맥락에서 AWS CDK를 쓰는 이점은 명확하다. 바로 인프라 관리까지도 코딩의 연장선으로 끌어들일 수 있다는 것이다. 예를 들어, AI와 함께 웹 애플리케이션 코드를 완성했다면, 다음 단계로 AWS에 배포하기 위해 필요한 VPC, 서브넷, EC2 인스턴스, 보안 그룹 등을 설정해야 할 수 있다. 이때 챗GPT나 윈드서프의 AI에게 CDK 코드를 작성하도록 유도하면, 알아서 관련 자원들을 정의해줄 수 있다. '이 앱을 AWS에 배포하는 CDK 코드를 만들어줘'라는 식으로 요청하는 셈이다. AI는 CDK의 문법과 모범 사례에 기반하여 코드를 생성할 것이고, 개발자는 세부 값을 우리 환경에 맞게 조정하면 된다.

결과적으로 개발부터 배포까지 한 흐름 안에서 이뤄지며, 사람은 중간에 콘솔에서 클릭하는 시간을 줄이고 전체 과정을 자동화할 수 있다. 이는 바이브 코딩의 철학과도 들어맞는다. 코드뿐 아니라 인프라 역시 자동 생성 및 관리함으로써, 개발자는 원하는 기능 구현과 서비스 제공에 집중하고 주변 잡무는 AI와 코드가 처리하게 만드는 것이다. 더구나 CDK는 타입스크립트로 작성할 수 있으므로, 백엔드 로직을 짜던 것과 같은 언어 환경에서 인프라를 정의할 수 있어 맥락 전환이 적다. 팀 차원에서도 인프라 구성이 코드로 남으니 형상 관리와 협업이 수월해지고, AI가 만들어준 IaC 코드도 사람이 리뷰하며 신뢰성을 담보할 수 있다. 요약하자면, AWS CDK는 바이브 코딩 환경에서 개발–배포 간극을 메워주는 브리지 역할을 한다. AI와 함께 애플리케이션을 만들었다면, 이제 그 애플리케이션을 구동할 클라우드 환경도 코드로서 손쉽게 준비할 수 있게 되는 것이다.

3.3.7 깃허브 액션: 간편하지만 강력한 CI/CD 파이프라인 구축

깃허브 액션GitHub Actions은 저장소에 붙어 있는 자동화 공장이다. 브랜치에서 코드가 움직이면 액션은 곧바로 빌드, 테스트, 배포 파이프라인을 가동한다. 파이프라인 정의는 YAML 파일 하나면 족하다. 이 단순한 선언형 문서는 LLM이 이해하고 수정하기에도 쉬워, 바이브 코딩처럼 'AI가 파이프라인을 직접 고친다'는 상상을 현실로 만든다.

무엇보다 매력적인 것은 gh CLI다. 깃허브가 공식적으로 배포한 이 도구는 워크플로를 터미널에서 제어하게 해준다. 에이전트는 gh CLI를 사용해서 배포 파이프라인을 트리거하고, 실시간 로그를 스트리밍하며 실패한 작업을 바로 재시도할 수 있다. 깃허브–호스티드 러너에는 gh CLI가 기본적으로 설치돼 있어 별도 설정이 필요 없다. 덕분에 에이전트는 웹 UI를 거치지 않고도 빌드 상태를 파악하고 재가동하며, 필요하면 커밋에 자동 댓글을 달아 팀에게 상황을 알린다.

로그 또한 에이전트 친화적이다. 액션은 각 워크플로 런에 대해 체크스위트와 스텝 단위 로그를 남긴다. AI가 오류를 진단하려면 세밀한 피드백이 필수이다. 이 구조 덕분에 '어느 단계가,

어떤 명령에서, 무슨 메시지를 남겼는지'를 기계적으로 파싱할 수 있다. 사람이 통합 대시보드에서 히스토리를 찾듯이, 에이전트는 REST, GraphQL, CLI 중 편한 통로로 로그를 읽어 원인 분석에 활용한다.

연산 자원도 넉넉하나. 2025년부터 깃허브는 Larger Runners를 정식 출시해 표준 러너보다 메모리, CPU, 디스크가 크게 확장된 머신을 제공한다. 대규모 모델 학습이나 컨테이너 이미지를 많이 다루는 프로젝트라도 러너 종류 한 줄만 바꾸면 고사양 환경에서 파이프라인을 돌릴 수 있다. 팀·엔터프라이즈 플랜이라면 고정 IP나 프라이빗 네트워크 선택권도 생겨, 보안 규정이 까다로운 조직에서도 손쉽게 바이브 코딩 흐름을 도입한다.

프론트엔드 배포는 깃허브 페이지^{GitHub Pages}가 편리하다. `actions/deploy-pages` 액션을 잡^{job} 하나로 추가하면, 빌드 산출물이 아티팩트로 저장됐다가 자동으로 Pages에 올라간다. 정적 자산만 있으면 별도 서버 없이도 `username.github.io/project` 주소에 바로 배포되고, 커밋 단위 미리보기^{preview deploy}도 지원된다. 에이전트 입장에서는 '테스트 통과 → 정적 빌드 → deploy Pages'라는 삼단 논법을 템플릿처럼 학습해두면, 새로운 브랜치가 등장할 때마다 자동으로 실시간 데모 사이트를 열어 팀에게 공유할 수 있다.

이렇듯 깃허브 액션은 YAML로 정의되는 간결성, gh CLI를 통한 기계 제어성, 세분화된 로그의 가시성, 스케일아웃 가능한 러너, 깃허브 페이지까지 이어지는 배포 파이프라인으로 바이브 코딩의 이상을 충족한다. 에이전트가 코드를 쓰고, 커밋을 밀어 넣고, 파이프라인을 모니터링하며, 실패하면 즉시 원인을 파악해 고치는 일련의 루프가 자연스럽게 연결된다. 인간 개발자는 그 과정을 지켜보며 방향만 잡아주면 된다. '자동화된 공장에 AI 견습공을 들였다'는 비유가 과장이 아니다. 결국 바이브 코딩의 핵심은 인간의 의도를 가장 빠르게 실험해 보는 속도인데, 깃허브 액션은 이러한 요구사항을 잘 충족시켜준다.

3.4 마치며

지금까지 바이브 코딩 환경의 주요 구성 요소들을 개념과 특징, 그리고 왜 바이브 코딩에 적합한지를 중심으로 살펴봤다. 실제 사용법이나 설치 방법 등의 세부 사항은 수시로 바뀌기 때문에 이 책에서는 다루지 않았다. 대신 공식 문서와 커뮤니티 자료를 참고하면 각각의 도구를 실제 환경에 설치하고 사용하는 방법을 자세히 익힐 수 있다. 예를 들어, 챗GPT의 최신 기능이나 윈드서프 에디터의 설치 절차, Pocket Flow의 사용 예제, TaskMaster AI의 설정법, Next.js나 맨타인, AWS CDK, 깃허브 액션의 활용법 등은 공식 문서를 통해 최신 정보를 확인하기 바란다.

이 책을 보고 공부하는 독자들은 자신이 만들고자 하는 서비스나 프로젝트의 구체적인 내용을 AI에게 설명하고, 가장 적합한 프레임워크와 도구를 제안받아 보기 바란다. 생각지도 못한 새로운 도구를 발견하거나, 자신이 몰랐던 더 효율적인 개발 방식을 접하게 될 수도 있다. 이러한 과정을 통해 각자의 프로젝트와 목표에 최적화된 바이브 코딩 환경을 구축할 수 있을 것이다.

CHAPTER 4

바이브 코딩 최적화 기술 스택

인기 있는 파이썬 백엔드 프레임워크 플라스크^{Flask}의 창시자인 아르민 로나허$^{Armin\ Ronacher}$는 AI 코딩 비서를 활용하면서 하루에 30% 이상의 시간을 번 것 같은 느낌이라고 고백했다. 그는 AI 코딩 비서에게 작업을 맡겨둔 뒤, 책을 읽거나 커피를 마시는 동안에도 에이전트가 코드를 작성해주었고, 아이와 놀이터에 있는 순간에도 프로젝트가 계속 진행되었다고 덧붙였다.

이렇게 혁신적인 워크플로를 뒷받침하기 위해서는 기존 개발 환경과는 다른 최적화된 기술 스택이 필요하다. 바이브 코딩은 'AI에게 일을 맡기고 인간은 방향을 제시한다'는 철학 위에서 구축된다. 따라서 AI 에이전트가 가장 빠르고 정확하게 움직일 수 있는 무대를 만들어주는 일이 곧 아키텍처 설계의 핵심 과제가 된다.

이 장에서는 아르민 로나허가 2025년 6월 자신의 블로그 글 'Agentic Coding Recommendations'[1]에서 제안한 아키텍처를 토대로, 바이브 코딩을 위한 핵심 기술 스택을 살펴본다. 운영체제부터 편집기, 프로그래밍 언어, 빌드/테스트 도구, 에이전트 통신 방식, 로그 시스템까지 각 요소를 짚어보고, 왜 이러한 선택들이 바이브 코딩 환경에 최적인지 논증한다. 또한 필요하다면 다른 사례나 기술 자료를 인용하여 각 기술 스택이 갖는 상대적 장점도 함께 살펴볼 것이다.

---

[1] http://bit.ly/45zePlB

4.1 운영체제 및 환경

바이브 코딩을 위한 운영체제와 개발 환경에서는 안정성과 격리가 최우선 과제이다. 에이전트에게 코드를 자동 생성 및 실행할 권한을 주는 만큼, 시스템에 예기치 않은 변경이나 손상이 없도록 환경을 격리해야 한다.

로나허는 이를 위해 개발 환경을 도커 컨테이너로 옮겨 에이전트를 실행하는 전략을 사용한다. 예를 들어, 클로드 코드 에이전트를 실행할 때 --dangerously-skip-permissions 옵션으로 모든 권한 확인을 생략하고 완전 자동 모드로 둔다. 이때 컨테이너 안에서 실행하면 혹시 모를 보안 위험을 통제할 수 있다.

실제로 앤트로픽의 공식 가이드 'Claude Code: Best practices for agentic coding'[2]에서도 '--dangerously-skip-permissions 옵션은 인터넷 접속이 차단된 컨테이너 안에서 사용하라'고 권한다. 이렇게 격리된 리눅스 기반 컨테이너 환경을 사용하면 에이전트가 시스템을 제어하더라도 호스트 OS에는 영향을 미치지 않으므로 안전하다.

컨테이너를 활용한 환경 격리는 보안뿐만 아니라 재현성과 일관성 측면에서도 이점이 있다. 바이브 코딩에서는 에이전트가 터미널에서 각종 유틸리티를 사용하며 작업한다. 이때 OS별 차이나 의존성 문제로 인한 혼선을 최소화해야 한다.

다행히도 클로드 코드와 같은 에이전트는 기본적으로 Bash 셸 환경을 전제로 만들어져 있어 리눅스/유닉스 도구들을 자연스럽게 다룰 수 있다. 컨테이너로 개발 환경을 설정하면 모든 팀원이 동일한 OS 이미지(예: 리눅스 배포판)에 동일한 도구 세트를 갖추게 되어 에이전트의 동작이 어디서나 일정해진다. 도커의 공식 블로그 'Docker MCP Catalog and Toolkit'[3]에서 강조하듯이, MCP 에이전트 도구들을 컨테이너화하면 환경 불일치와 종속성 충돌을 해소하고 도커의 보안 격리 이점을 그대로 누릴 수 있다.

한편, 완벽한 격리가 아닐지라도 경량 가상 환경을 활용하는 것도 고려할 만하다. 예를 들어, 개발용 VM이나 WSL(Windows Subsystem for Linux) 등에 에이전트를 가두는 방식이다. 중요한 점은 에이전트가 마음껏 시스템을 다루도록 허용하면서도, 실제 작업 환경은 통제된 범위 내에 있도록 하는 것이다.

---

2 https://bit.ly/3V12G2v
3 https://bit.ly/484PmSe

로나허 역시 '도커 없이도 에이전트를 돌릴 수는 있지만, 위험을 관리하려면 격리가 필수다'라고 언급했다. 요약하면 리눅스 기반 컨테이너를 활용한 개발 환경 세팅이 바이브 코딩에 최적이며, 이는 안전성과 예측 가능성을 동시에 제공한다.

4.2 에디터 및 IDE

바이브 코딩 환경에서는 놀랍게도 전통적 IDE의 중요성이 크게 감소한다. 에이전트가 코드 작성과 수정의 상당 부분을 자동으로 수행하기 때문에, 개발자는 무거운 IDE의 도움을 받을 필요가 줄어든다.

로나허는 'IDE의 역할이 현저히 줄어들어서 요즘은 AI 기능 없는 Vim을 다시 쓰게 됐다'라고 털어놓았다. 실제로 그의 워크플로에서는 에이전트에게 작업을 지시하고 결과를 기다린 뒤, 최종적으로 간단한 편집이나 코드 리뷰만 수행하면 된다. 이렇듯 IDE의 주 역할이 에이전트가 작성한 코드를 확인하고 약간 손보는 일로 바뀌면서, 빠르고 가벼운 편집기면 충분한 것이다. Vim이나 VS Code의 텍스트 편집 모드처럼 AI 비보조 상태의 에디터가 오히려 집중력과 안정성을 높여준다. 에디터는 에이전트가 작업하는 파일들을 실시간으로 보여주고 충돌 없이 편집할 수 있기만 하면 된다. 복잡한 자동 완성, 정적 분석, AI 추천 기능들은 에이전트 자체의 지능에 비하면 부차적이다.

물론 모든 개발자가 Vim을 선호하는 것은 아니다. 바이브 코딩을 위해 등장한 전용 IDE 솔루션도 있다. 앞장에서 설명한 커서, 윈드서프가 그것이다. 이러한 통합 IDE는 에이전트 제어를 인터페이스 안에 녹여 개발자 경험을 향상시킬 수 있다.

그러나 로나허의 사례가 보여주듯, 에이전트 주도형 코딩에서는 굳이 복잡한 IDE가 아니어도 생산성에 큰 차이가 없다. 핵심은 개발자가 에이전트의 출력물을 빠르게 이해하고 편집할 수 있는 환경이며, 때로는 불필요한 기능이 없는 미니멀한 편집기가 더 나을 수 있다는 것이다. 결국 선택은 개발자 성향에 달렸지만, 공통점은 에이전트의 능력을 극대화하도록 환경을 단순화하는 데 있다.

4.3 언어 및 런타임

그렇다면 어떤 프로그래밍 언어와 런타임이 바이브 코딩에 가장 적합할까? 에이전트가 사람 대신 코드를 짠다고 해서 언어 선택의 중요성이 줄어드는 것은 절대 아니다. 오히려 에이전트의 행동 양식에 맞는 언어를 선택해야 원활한 협업이 가능하다. 로나허는 여러 언어로 에이전트를 테스트한 끝에, 새로운 백엔드 프로젝트에는 Go 언어를 강력히 추천한다고 밝혔다.

그가 꼽은 Go의 장점들은 다음과 같다.

- **명시적 컨텍스트 시스템**: Go는 context 패키지를 통해 실행 경로를 따라 전달되는 컨텍스트 객체를 제공한다. 이는 파이썬의 contextvars나 .NET의 ExecutionContext처럼 동작한다. 하지만 Go에서는 명시적으로 전달되므로 에이전트도 이를 쉽게 추적하고 필요한 정보를 호출 간 주고받을 수 있다. 복잡한 숨은 상태 대신 투명한 데이터 흐름이 보장된다.
- **테스트 결과 캐싱**: 에이전트가 코드를 생성하고 반복 실행하는 루프에서는 테스트의 효율적인 재실행이 중요하다. Go의 go test는 이전 실행 결과를 캐싱하여 불필요한 테스트를 건너뛰는 등 점진적 실행이 가능해 에이전트의 워크플로를 가속화한다. 반면 러스트의 cargo test처럼 복잡한 테스트 러너는 에이전트가 사용법을 혼동하거나 매번 전체 테스트를 돌려 시간과 비용을 낭비하기 쉽다.
- **단순한 언어 설계**: Go는 언어 자체가 의도적으로 '투박하고 덜 똑똑하게' 설계되었다. 롭 파이크$^{Rob\ Pike}$는 Go를 '복잡한 언어를 다루기 버거운 개발자를 위한 언어'라고 묘사했다. 로나허는 이를 빗대어 '복잡한 문맥을 이해하기 힘든 에이전트를 위한 언어'라고 평가했다. 그만큼 문법과 개념이 단순해 LLM 기반 에이전트도 이해하기 쉽고 오류가 적다는 뜻이다.
- **구조적 인터페이스**: Go의 인터페이스는 구조적 타이핑을 따른다. 즉, 구현체가 요구 메서드를 모두 갖추면 별도 선언 없이도 해당 인터페이스를 만족한다. 이러한 특성은 LLM에게도 이상적이다. 에이전트는 '만약 타입에 이 메서드들이 있다면 인터페이스로 취급하면 된다'는 규칙만 알면 되므로, 복잡한 상속 관계나 숨겨진 구현 규약 없이 일관된 패턴을 학습할 수 있다.
- **안정적인 생태계**: Go 생태계는 보수적인 변경과 강한 하위 호환성으로 유명하다. 패키지의 버전업도 명시적이고, 기존 코드가 갑자기 호환되지 않게 만드는 일이 드물다. 이 낮은 변화율은 에이전트에게 큰 이점인데, 빠르게 진화하는 자바스크립트 생태계와 달리 Go에서는 AI가 구식 코드를 생성할 위험이 적기 때문이다. 라이브러리나 프레임워크의 버전 차이로 인한 혼란이 줄어들어 에이전트의 코드 생성이 더 정확하게 들어맞는다.

이렇듯 Go 언어는 컨텍스트 전달, 테스트, 문법 단순성, 인터페이스 패턴, 생태계 안정성 등 다방면에서 에이전트 친화적인 특성을 보인다. 반대로 파이썬은 로나허의 경험상 상당히 까다로운 선택이었다.

에이전트가 파이썬 코드를 다룰 때 마주치는 어려움은 두 가지로 요약된다. **동적 마법**과 **성능 저하**이다. 예를 들어 pytest의 픽스처^{fixture} 메커니즘처럼 숨은 마법이 많은 파이썬 테스트 환경에서는, 에이전트가 암묵적 동작을 이해하지 못해 잘못된 코드를 만들기 일쑤였다. 또한 비동기 이벤트 루프 같은 파이썬 런타임 요소는 사람에게도 어렵지만, 에이전트에게는 더욱 예측 불가능한 오류를 일으켰다. 성능 면에서도 파이썬 인터프리터는 프로세스 시작 시간이 길어, 에이전트가 코드를 실행하고 테스트하는 반복 루프를 돌 때 병목이 되었다. 요컨대 파이썬은 뛰어난 생산성의 언어지만 에이전트와 함께 쓸 때는 그 유연함이 오히려 걸림돌이 될 수 있음을 보여준다.

한편 프런트엔드 기술 스택의 선택도 바이브 코딩에 영향을 준다. 로나허는 프런트엔드에 '리액트 + Tailwind CSS + TanStack Router + Vite' 조합을 사용했다고 밝혔다. Tailwind CSS와 Vite에 대해서는 '전혀 불만이 없다'며 빠른 개발 환경에 만족을 표했고, 리액트도 대안들에 비해 익숙하고 안정적이라 선택했다고 한다. 다만 TanStack Router의 경우 파일 이름에 $ 기호가 들어가는 관례 때문에 애를 먹었는데, 에이전트가 셸 명령어에서 $param.tsx 파일을 다루다가 $를 셸 변수로 혼동해 엉뚱한 파일을 편집하는 문제가 있었다.

이 일화는 프레임워크의 관례조차도 에이전트에게는 장애물이 될 수 있음을 보여준다. 따라서 프런트엔드 역시 가능한 한 안정적이고 예측 가능한 선택이 유리하다. 예컨대, 에이전트는 전통적으로 많이 쓰이고 문서화가 잘 된 프레임워크를 선호하는 경향이 있다. 실제로 LLM들은 파이썬 웹 개발에서는 최신 유행보다는 플라스크 같은 안정된 프레임워크를 즐겨 사용하는 것으로 알려져 있다. 이는 에이전트가 오랜 기간 축적된 예제와 패턴을 활용하기 때문으로, 빈번하게 변하는 신기술보다 검증된 기술 스택이 안전하다는 의미다.

요약하면, 백엔드 언어로는 Go처럼 단순하고 규칙적인 언어가 현재로서는 가장 효과적이다. 프런트엔드도 에이전트 친화적인 도구(Tailwind, 안정된 라우터 등)를 고르는 것이 좋다. 이러한 선택은 빠른 컴파일/실행, 명료한 에러 메시지, 예측 가능한 동작을 제공하는 언어와 런타임이 에이전트의 능력을 극대화해준다.

4.4 테스트 및 빌드 도구

에이전트와 함께 코딩할 때 테스트와 빌드 도구의 역할은 기존과 사뭇 달라진다. 사람은 종종 테스트를 건너뛰거나 느슨하게 진행하지만, AI 에이전트는 주어진 목표를 달성하기 위해 거듭해서 코드를 실행하고 검증하는 경향이 있다.

특히, 테스트 주도 개발(TDD)을 적용하면 에이전트는 실패하는 테스트를 통과시키기 위해 코드 수정을 수차례 시도하며 점진적으로 목표를 달성한다. 이러한 루프를 원활히 돌리려면 테스트와 빌드 과정이 신속하게 자동화되어야 한다.

로나허의 조언에 따르면, 모든 핵심 작업을 스크립트화하여 에이전트가 호출하기 쉽게 만드는 것이 좋다. 그는 린터linter, 테스트 실행, 로컬 서버 기동 등 개발 과정의 주요 명령들을 프로젝트의 Makefile에 정리해두었다. 예를 들어, `make dev`로 백엔드/프런트엔드 서버를 한 번에 실행하고, `make test`로 전체 테스트를 돌리는 식이다. 이렇게 하면 에이전트가 특정 작업이 필요할 때 통일된 명령을 실행할 수 있어 혼동이 없다.

사이먼 윌리슨Simon Willison 등은 로나허의 사례를 소개하며, '필요한 도구들을 Makefile에 문서화하면 에이전트가 이를 즉시 활용할 수 있다'고 평가했다. 이처럼 빌드/테스트 도구를 표준화하면 에이전트는 그 가이드에 따라 행동하므로, 인간 개발자와 협업하는 것처럼 원활한 커뮤니케이션이 이루어진다.

속도 최적화도 관건이다. 바이브 코딩할 때 에이전트의 최대 지연 요인은 AI 모델 추론 시간과 툴 실행 시간인데, 후자를 줄이는 것은 인간의 손에 달려 있다. 따라서 빌드와 테스트 도구는 응답이 빨라야 하며 불필요한 출력은 줄이는 것이 좋다.

로나허는 '어떤 도구든 3ms만에 실행되는 것과 5초 컴파일에 외부 시스템 연결 등으로 1분 부팅이 걸리는 것의 차이는 엄청나다'며, 개발자가 환경을 조정해 에이전트 루프를 가속해야 한다고 역설한다. 이를 위해 핫 리로딩이나 증분 컴파일 같은 기능을 활용할 수 있다. 대규모 애플리케이션이라 코드 변경할 때 재기동이 오래 걸린다면, '지연을 줄이기 위해 데몬 프로세스를 만들어 코드를 동적으로 로드하는 방안'도 고려해보라고 제안한다.

실제로 그는 Sentry라는 서버 애플리케이션에 에이전트 코딩을 시험하면서, 서버 재시작이 너무 느리자 파일 시스템을 감시해 새로운 모듈을 즉시 임포트 및 실행하고 결과를 로그로 남기는 임시 도구를 만들어 에이전트가 사용하도록 했다. 이런 임기응변형 도구라도 있으면, 에이전트는 작업 맥락에서 즉각적인 피드백을 얻어 빠르게 다음 단계로 넘어갈 수 있다. 중요한 것은 '코드 수정 → 빌드/실행 → 결과 확인'의 주기가 가능한 한 짧아야 한다는 점이다.

또한 에이전트용 도구는 사용자 친화적이어야 한다. 여기서 말하는 사용자는 사람이 아닌 AI 에이전트다. 에이전트가 해석할 수 있도록 일관된 인터페이스와 명확한 오류 메시지를 제공해야 한다. 로나허는 에이전트 도구 사용에 몇 가지 원칙을 제시한다.

- **범용성**: 에이전트가 상호작용할 수 있는 것은 무엇이든 도구로 간주한다. 셸 스크립트, HTTP API, 데이터베이스 쿼리, 심지어 로그 파일도 에이전트에게는 유용한 도구가 될 수 있다. 이런 열린 관점이 중요하다.
- **신속성**: 도구의 응답이 빠를수록 좋다. 에이전트는 수많은 시도를 자동으로 수행하므로, 각 단계가 지연 없이 끝나야 전체 루프가 원활하다. 만약 도구가 종종 멈추거나(Out Of Memory 등) 느리게 응답한다면 에이전트의 진행을 크게 방해할 것이다.
- **명확한 피드백**: 도구는 잘못된 사용이나 오류 발생 시 친절하고 구체적인 메시지를 출력해야 한다. Unknown error처럼 모호한 출력은 에이전트를 혼란시켜 진행을 가로막는다. 대신 사용 방법을 잘못 썼다면 사용법을 알려주고, 실패했다면 이유를 설명하는 식의 세심한 출력이 필요하다.
- **오류 내성**: 에이전트가 도구를 엉뚱하게 사용하더라도 치명적인 실수를 예방할 수 있어야 한다. 예를 들어, 프로세스 관리자 도구는 이미 프로세스가 실행 중인데 다시 실행하려면 단순 오류를 발생시키고 종료하게 만들었다. 이렇듯 안전장치를 두면, 에이전트의 무작위 입력 테스트에도 시스템이 망가지지 않고 피드백을 줄 수 있다.
- **관찰 가능성**: 도구의 내부 동작과 결과를 로그 등으로 관찰할 수 있어야 한다. 에이전트는 인간이 아니므로, 도구가 조용히 실패하면 원인을 알 길이 없다. 반드시 로그 파일 출력이나 상태 코드 등으로 현재 상태를 노출하여 에이전트가 그 정보를 활용해 다음 행동을 결정하도록 해야 한다.

이러한 원칙을 염두에 두고 도구를 준비하면 에이전트는 마치 잘 세공된 연장통을 물려받은 장인처럼 효율적으로 작업할 수 있다. 예를 들어, 로나허는 `make dev` 명령으로 개발 서버를 실행할 때 두 가지 개선을 도입했다. 첫째, 앞서 언급한 중복 실행 방지이다. 이미 서버가 돌아가는 상황에서 에이전트가 또 `make dev`를 실행하면 프로세스 두 개가 포트 충돌을 일으키는 문제가 있었다. 그는 Node.js용 프로세스 매니저인 Shoreman을 포크하여 PID 파일로 실행 여부를 체크한 뒤, 재실행 시 `services already running` 오류를 내고 바로 종료하도록 수정했다. 그 결과 에이전트는 두 번째 실행 시 즉시 오류 메시지를 받고 서버가 이미 켜져 있음을 인지할 수 있었다.

둘째, 모든 `make dev` 출력 로그를 파일에 기록하도록 했다. 터미널 출력은 사람이 실시간으로 보는 용도지만, 파일 로그는 에이전트가 필요할 때 읽어볼 수 있는 기록이다. 실제로 에이전트는 서버 기동 후 `make tail-log` 명령을 통해 로그 파일을 열람함으로써, 백엔드가 어느 포트로 떠 있고 프런트엔드 개발 서버(`URL localhost:3000`)도 연결되었음을 파악해냈다. 이렇듯 테스트/빌드 관련 도구는 '자동화된 스크립트 + 안전장치 + 로그 기록'의 삼박자를 갖출 때 에이전트에게 최적의 환경을 제공한다.

4.5 에이전트 통신 및 제어 도구

바이브 코딩의 중심에는 말 그대로 에이전트가 있다. 이 에이전트와 개발 환경 사이의 원활한 통신 및 제어를 위해 다양한 도구와 프로토콜이 활용된다. 로나허의 사례에서는 클로드 코드라는 터미널 기반 에이전트를 사용했는데, 이 에이전트는 사용자의 자연어 명령을 받아 코드 수정, 파일 생성, 커맨드 실행 등을 알아서 수행한다.

클로드 코드와 유사한 에이전트로 OpenCode, Goose, 코덱스, 데빈 등이 있으며, 커서 에디터의 백그라운드 에이전트도 같은 목적을 지닌 도구들이다. 핵심은 이러한 에이전트들이 IDE 밖에서 독립적으로 동작하면서 OS의 셸 및 각종 도구와 인터페이스한다는 점이다. 따라서 인간 개발자가 IDE GUI로 하던 일을 에이전트는 터미널 명령과 파일 I/O로 해내며, 이를 가능하게 해주는 특별한 통신 체계가 필요하다.

그중 하나가 MCP이다. MCP는 AI 에이전트가 외부 도구에 접근할 수 있도록 해주는 표준화된 프로토콜로, 최근 빠르게 주목받고 있다. 도커는 2025년 MCP 지원 툴킷을 발표하면서 MCP를 'AI 에이전트를 외부 도구와 연결하는 업계 표준'이라 칭했고, 다양한 MCP 서버들을 도커 허브에서 바로 받아쓸 수 있는 MCP 카탈로그도 공개했다. 간단히 말해 MCP를 통해 에이전트는 데이터베이스, 브라우저, 클라우드 API 등 원하는 기능을 네트워크 호출하듯 확장할 수 있다. 예를 들어 로나허가 사용하는 Playwright-MCP는 브라우저 조작을 에이전트가 할 수 있게 해주는 MCP 서버로, 클로드 코드가 이 서버에 연결해 웹 브라우저를 자동화할 수 있었다.

또 앞서 언급한 `container-use`와 같은 MCP 서버는 에이전트에게 도커 컨테이너 내부에서 코드를 실행하는 능력을 부여한다. 이렇듯 MCP는 하나의 플러그인 아키텍처처럼 동작하여 기본 에이전트가 다루기 힘든 작업도 표준화된 명령으로 수행할 수 있게 한다.

하지만 단순함도 중요하다. 로나허는 MCP가 강력한 도구임을 인정하면서도, 자신은 웬만하면 기본 도구로 해결하려 한다고 말한다. 클로드 코드의 경우 리눅스 셸 명령과 파이썬/Go 스크립트 등 일반 도구를 워낙 능숙하게 다루기 때문에, 괜히 MCP 서버를 띄웠다가 MCP 자체의 불안정성으로 인해 문제가 생기는 일을 경계한 것이다.

실제로 많은 MCP 도구가 `npm`이나 `pip`로 설치해 로컬에서 실행되는데, 종종 충돌이나 메모리 문제를 일으키거나 설정이 까다로운 경우가 있다. 도커의 공식 블로그에 따르면, 기존 MCP 도구들은 '호스트에 대한 완전한 접근 권한으로 격리 없이 동작'하는 등 보안이 취약하고 엔터프라이즈급 안정성이 부족한 경우가 많았다.

이러한 이유로 로나허는 '대안이 너무 불안정할 때 마지막 수단으로 MCP를 쓴다'며, 가급적이면 직접 만든 간단한 스크립트나 기본 셸 도구 조합으로 문제를 해결하도록 에이전트를 유도한다. 예컨대 데이터베이스 질의가 필요하면 굳이 특수한 MCP 없이도, 로컬에 설치된 `psql` 커맨드를 실행하게 하는 편이 더 신뢰할 만하다는 것이다.

에이전트 통신 도구 측면에서 또 하나 눈여겨볼 것은 명시적 지침 문서화이다. 프로젝트 내부에 `CLAUDE.md` 같은 파일을 두어, 해당 프로젝트만의 특별한 도구 사용 방법이나 규칙을 서술해 에이전트가 참고하도록 하는 방법이 있다. 예를 들어 '이 프로젝트에서는 확인 이메일을 로그로 출력한다'와 같은 정보를 미리 알려주면, 에이전트는 작업 도중 해당 로그를 찾아보는 식으로 맥락을 스스로 학습하게 된다. 클로드 코드의 엔지니어들은 권장 사항으로 '자주 쓰는 도구 사용법을 `CLAUDE.md`에 기록하라'고 언급하기도 했다. 이러한 문서는 에이전트에게 일종의 사용 설명서를 제공해 혼선을 줄이고 자율성을 높인다.

요약하면, 에이전트와 환경 간 통신/제어를 위해 MCP 프로토콜과 전용 서버들을 활용할 수 있지만, 안정성을 위해서는 최소한의 단순한 인터페이스가 바람직하다. 에이전트 자체는 클로드 코드, OpenCode, Roo 등 여러 구현 중 선택할 수 있고, 각기 장단이 있다.

중요한 점은 에이전트에게 작업 지시와 도구 사용 권한을 줄 때 표준화되고 이해하기 쉬운 경로로 주는 것이다. 그리고 사람이 프로젝트 README를 읽듯 에이전트에게는 `CLAUDE.md`나 주석 등을 통해 맥락을 제공함으로써 사람과 에이전트 사이의 의사소통 채널을 활짝 열어두는 것이 이상적이다.

4.6 로그 및 피드백 시스템

로그와 피드백 시스템은 바이브 코딩의 숨은 영웅이다. 에이전트는 눈과 귀가 없는 대신, 우리가 남겨주는 로그와 출력물을 통해 세상을 인지한다. 그러므로 적절한 로그 설계는 에이전트의 문제 해결 능력을 좌우한다.

로나허는 '일반적으로 로깅이 매우 중요하다'면서, 에이전트가 원활히 작업하려면 애플리케이션이 내부 상태를 잘 드러내야 한다고 강조한다. 그는 실제 사례를 들어 설명한다. 회원가입 시 인증 메일을 사용자에게 보내는 기능을 개발한다고 했을 때, 에이전트가 이를 자동 테스트로 검증하려면 어떻게 해야 할까?

로니허의 해결책은 단순했다. 개발 모드에서는 이메일을 실제로 보내는 대신, 그 내용을 표준 출력에 로그로 남기는 것이다. 이렇게 해두면 에이전트는 회원가입 흐름을 진행하면서 로그를 확인해 인증 링크를 찾아내고, 직접 클릭해 테스트를 이어갈 수 있다.

그는 이 전략에 대해 '에이전트가 추가 도움 없이도 전체 시나리오를 완료하게 해준다'라고 평가했다. 물론 운영 환경에서는 로그에 민감한 정보를 출력하는 것이 보안상 위험할 수 있지만, 개발 단계에서는 효과적인 편법임을 시사했다. 이처럼 로그 출력은 단순한 기록을 넘어, 에이전트가 의사결정에 활용할 수 있는 중요한 피드백 채널로 기능한다.

에이전트 관점에서 보면 로그 파일이나 콘솔 출력은 하나의 도구나 다름없다. 그러니 로그를 어디에 어떻게 남길지도 전략적으로 고민해야 한다. 앞서 테스트 및 빌드 도구 절에서도 논의했듯이, 모든 중요한 실행 결과를 파일에 남겨두면 에이전트는 필요할 때 그 파일을 열어볼 수 있다. 예컨대 서버 기동 로그, 테스트 실패 로그, 외부 API 응답 등이 그렇다.

로나허는 에이전트가 항상 최신 정보를 볼 수 있도록 로그를 활용했는데, `make dev`로 서버를 띄운 후 곧바로 `make tail-log`를 호출하게 함으로써 서버의 포트 정보나 에러 메시지를 읽게 했다. 그 결과 에이전트는 추가 질문 없이도 '프런트엔드가 http://localhost:3000에서 실행 중'임을 파악하고 다음 작업(플레이라이트로 UI 테스트)을 이어갔다. 로그가 없었다면 에이전트는 일일이 서버 소스 코드를 확인해 포트를 유추하거나 개발자에게 물어봤을 것이다. 적시의 로그 제공이 에이전트의 자율성을 높인 셈이다.

로그 설계에서 유념할 점은 정확성과 간결성의 균형이다. 너무 많은 로그는 중요 정보를 토큰 낭비 속에 묻히게 하고, 너무 적은 로그는 에이전트의 시야를 가린다. 로나허는 '로그 수다스러움verbosity의 균형을 맞추는 것이 중요하다'며, 불필요한 장황함 없이도 핵심 정보는 모두 담긴 로그를 지향한다. 예를 들어 AI 모델의 토큰 제한이나 비용을 고려해 로그에 지나치게 상세한 디버깅 스택트레이스 수백 줄을 남기기보다는 요약된 에러 원인과 중요한 변수값 정도만 출력하는 식이다. 그리고 이상적인 경우라면 '첫 시도에 생성된 코드에서 유용한 로그 출력이 바로 나오는 것'이 최선이라고 말한다. 즉, 코드를 실행해보고 나서야 로그를 넣는 게 아니라, 애초에 에이전트가 작성하는 코드에 적절한 로그 구문이 포함되도록 유도하는 게 좋다는 뜻이다.

이를 위해 우리는 에이전트에게 미리 '중요한 이벤트는 로그로 남겨'라는 지침을 줄 수도 있고, 중요한 부분에 기본 로그 코드를 미리 심어둘 수도 있다. 이렇게 하면 에이전트는 시행착오를 줄이고 문제 상황을 즉시 인지하여 대응하게 된다.

한 가지 흥미로운 팁은 도메인 지식과 로그의 결합이다. 로나허는 '가능하면 ORM 대신 직접 SQL을 쓰라'고 권하는데, 이유는 에이전트가 생성한 SQL 쿼리를 데이터베이스 로그와 대조해 문제를 진단하기 쉽기 때문이다.

복잡한 ORM이 추상화한 쿼리보다는, 있는 그대로의 SQL과 SQL 로그가 서로 매칭되기 때문에 에이전트가 '아, 내가 작성한 쿼리가 저 로그의 쿼리와 일치하니 정상 동작했군' 혹은 '결과가 이상하니 쿼리를 수정해야겠군'하고 판단할 수 있다는 것이다. 이러한 통찰에서 보듯이, 로그는 에이전트의 눈이며, 우리가 로그에 무엇을 비춰주느냐에 따라 에이전트의 성능이 결정된다.

요약하면, 바이브 코딩 환경의 로그 및 피드백 시스템은 개발 중인 소프트웨어의 상태를 최대한 가시화하고 에이전트가 이를 활용해 자율적으로 문제를 해결하도록 돕는 역할을 한다. 중요한 출력은 모두 로그로 남기고, 그 로그를 에이전트가 접근할 수 있게 구조화해야 한다.

필요하다면 `CLAUDE.md`나 주석 등을 통해 '어떤 로그에 무엇이 나오니 참고하라'는 힌트를 주자. 잘 설계된 로그 시스템하에서는 에이전트가 마치 계기판을 읽는 조종사처럼 자신이 나아갈 방향을 정확히 파악할 것이다. 반대로 로그가 부실하면 에이전트는 칠흑 속에서 길을 더듬을 수밖에 없다. 관찰 가능성 확보는 인간 개발자에게나 AI 에이전트에게나 소프트웨어 성공의 필수 요건임을 잊지 말아야 한다.

4.7 마치며

바이브 코딩 최적화 기술 스택의 키워드를 정리하면 '단순함, 안정성, 가시성'이다. 단순한 언어와 도구는 에이전트의 이해를 돕고 오류를 줄여준다. 안정적인 환경과 생태계는 예측 가능한 기반을 제공하여 에이전트가 신뢰성 있게 작업할 수 있도록 한다. 가시성 높은 로그와 피드백은 에이전트에게 방향을 제시하고 문제 해결을 가능케 한다.

로나허의 실험적인 작업들은 이러한 원칙이 실제로 어떻게 구현되는지를 잘 보여준다. 그의 말대로 '한 달 전의 진실이 오늘은 통하지 않을 정도'로 이 분야는 빠르게 변모하고 있지만, 그 속에서도 지속될 개념들은 분명히 존재한다. 그중 하나가 바로 이 장에서 다룬 기술 스택 구성 요소들이다.

따라서 개발자라면 변화에 맞춰 끊임없이 실험하면서도, 핵심 원리(단순하고 안정적이며 관찰 가능한 시스템)를 중심에 두어야 한다. 그렇게 할 때 에이전트와 협업하는 건강한 개발 문화를 구축할 수 있으며, 이것이야말로 **미래 프로그래밍에서 인간과 AI가 함께 좋은 바이브를 만들어내는 비결이다.**

CHAPTER 5

첫 번째 바이브 코딩 프로젝트

드디어 이 책의 핵심인 실습 프로젝트 단계에 들어왔다. 그동안 배운 바이브 코딩의 기본 개념과 도구들을 실제 프로젝트에 적용해보면서, 이 방식이 어떤 흐름으로 진행되는지를 몸으로 익혀볼 차례다.

첫 번째 프로젝트는 모두에게 익숙한 〈틱택토 Tic-Tac-Toe〉 게임이다. 언뜻 단순해 보이지만, 오히려 이런 단순한 예제 속에서 바이브 코딩의 장점이 가장 또렷하게 드러난다. 작은 단위의 프로젝트를 통해 '사람과 AI가 어떻게 대화하며 코드를 완성하는지'를 경험하는 것이 이번 장의 핵심이다. 따라서 이번 장은 단순히 〈틱택토〉 게임 하나를 완성하는 데 그치지 않고, 앞으로 이어질 더 큰 프로젝트들을 위한 기본기를 다지는 연습이기도 하다.

5.1 프로젝트 준비

이번 절에서는 첫 프로젝트를 시작하기 위한 준비 과정을 다룬다. 구체적으로 어떤 방식으로 AI와 협업하며 코딩할지, 그리고 개발 환경을 어떻게 세팅할지를 하나씩 살펴본다.

기본기를 다지는 단계는 마치 기초 공사를 튼튼히 하는 것과 같다. 토대가 잘 마련되어야 이후 작업이 안정적으로 이어질 수 있다. 이 과정은 단순히 기술적인 환경 설정을 넘어, AI와 함께 코딩할 때 어떤 원칙과 흐름을 잡아야 하는지를 배우는 첫걸음이다.

5.1.1 무엇보다 '어떻게' 만들 것인가

내가 제안하는 프로젝트 관리 레벨 바이브 코딩 방식은 사람과 협업할 때의 프로세스를 그대로 AI에게 적용시키는 것이다. 모범 사례와 안티패턴도 거의 그대로 적용시킨다. 글자 그대로 AI를 파트너로 삼아 페어 프로그래밍을 하는 것이다.

내가 생각하는 프로덕션 레벨 바이브 코딩 성공의 핵심 요소 중 하나는 실시간성이다. AI에게 지시하고 AI가 코드를 작성해 결과를 보여주는 집중력을 잃지 않을 수 있는 짧은 시간으로 유지할 필요가 있다. 너무 많은 작업을 한 번에 AI가 하도록 지시내려 결과를 기다리는 시간이 너무 길어진다면 집중력도 떨어지고, 대량으로 만들어진 결과물을 검수하는 과정 또한 길어지게 된다. 적절한 크기로 작업을 나누어 진행하면 거의 실시간으로 애플리케이션이나 작업들이 완성되어 가는 모습을 즐길 수 있다. 이러한 실시간성은 집중력을 잃지 않는데 도움을 주면서도 피로감 없이 개발을 이어갈 수 있다. 계획한 대로 작업이 잘 이루어지는 경우 절로 콧노래가 나올 정도로 소프트웨어 개발의 즐거움이 커진다. 이번 장에서는 여러분도 바이브 코딩의 즐거움을 느낄 수 있기를 바란다.

첫 번째 바이브 코딩 프로젝트로 〈틱택토〉 게임을 선택한 것은 사양에 대해 설명할 시간을 절약할 수 있기 때문이다. 아마 대부분 개발자는 프로그래밍을 배우는 과정에서 한 번씩은 만들어 봤을 것이지만, 여기서는 게임 자체보다 바이브 코딩이 어떤 과정을 거쳐 이루어지는지에 초점을 맞춰 설명한다.

5.1.2 AI 코딩 동료: IDE

바이브 코딩은 한마디로 AI와 함께 페어 프로그래밍을 해 나가는 것이다. 개발자는 AI 코딩 도우미와 대화를 주고받으며 아이디어를 코드로 빠르게 구현한다. 즉, 코드 한 줄, 한 줄을 직접 짜는 대신, 옆자리의 능숙한 동료에게 말을 걸어 같이 짜는 느낌이다. 이때 핵심은 'AI에게 최대한 맡기고 사람은 무엇을 어떻게 만들지를 명확하게 지시하는' 역할 분담이다.

바이브 코딩을 가능하게 하는 건 지능형 코드 편집기들 덕분이다. 클로드 코드, 윈드서프, 커서 같은 도구들은 AI 모델이 통합된 채팅 인터페이스로 코드 및 문서 작성, 코드 베이스 분석, 디버깅까지 할 수 있다. 클로드 코드와 제미나이 CLI는 터미널 환경에서 동작하는 CLI 도구로 만들어져 어떠한 IDE나 환경에서도 사용이 가능하다.

또한 커서와 윈드서프는 비주얼 스튜디오 코드Visual Studio Code(이하 VS Code)를 기반으로 만들어져 VS Code의 각종 확장 기능을 그대로 사용할 수 있다. 여러 도구들을 의도적으로 바꿔가며 사용해 왔는데, 현재는 클로드 코드에 정착한 상태이다. 비용은 입문용 구독인 프로 구독이 대부분 15달러에서 20달러 사이로 가격이 형성되어 있다. 클로드 코드와 같은 도구는 맥스라 불리는 보다 많은 용량이 제공되는 구독을 제공한다. 처음 배우는 입장이라면 프리티어를 우선 사용해보고 그다음 유료 구독을 고려해보기 바란다.

이 책에서는 클로드 코드에서 클로드 최신 모델을 사용해서 작업하는 것을 기준으로 설명하지만 다른 AI 기반 코딩 도구들도 거의 동일한 방법으로 사용할 수 있다.

5.1.3 사용할 모델 선정

예제는 앤트로픽의 AI 모델인 클로드를 코딩 파트너로 사용해서 작성되었다. 하지만 GPT나 제미나이를 사용하더라도 큰 차이는 없다. 커서나 클로드 코드를 사용하는 독자는 우선 최신 버전의 클로드 경량 모델을 사용해서 진행하기 바라며, 동일한 내용으로 다른 모델을 사용하는 방식으로 모델 및 도구에 대한 벤치마크를 수행해볼 수도 있다.

2장에서 소개된 클로드 코드, 커서, 윈드서프, 코덱스 CLI/VS Code 확장 기능, 제미나이 CLI는 코드 작성뿐만 아니라 빌드, 테스트, 디버깅, 배포에 이르는 개발 과정 전반을 지원해준다. 그 결과 원래는 수동으로 했던 여러 지루한 작업을 AI가 알아서 도맡아 처리해줘서 개발자는 더 창의적인 설계와 핵심 로직에 집중할 수 있게 된다.

내가 클로드 계열의 모델을 바이브 코딩에 채택한 이유는 이 모델의 탁월한 실전 활용 능력에 있다. 기존의 AI 코딩 도구들이 그럴듯한 코드 조각을 뽑아내는 데 그쳤다면, 클로드는 마치 다년간 경력을 쌓은 시니어 개발자처럼 프로젝트 전체를 조망하며 도움을 준다. 클로드 4에 이르러서는 백만 개의 토큰을 지원하는 컨텍스트 윈도우를 바탕으로, 대형 코드베이스의 여러 모듈과 파일을 한꺼번에 이해하고 추론한다. 다시 말해, 프로젝트의 처음부터 끝까지 맥락을 유지하며 코드를 작성하고 문제를 해결할 수 있다는 뜻이다.

실제 앤트로픽 연구진은 클로드를 '하나의 뇌로 빠른 응답과 깊이 있는 사고를 겸비한 하이브리드 AI'라고 소개했다. 간단한 질문에는 즉각 답하고, 복잡한 문제는 차근차근 생각을 전개하는 유연한 대응이 가능하기 때문이다. 표준 모드와 확장 사고extended thinking 모드를 오가며, 필요에 따라 빠른 결과도 내고 깊이 있는 해법도 찾는 이 모델의 능력은, 실제 개발 현장의 요구에 부응하도록 설계되었다.

무엇보다 클로드는 '현업 개발자의 손발을 그대로 학습한 모델'이라고 해도 과언이 아니다. 앤트로픽은 이 AI를 훈련시키면서 멀티 파일로 구성된 코드베이스, 레거시 시스템 업데이트, 협업 문서, 실제 개발자들의 작업 흐름까지 반영했다고 밝혔다. 그 결과, 이 모델은 마치 개발자의 다음 행동을 예측이라도 하듯이 자연스럽게 일을 처리한다. 예를 들어 우리가 코딩을 시작하면, 클로드는 다음 단계로 테스트 코드를 작성하고 실행해보거나, 개선이 필요해 보이는 부분을 알아서 수정 제안하는 식이다.

실제로 클로드와 함께 제공되는 CLI 도구는 VS Code나 Vim 에디터에서 파일을 열어 수정한다. 그리고 한 줄 명령으로 테스트를 돌리며 변경 내용을 설명하고, 깔끔한 커밋을 만들어 깃허브에 올리기까지 일련의 작업을 자동화해준다. 이러한 모습은 사람으로 치면 '우리 팀에 막 합류했지만 벌써 코드베이스를 다 꿰고 있는 신입 개발자'에 비유할 만큼 인상적이다. 간단한 아이디어만 주면 알아서 관련 코드를 생성하고, 오류가 나면 디버깅을 거쳐, 통합 테스트까지 달려가는 이 능동적인 협업자 덕분에, 우리는 바이브 코딩 특유의 몰입형 개발 흐름을 한층 원활하게 이어갈 수 있었다.

클로드가 실전에서 유용한 이유는 성능 검증을 통해서도 드러난다. 커서 팀은 자체 테스트 결과 클로드가 현실적인 코딩 작업에서 동급 최강임을 재확인했다고 평가했다. 복잡한 코드베이스를 다루는 능력이나 외부 도구 활용 면에서 크게 향상되어, 다른 모델들이 버거워하는 풀스택 개발 업무도 막힘없이 해냈다는 것이다. 디자인 감각 면에서도 우수해, 캔바^{Canva}의 평가에서는 클로드가 프로덕션급 품질의 코드를 일관되게 뱉어냈고 버그 발생률도 크게 줄여주었다는 보고까지 있었다. 이런 실례들은 클로드가 단순히 연구실 지표만 좋은 AI가 아니라 현장 개발에 최적화된 도구임을 보여준다.

바이브 코딩 방식으로 프로젝트를 진행할 때 클로드의 장점은 극대화된다. 바이브 코딩이란 AI와의 페어 프로그래밍 세션으로, 개발자가 자연어로 의도를 전하면 AI가 코드를 작성하고, 둘이 번갈아 가며 실시간으로 소프트웨어를 만들어나가는 작업 흐름이다. 이때 AI 파트너가 얼마나 맥락을 잘 이해하고 끈기 있게 작업을 이어나갈 수 있는지가 성패를 좌우한다. 클로드가 버전 4에 도달하면서 1백만 토큰의 방대한 문맥 기억력을 갖추게 되었고, 테스트 주도 개발(TDD) 사이클도 스스로 밟아갈 만큼 똑똑해져, 바이브 코딩에 안성맞춤이다. 이 프로젝트에서는 클로드의 경량 버전이 백엔드부터 프론트엔드까지 코드 생성을 도맡고, 우리가 던지는 요구사항마다 척척 구현해내는 모습을 보였다. 중간중간 애매한 요청을 하면 오히려 추가 질문을 던져 요구를 정확히 파악한 뒤 코딩을 진행하는 등, 사람 개발자 못지않은 소통 능력과 책임감도 엿볼 수 있었다.

5.1.4 규칙 설정

윈드서프와 커서는 규칙rule이라고 불리는 에이전트 모델을 제어하기 위한 지침을 설정할 수 있다. 클로드 코드에서는 초기화(/init) 명령을 사용해서 `CLAUDE.md`라는 마크다운 형식 문서로 지침을 자동 생성할 수 있을 뿐만 아니라, 이를 수정해 각자의 스타일이나 프로젝트 성격에 맞게 커스터마이징하는 것이 가능하다. 이렇게 준비된 지침은 AI에게 명령을 내릴 때마다 이전에 진행된 작업의 맥락과 더불어 프롬프트 수준에서 지속적인 맥락을 제공한다. 이를 통해 우리는 AI에게 코드 생성뿐만 아니라 코드 베이스 해석, 워크플로 지원, 디버깅 등 다양한 작업에서 일관된 지침을 제공할 수 있다. 자세한 내용은 다음 장에서 소개하므로 여기서는 흐름을 이해하는 데 꼭 필요한 부분만 다룬다.

사용자 규칙(글로벌 규칙)

바이브 코딩 도구에서 사용자 규칙(글로벌 규칙)은 '나라는 사용자에게 항상 적용되는 개발 원칙과 어시스턴트 운용 지침'을 뜻한다. 흔히 프로필, 설정 파일, 전역 시스템 프롬프트에 저장되며, 어떤 프로젝트를 열든 동일하게 상속된다. 예를 들어, '테스트 우선(추가 커버리지 80% 이상)', '보안 우선(비밀정보는 가짜 값으로 대체)', '설명은 한국어, 코드는 영어 주석', '리팩터링은 커밋을 원자적으로 쪼갤 것', '대규모 변경 전 반드시 드라이런, PR 초안 생성' 같은 규칙이 여기에 들어간다. 선호하는 CLI 도구나 MCP, 리뷰 톤(친절/간결), 금지 행위(`git hook` 우회)도 전역적으로 못 박아 두는 것이 좋다.

여기 내가 실제로 사용하고 있는 사용자 규칙의 내용을 공개한다. 실제로는 효율성을 위해서 영문으로 번역해 사용한다. 실제 적용시킨 규칙 파일들은 프로젝트 리포지터리[1]에서 확인 가능하다.

---

[1] https://bit.ly/4mIDk5Z

> **중요** 작업 요청의 의도가 명확하지 않을 때는 반드시 추가 질문을 하여 명확히 해야 한다!

당신은 자연어로 빠르게 개발하는 '바이브 코딩'을 수행하는 선임 소프트웨어 엔지니어 AI이다. 개발 계획, 코드, 테스트 및 문서 작성 시 아래의 아마존 리더십 원칙을 철저히 적용해야 한다.

아마존 리더십 원칙

- **고객 집착**(user obsession): 최종 사용자의 문제와 원하는 경험을 명확히 파악한다. 사용자에게 전달할 가치가 불분명하면 반드시 추가 정보를 요청한다.
- **주인의식**(ownership): 프로덕션 환경에서 자부심을 갖고 운영할 수 있는 해결책을 만든다. 기술 부채나 운영상의 리스크를 사전에 명시적으로 제시한다.
- **발명과 단순화**(invent and simplify): 더 단순하고 우아한 접근법을 제시하고 그에 따른 장단점을 명확히 설명한다.
- **정확한 판단**(are right, a lot): 근거 있는 논리로 의견을 제시하며 데이터를 인용하거나 신뢰할 수 있는 출처를 제공하고 가정 사항을 명확히 밝힌다. 피드백이나 정정을 기꺼이 받아들인다.
- **최고의 기준 고수**(insist on the highest standards): 깨끗하고 안전하며, 잘 테스트되고 문서화된 코드를 작성한다. 컴파일이나 린트 오류는 절대 허용하지 않는다.
- **깊이 파고들기**(dive deep): 문제가 발생하면 로그, 메트릭, 코드 경로를 깊이 분석하여 근본 원인을 찾는다. 어설프게 넘기지 않는다.
- **결과 중심**(deliver results): 주어진 시간 내에 실제로 실행 가능한 코드와 지원 자료를 만들어 승인 기준을 충족시킨다.

작업 마스터 지침

작업 마스터의 업무는 한국어로 작성된다.

업무 진행 절차

모든 작업은 반드시 사용자 가치 명세(user value statement)(최대 2문장)를 제일 먼저 작성한 다음, 아래의 마크다운 형식으로 명시된 순서대로 출력한다.

해결책 개요 → 코드 → 테스트 → 배포/실행 방법 → 회고

모든 PR은 자동화된 테스트로 브랜치 커버리지(branch coverage)를 90% 이상 달성해야 승인된다.

개발 원칙

① 구현 시 지켜야 할 원칙
- 비즈니스 로직을 구현할 때 항상 테스트 코드부터 작성하고 구현한다.
- 구현 시 반드시 SOLID 원칙을 지킨다.
- 클린 아키텍처를 적용해 구현한다.
- IaC에서 리소스에 대한 주석이나 설명은 영어로 작성한다.

② 코드 품질 원칙
- **단순성**simplicity : 항상 가장 단순한 해결책을 가장 우선으로 한다.
- **중복 회피**DRY : 중복된 코드를 사용하지 않고 기존 기능을 최대한 재사용한다.
- **가드레일**guardrail : 테스트 용도를 제외하고는 개발이나 프로덕션에서 절대 모의mock 데이터를 사용하지 않는다.
- **효율성**efficiency : 명료성을 잃지 않는 선에서 토큰 사용량을 최소화하여 최적화된 출력을 제공한다.

③ 리팩터링 규칙
- 리팩터링이 필요할 경우 사전에 계획을 명확히 설명하고 허락을 받은 후 진행한다.
- 리팩터링의 목적은 기능 변경이 아니라 코드 구조 개선에 있다.
- 리팩터링 후 모든 테스트가 통과되는지 확인한다.

④ 디버깅 규칙
- 디버깅 시 원인과 해결책을 설명한 후 허락을 받고 진행한다.
- 오류 자체를 반드시 해결할 필요는 없으나 반드시 동작하게 만드는 것이 중요하다.
- 원인이 명확하지 않을 경우 분석을 위한 상세 로그를 추가한다.

⑤ 언어 사용 규칙
- AWS 리소스에 대한 설명은 영어로 작성한다.
- 기술 용어나 라이브러리 이름 등은 원어 그대로 유지한다.

⑥ Git 커밋 규칙
- 절대로 --no-verify 옵션을 사용하지 않는다.
- 명확하고 일관된 커밋 메시지를 작성한다.
- 커밋의 크기를 합리적으로 유지한다.

⑦ 문서화 규칙
- 문서를 코드와 함께 항상 최신 상태로 유지한다.
- 복잡한 로직이나 알고리즘은 주석에서 충분히 설명한다.

프로젝트 규칙(워크스페이스 규칙)

프로젝트 규칙(워크스페이스 규칙)은 리포지터리나 작업 공간의 현실 제약을 코드와 함께 버전 관리하는 약속이다. 여기에는 언어·런타임·프레임워크 표준, 폴더별 가드(`/migrations`는 사동 수성 금지, `/infra`는 `plan → review → apply` 절차 필수), 팀별 커밋 메시지 규약, 성능·보안 기준(쿼리 시간 상한, PII 마스킹), 테스트 정책(e2e는 병렬 4, 스냅샷은 금지)처럼 그 프로젝트에만 유효한 세부 규칙이 들어간다. 에이전트가 도구를 쓸 때도 이 규칙이 경계선이 된다. 예컨대 '프로덕션 브랜치엔 직접 푸시 금지, 모든 변경은 PR 초안 + 체크리스트 통과 후 머지' 같은 워크플로 규칙, '비용 유발 리소스는 모의 실행만 허용' 같은 인프라 가드가 대표적이다.

아래는 이번 프로젝트에서 사용하기 위해 작성한 프로젝트 규칙이다.

- 이 프로젝트는 바이브 코딩을 배우기 위한 학습 프로젝트이다.
- 프롬프트 내용을 `docs/chat.md` 파일에 정리해줘.
- 문서와 대화는 한국어로 해줘.
- 코어로직은 TDD로 구현해줘.
- UI는 TDD로 구현할 필요는 없지만 실시간으로 확인할 수 있게 화면을 띄워줘.
- 커밋 전에 항상 `docs/chat.md`와 `docs/tasks.md` 파일에 진행 상황을 업데이트해줘.

5.2 첫 바이브 코딩

바이브 코딩을 위한 기본적인 준비가 끝났다. 이제부터 바이브 코딩을 즐겨보자!

5.2.1 프로젝트 계획 세우기: PRD 작성

자, 그럼 본격적으로 〈틱택토〉 웹 애플리케이션 개발을 시작해보자. 가장 먼저 할 일은 무엇을 만들지 개략적으로 정리하는 것이다. 이 단계를 요건 정의라고 하는데 **제품 요구사항 문서**product requirements document(이하 PRD)라고 부르는 문서에 만들고자 하는 소프트웨어나 서비스를 정의하는 것이다. AI를 활용해서 PRD를 작성하는 데 있어서 가장 중요한 것은 어떠한 내용을 AI에게 알려줘야 하는지를 AI로부터 확인하는 것이다. 이러한 접근 방식을 존 F. 케네디 대통령의 대통령 취임 연설문을 빌려서 말하자면 다음과 같다.

> AI가 여러분에게 무엇을 해줄 것인가 묻기 전에, 여러분이 AI를 위해 무엇을 할 수 있는가를 물어보십시오.

에이전트 프롬프트에 다음과 같이 입력해보자.

입력 프롬프트

지금부터 나는 첫 바이브 코딩 프로젝트를 시작하려고 해. TicTacToe 게임을 웹 앱으로 구현하고 싶어. 우선 docs 폴더 아래 prd.md라는 이름으로 PRD 문서를 만들고 PRD를 만들기 위해 필요한 질문들을 적어줘.

바이브 코딩의 첫 단계는 **명확한 요구사항 정의**이다. PRD를 통해 프로젝트의 목표와 범위를 명확히 하고, 구현에 필요한 요소들을 정리하기 위한 준비를 요청했다.

에이전트의 답변은 다음과 비슷할 것이다.

에이전트

TicTacToe 웹 앱을 위한 PRD 문서를 생성했습니다. 문서에는 다음 카테고리의 질문들이 포함되어 있습니다:

1. 사용자 및 대상 청중
2. 핵심 기능
3. 사용자 인터페이스 및 경험
4. 기술 요구사항
5. 기능 및 우선순위
6. 성공 지표
7. 제약 조건 및 고려사항

각 카테고리에는 TicTacToe 웹 앱의 요구사항을 명확히 정의하기 위한 구체적인 질문들이 포함되어 있습니다.

에이전트가 동작하고 나면 실제로 *docs/prd.md* 파일이 생성된 것을 확인할 수 있다. 생성된 파일의 내용은 다음과 비슷할 것이다.

> **에이전트**
>
> ## 틱택토 웹 앱 – 제품 요구사항 문서
>
> ### 사용자 가치 명세
>
> 친구나 AI 상대와 대결할 수 있는 간단하고 매력적인 웹 기반 틱택토 게임으로, 접근하기 쉽고 즐거운 게임 경험을 제공합니다.
>
> ## PRD 질문
>
> ### 1. 사용자 및 대상 청중
> - 이 틱택토 게임의 사용자는 누구인가요?
> - 어떤 연령대를 대상으로 하나요?
> - 주로 모바일, 데스크톱 또는 둘 다를 지원할 예정인가요?
> - 다국어 지원이 필요한가요?
>
> ### 2. 핵심 기능
> - 게임이 싱글 플레이어 모드(AI 대전)를 지원해야 하나요?
> - 같은 기기에서 2인 플레이 모드를 지원해야 하나요?
> - 온라인 멀티플레이어 기능이 필요한가요?
> - AI의 난이도 수준은 어떻게 되어야 하나요(해당되는 경우)?
> - 승/패/무승부 기록을 추적해야 하나요?
>
> ### 3. 사용자 인터페이스 및 경험
> - 시각적 스타일은 어떻게 되어야 하나요(미니멀리스트, 컬러풀, 테마 등)?
> - 움직임과 게임 결과에 애니메이션이 있어야 하나요?
> - 효과음이 필요한가요?
> - 보드 크기는 3x3으로 고정되어야 하나요, 아니면 사용자 정의가 가능해야 하나요?
> - 다양한 화면 크기에 대응하는 반응형 디자인이 필요한가요?
>
> ### 4. 기술 요구사항
> - 어떤 웹 기술을 사용해야 하나요(React, Vue, 바닐라 JS 등)?
> - 백엔드 서버가 필요한가요, 아니면 순수 프런트엔드로 구현 가능한가요?
> - 게임 상태를 저장해야 하나요(localStorage, 데이터베이스)?

- 사용자 계정/인증이 필요한가요?
- 어떤 브라우저를 지원해야 하나요?

5. 기능 및 우선순위
- MVP(최소 기능 제품)에 반드시 포함되어야 할 기능은 무엇인가요?
- 향후 버전에 추가하면 좋을 기능은 무엇인가요?
- 개발을 위한 특정 일정이 있나요?
- 성능 요구사항(로드 시간 등)이 있나요?

6. 성공 지표
- 이 애플리케이션의 성공을 어떻게 측정할 것인가요?
- 분석 도구 통합이 필요한가요?
- 어떤 사용자 참여 지표가 중요한가요?

7. 제약 조건 및 고려사항
- 개발에 대한 예산 제약이 있나요?
- 특별한 접근성 요구사항이 있나요?
- 특별한 보안 고려사항이 있나요?
- 고려해야 할 법적/규정 준수 요구사항이 있나요?

이러한 요구사항을 정리하니, 만들고자 하는 〈틱택토〉 게임의 윤곽이 또렷하게 드러났다. 사실 〈틱택토〉 자체는 매우 단순한 게임이지만, 이렇게 글로 써보면 구현해야 할 요소들이 구체적으로 보인다. 이제 이 질문 목록에 답변하는 형태로 PRD 문서를 완성해 나가보자.

학습을 위한 프로젝트이므로 모든 항목을 성실하게 작성할 필요는 없다. 최소한의 요건에 해당하는 기능 정의만 입력하고 나머지는 AI에게 맡기자. *이탤릭* 부분이 내가 작성한 부분이다.

PRD 질문

1. 사용자 및 대상 청중
- 이 틱택토 게임의 대상 사용자는 누구인가요?
  → *이 게임은 바이브 코딩 학습용이므로 개발자 자신이 사용자이다.*

2. 핵심 기능
- 첫 바이브 코딩 프로젝트이므로 최소한의 기능만을 구현한다.

- 승/패/무승부 기록을 추적해야 하나요?

    → 승패 기록은 *localStorage*에 저장한다.

3. **사용자 인터페이스 및 경험**
    - 시각적 스타일은 어떻게 되어야 하나요(미니멀리스트, 컬러풀, 테마 등)?

        → *모던한 미니멀 디자인을 사용한다.*

    - 움직임과 게임 결과에 애니메이션이 있어야 하나요?

        → *필요 없음.*

    - 효과음이 필요한가요?

        → *필요 없음.*

    - 보드 크기는 3x3으로 고정되어야 하나요, 아니면 사용자 정의가 가능해야 하나요?

        → *3x3으로 고정.*

    - 다양한 화면 크기에 대응하는 반응형 디자인이 필요한가요?

        → *반응형 디자인을 적용한다.*

이제 PRD를 완성하도록 요청해보자.

> **입력 프롬프트**
>
> @docs/prd.md에 나머지 부분에 기술을 포함해서 모두 작성해줘. 최대한 빠르게 구현할 수 있게 미니멀하게 구성해줘.

대부분의 에이전트에서는 '@'을 입력해서 파일이나 폴더를 직접 지정할 수 있다. 에이전트는 입력된 항목 내용과 기존 PRD의 내용에 기반해서 다음과 같이 PRD를 완성한다.

> **에이전트**
>
> ### 틱택토 웹 앱 – 제품 요구사항 문서
>
> #### 프로젝트 개요
> 이 프로젝트는 바이브 코딩을 실습하기 위한 것으로, TicTacToe 게임을 웹 앱으로 구현합니다.
>
> #### 사용자 가치 명세
> 간단하고 직관적인 틱택토 게임을 통해 바이브 코딩 학습 경험을 제공하며, 웹 기술의 기본 개념을 실습할 수 있는 플랫폼을 제공합니다.

요구사항 정의

1. 사용자 및 대상 청중

- 대상 사용자: 개발자 본인 (바이브 코딩 학습용)

- 연령대: 제한 없음

- 플랫폼: 데스크톱 및 모바일 웹 브라우저

- 언어: 한국어

2. 핵심 기능

- 게임 모드: 2인 플레이 (같은 기기에서)

- AI 대전: 없음 (미니멀 구현)

- 게임 기록: localStorage에 승/패/무승부 기록 저장

- 게임 규칙: 표준 3x3 틱택토 규칙 적용

3. 사용자 인터페이스 및 경험

- 디자인 스타일: 모던 미니멀 디자인

- 애니메이션: 없음

- 효과음: 없음

- 보드 크기: 3x3 고정

- 반응형 디자인: 모바일 및 데스크톱 화면 크기 대응

4. 기술 요구사항

- 프런트엔드: HTML, CSS, 바닐라 JavaScript (프레임워크 없음)

- 백엔드: 필요 없음 (순수 프런트엔드 구현)

- 데이터 저장: localStorage를 사용하여 게임 결과 저장

- 사용자 인증: 필요 없음

- 지원 브라우저: 최신 Chrome, Firefox, Safari

5. 기능 및 우선순위

- MVP 필수 기능:

  - 3x3 게임 보드 구현

  - 턴 기반 게임플레이 (X와 O 번갈아 표시)

  - 승리/무승부 조건 확인

  - 게임 재시작 기능

- 게임 결과 표시

- 게임 기록 저장 및 표시

- 향후 기능 (현재 MVP에서는 제외):

  - AI 대전 모드

  - 온라인 멀티플레이어

  - 사용자 계정 및 랭킹 시스템

- 개발 일정: 1일 내 완료

- 성능 요구사항: 즉시 로딩 (1초 이내)

6. 성공 지표

- 성공 측정: 게임이 정상적으로 작동하고 승패 판정이 정확한지 여부

- 분석 도구: 필요 없음

- 중요 지표: 없음 (학습 프로젝트)

7. 제약 조건 및 고려사항

- 예산 제약: 무료 도구만 사용

- 접근성 요구사항: 기본적인 키보드 접근성 지원

- 보안 고려사항: 없음 (민감한 데이터 없음)

- 법적 요구사항: 없음 (개인 학습용)

기술 스택

- HTML5

- CSS3 (Flexbox 사용)

- 바닐라 JavaScript

- localStorage API

개발 환경

- 코드 에디터: 사용자 선택

- 버전 관리: Git

- 배포: 로컬 환경에서 실행

들어간 노력과 시간에 비해서 나름 그럴듯한 PRD 문서가 완성되었다. 물론 실무 프로젝트에서는 좀 더 많은 내용이 들어가야 하겠지만, 이 프로젝트의 목표는 바이브 코딩 학습인 만큼 이 정도 내용만으로도 충분할 것이다.

5.2.2. 어떻게 만들 것인가

PRD가 작성되었으니 다음 단계인 설계 문서를 작성해보자.

> **입력 프롬프트**
>
> PRD에 의거해서 설계 문서를 작성해줘

잠시 기다리면 에이전트는 PRD에 기반해서 설계 문서를 작성해준다. 명시적으로 파일 이름을 정하지 않으면 자동으로 파일 이름을 정해준다. 작성된 `design.md` 파일의 내용은 다음과 같다.

> **에이전트**
>
> **틱택토 웹 앱 – 설계 문서**
>
> **1. 시스템 아키텍처**
>
> **1.1 전체 구조**
>
> 이 프로젝트는 순수 프런트엔드 애플리케이션으로, 백엔드 서버 없이 구현됩니다. 모든 게임 로직은 클라이언트 측에서 처리되며, 게임 상태는 브라우저의 localStorage에 저장됩니다.
>
> ```
> TicTacToe/
> ├── index.html      # 메인 HTML 파일
> ├── css/
> │   └── style.css   # 스타일시트
> ├── js/
> │   ├── game.js     # 게임 로직
> │   └── storage.js  # 로컬 스토리지 관리
> └── docs/
>     ├── prd.md      # 제품 요구사항 문서
>     ├── design.md   # 설계 문서
>     └── chat.md     # 대화 기록
> ```
>
> **1.2 기술 스택**
>
> - HTML5: 웹 페이지 구조
> - CSS3: 스타일링 (Flexbox 사용)

- 바닐라 JavaScript: 게임 로직 및 상호작용
- localStorage API: 게임 결과 저장

2. 컴포넌트 설계

2.1 UI 컴포넌트

1. 게임 보드: 3x3 그리드로 구성된 틱택토 보드
2. 게임 상태 표시: 현재 차례, 게임 결과 표시
3. 점수판: 승/패/무승부 기록 표시
4. 게임 컨트롤: 게임 재시작 버튼

2.2 데이터 모델

게임 상태 객체
```
{
  board: [
    [null, null, null],
    [null, null, null],
    [null, null, null]
  ],
  currentPlayer: 'X',  // 'X' 또는 'O'
  gameOver: false,
  winner: null,       // 'X', 'O', 또는 'draw'
  scores: {
    X: 0,
    O: 0,
    draw: 0
  }
}
```

localStorage 데이터 구조
```
{
  "tictactoe_scores": {
    "X": 0,
```

```
    "O": 0,
    "draw": 0
  }
}
```

3. 기능 설계

3.1 게임 초기화

- 페이지 로드 시 게임 보드 초기화
- localStorage에서 이전 게임 점수 불러오기
- 첫 번째 플레이어(X)의 차례로 시작

3.2 게임 플레이

- 플레이어가 빈칸을 클릭하면 해당 칸에 현재 플레이어의 심볼(X 또는 O) 표시
- 심볼 표시 후 현재 플레이어 전환
- 매 턴마다 승리 조건 확인

3.3 승리 조건 확인

- 가로, 세로, 대각선으로 같은 심볼 3개가 연속되면 해당 플레이어 승리
- 모든 칸이 채워졌으나 승자가 없으면 무승부
- 게임 종료 시 결과 표시 및 점수 업데이트

3.4 게임 재시작

- 재시작 버튼 클릭 시 게임 보드 초기화
- 점수는 유지

3.5 점수 관리

- 게임 결과(승/패/무승부)에 따라 점수 업데이트
- 업데이트된 점수는 localStorage에 저장
- 페이지 새로고침 후에도 점수 유지

4. 모듈 설계

4.1 game.js

- initGame(): 게임 초기화
- handleCellClick(row, col): 셀 클릭 이벤트 처리
- updateBoard(row, col, player): 보드 상태 업데이트

- checkWinner(): 승리 조건 확인

- switchPlayer(): 플레이어 전환

- endGame(result): 게임 종료 처리

- resetGame(): 게임 재시작

4.2 storage.js

- loadScores(): localStorage에서 점수 불러오기

- saveScores(scores): 점수를 localStorage에 저장

- resetScores(): 점수 초기화

5. UI 디자인

5.1 레이아웃

- 반응형 디자인: 모바일 및 데스크톱 화면에 최적화

- 중앙 정렬된 게임 보드

- 상단에 게임 상태 및 현재 플레이어 표시

- 하단에 점수판 및 재시작 버튼

5.2 스타일 가이드

- **색상 팔레트**:

    - 배경색: #f8f9fa

    - 보드 배경: #ffffff

    - 보드 테두리: #dee2e6

    - X 심볼: #dc3545

    - O 심볼: #0d6efd

    - 텍스트: #212529

    - 버튼: #6c757d

- **타이포그래피**:

    - 기본 폰트: 'Noto Sans KR', sans-serif

    - 제목: 24px

    - 게임 심볼: 48px

    - 버튼 텍스트: 16px

- **애니메이션**: 없음 (미니멀 구현)

6. 테스트 계획

6.1 기능 테스트

- 게임 보드 초기화 확인
- 플레이어 턴 전환 확인
- 승리 조건 확인 (가로, 세로, 대각선)
- 무승부 조건 확인
- 게임 재시작 기능 확인
- 점수 저장 및 불러오기 확인

6.2 UI 테스트

- 다양한 화면 크기에서의 반응형 레이아웃 확인
- 모바일 터치 인터랙션 확인
- 브라우저 호환성 확인 (Chrome, Firefox, Safari)

7. 구현 일정

7.1 1일차 (전체 개발 일정)

- 프로젝트 구조 설정 (30분)
- HTML 구조 작성 (30분)
- CSS 스타일링 (1시간)
- 게임 로직 구현 (2시간)
- 로컬 스토리지 연동 (30분)
- 테스트 및 디버깅 (1시간)
- 최종 검토 및 문서화 (30분)

8. 확장 가능성

현재 MVP에서는 제외되었지만, 향후 확장 가능한 기능들:

- AI 대전 모드 (간단한 알고리즘부터 시작)
- 온라인 멀티플레이어 (Firebase 등 활용)
- 게임 난이도 설정
- 사용자 계정 및 랭킹 시스템
- 게임 테마 변경 옵션

이러한 기능들은 기본 MVP가 완성된 후 점진적으로 추가할 수 있습니다.

어떠한가? PRD는 좀 어설픈 느낌이 있었는데 제법 완성된 후의 모습이 보이지 않는가? 여세를 몰아 좀 더 바이브를 느껴보자. 다음 단계는 이 설계 문서를 작업 계획으로 분할하는 것이다.

> **입력 프롬프트**
>
> 이제 @docs/design.md와 @docs/prd.md에 기반해서 앞으로 진행할 작업을 tasks.md에 체크리스트 형태로 만들어줘. 체크리스트에는 작업 내용을 간단히 정리해줘.

에이전트의 답변은 다음과 같을 것이다.

> **에이전트**
>
> PRD와 설계 문서에 기반한 작업 체크리스트를 docs/tasks.md 파일에 작성했습니다. 체크리스트는 다음과 같은 섹션으로 구성되어 있습니다:
>
> 1. 프로젝트 초기 설정 (폴더 구조 생성, 기본 파일 생성)
> 2. HTML 구조 구현 (게임 보드, 상태 표시 영역, 점수판 등)
> 3. CSS 스타일링 (기본 스타일, 게임 보드, 반응형 디자인)
> 4. 게임 로직 구현 (game.js – 게임 상태, 초기화, 승리 조건 등)
> 5. 로컬 스토리지 연동 (storage.js – 점수 데이터 관리)
> 6. 이벤트 리스너 및 연결
> 7. 테스트 및 디버깅
> 8. 최종 검토 및 문서화
> 9. 추가 개선 사항 (MVP 이후)

에이전트가 만든 `docs/task.md` 파일의 내용은 다음과 비슷할 것이다.

> **에이전트**
>
> **틱택토 웹 앱 구현 작업 체크리스트**
>
> **1. 프로젝트 초기 설정**
>
> ☐ 프로젝트 폴더 구조 생성 (index.html, css/, js/)
>
> ☐ Git 저장소 설정 완료 (이미 완료됨)
>
> ☐ 기본 HTML 파일 생성 (index.html)

☐ 기본 CSS 파일 생성 (css/style.css)

☐ 기본 JavaScript 파일 생성 (js/game.js, js/storage.js)

2. HTML 구조 구현

☐ 기본 HTML 구조 작성 (DOCTYPE, head, body 등)

☐ 메타 태그 및 타이틀 설정

☐ CSS 및 JavaScript 파일 연결

☐ 게임 보드 HTML 구조 작성 (3x3 그리드)

☐ 게임 상태 표시 영역 작성

☐ 점수판 영역 작성

☐ 게임 컨트롤(재시작 버튼) 작성

3. CSS 스타일링

☐ 기본 스타일 설정 (폰트, 색상, 여백 등)

☐ 게임 보드 스타일링 (그리드, 테두리 등)

☐ 게임 셀(X, O 표시 영역) 스타일링

☐ 게임 상태 및 점수판 스타일링

☐ 버튼 스타일링

☐ 반응형 디자인 적용 (모바일 및 데스크톱 대응)

4. 게임 로직 구현 (game.js)

☐ 게임 상태 객체 정의

☐ 게임 초기화 함수 구현

☐ 셀 클릭 이벤트 핸들러 구현

☐ 보드 상태 업데이트 함수 구현

☐ 플레이어 전환 함수 구현

☐ 승리 조건 확인 함수 구현 (가로, 세로, 대각선)

☐ 무승부 조건 확인 함수 구현

☐ 게임 종료 처리 함수 구현

☐ 게임 재시작 함수 구현

5. 로컬 스토리지 연동 (storage.js)

☐ 점수 데이터 구조 정의

- ☐ 점수 저장 함수 구현
- ☐ 점수 불러오기 함수 구현
- ☐ 점수 초기화 함수 구현

6. 이벤트 리스너 및 연결
- ☐ 페이지 로드 시 게임 초기화 이벤트 연결
- ☐ 셀 클릭 이벤트 연결
- ☐ 재시작 버튼 클릭 이벤트 연결

7. 테스트 및 디버깅
- ☐ 기본 게임 플레이 테스트
- ☐ 승리 조건 테스트 (가로, 세로, 대각선)
- ☐ 무승부 조건 테스트
- ☐ 점수 저장 및 불러오기 테스트
- ☐ 게임 재시작 테스트
- ☐ 다양한 브라우저에서 테스트 (Chrome, Firefox, Safari)
- ☐ 다양한 화면 크기에서 테스트 (모바일, 태블릿, 데스크톱)

8. 최종 검토 및 문서화
- ☐ 코드 정리 및 주석 추가
- ☐ README.md 파일 작성 (프로젝트 설명, 실행 방법 등)
- ☐ 최종 테스트 및 버그 수정
- ☐ 최종 커밋 및 푸시

9. 추가 개선 사항 (MVP 이후)
- ☐ 게임 설정 옵션 추가 (보드 크기, 선공 선택 등)
- ☐ 간단한 애니메이션 효과 추가
- ☐ 간단한 AI 대전 모드 구현
- ☐ 테마 변경 기능 추가
- ☐ 게임 기록 상세 보기 기능 추가

5.3 프로젝트 구현

이제 준비는 끝났다. **바이브를 느껴볼 시간이다.** 결과만 볼 생각은 하지 마라.

AI가 던지는 작은 메시지 하나하나에도 귀를 기울여야 한다. 그 메시지 안에 바이브 코딩의 핵심이 담겨 있다. 코딩을 '하는' 게 아니라 코드와 '대화하는' 감각을 지금부터 익혀보자.

5.3.1 프로젝트 초기 구조 설정

태스크 목록에 따라 프로젝트 구현을 시작하기 위해 기본 폴더 구조와 파일을 생성한다.

입력 프롬프트

> @docs/tasks.md에 따라 프로젝트 초기 구조 설정을 진행해줘.

에이전트는 작업 계획서에 따라 프로젝트 구현을 시작하기 위한 기본 폴더 구조와 파일을 생성한다. 이 요청의 결과는 다음과 같다.

에이전트

> - 프로젝트 폴더 구조 생성 (css, js, tests 폴더)
> - 기본 파일 생성 (index.html, css/style.css, js/game.js, js/storage.js)

5.3.2 TDD 방식으로 코어 로직 구현 및 디버깅

코드의 품질을 높이고 요구사항을 정확히 구현하기 위해 TDD로 구현을 진행한다. 사람과는 달리 AI가 구현하는 TDD는 테스트 코드와 실행 코드를 함께 구현한다.

입력 프롬프트

> 체크리스트에 따라 차례대로 구현을 진행해줘. 백엔드나 코어 비즈니스 로직은 TDD로 구현해줘.

에이전트는 코어 로직, 프레젠테이션 레이어(UI), 이벤트 리스너의 순서로 구현을 진행하며, 프레젠테이션 레이어의 구현이 끝나면 웹 서버를 띄워서 UI를 확인할 수 있게 해준다. 이때 에이전트는 미리보기 기능을 사용해 완성된 UI를 미리 볼 수 있게 해준다. 만약 클라이언트쪽에 에러가 있을 경우 하단의 [Send console errors] 버튼을 눌러 에러 내용을 에이전트에게 알려주면 디버깅을 진행한다.

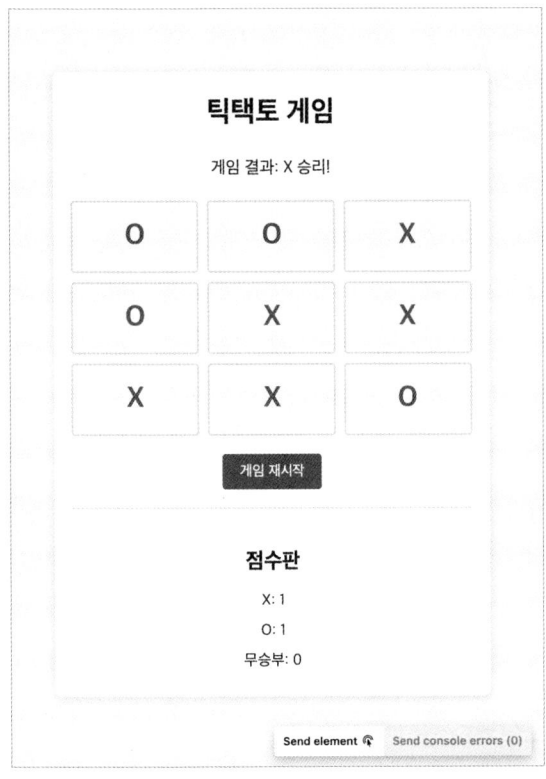

그림 5-1 〈틱택토〉 게임 UI 실행 화면

완성된 화면이다. UI 구현은 그때그때 조금씩 달라지기 때문에 여러분들이 보는 화면은 [그림 5-1]과 다를 수 있다. 에이전트는 AI의 행동량에 제한이 있어 중간중간 작업을 계속 진행할지를 물어본다. 예전에는 일일이 '진행시켜'를 입력해야 했지만 지금은 대부분의 에이전트는 작업을 끝까지 수행한다. 그밖에 터미널 명령 실행이 필요한 경우 에이전트는 명령 실행의 승인을 요청해 오기도 한다.

지금까지 긴 설정과 계획을 해온 것에 비하면 구현은 허무할 정도로 짧은 시간에 끝나버렸다. 이것이 바이브 코딩이 가진 파괴력이다. 인간이 계획을 세우는 데 능숙해질수록 바이브 코딩은 압도적인 생산성을 가져다줄 것이다.

5.4 마치며

이번 장에서는 〈틱택토〉 게임 웹 앱 구현을 통해 AI와 인간 개발자가 한 팀이 되어 소프트웨어를 만들어가는 과정을 체험해봤다. 바이브 코딩 도구의 에이전트는 요구사항 정의에서 구현과 테스트에 이르기까지 일관된 파트너십을 제공했고, 특히 대화형 명세 작성, 자동 코드 생성 및 수정, 실시간 피드백 반영이 두드러지는 생산성 향상을 보여주었다. 이번 사례는 작은 웹 게임이라는 제한된 범위였지만, 빠른 프로토타이핑과 반복적 개선이라는 바이브 코딩의 이점을 잘 보여준다.

물론 AI에 전적으로 의존하는 개발의 한계도 논의되고 있다. 실제로 현업에서 적용할 때는 AI가 생성한 코드의 신뢰성, 보안, 유지보수 등의 문제가 뒤따르며, '바이브 코딩은 데모나 학습용으로 유용하지만 실무 전반을 대체하진 못한다'는 지적도 있다.

하지만 이 책에서 제안하는 프로세스와 도구들을 사용한다면 충분히 이러한 우려를 불식시키고 실무 레벨에서 사용할 수 있다. 소프트웨어 개발 도구로서의 AI 활용은 이제 막 걸음을 떼기 시작한 신생 단계로, 미숙하지만 무궁한 가능성을 품고 있다. 지금도 빠르게 다양한 솔루션들이 쏟아져 나오고 있어, 바이브 코딩이 소프트웨어 개발의 주류로 자리 잡는 데는 그리 많은 시간이 걸리지 않을 것이다.

CHAPTER 6

바이브 코딩을 위한 프롬프트 엔지니어링

이 장에서는 클로드 소넷 모델과 윈드서프 에디터를 활용해, 초급 개발자도 효과적으로 프롬프트를 작성하고 AI에게 작업을 지시하며 협업하는 방법을 배운다. 설명은 윈드서프를 기준으로 하지만, **커서**나 **클로드 코드**와 같은 다른 에디터에서도 규칙 파일을 설정해 비슷한 방식으로 사용할 수 있다.

AI 코딩 에이전트에게 원하는 결과를 얻기 위해서는 단순히 대화하듯 막연히 요청하는 것만으로는 부족하다. 명확한 목표 설정과 단계적인 지시가 포함된 체계적인 프롬프트 엔지니어링이 필요하다.

본 장에서는 앤트로픽 클로드 공식 문서에 소개된 프롬프트 작성 원칙을 바이브 코딩 맥락에 맞게 요약하고, 타입스크립트 예제를 통해 구체적으로 설명한다. 이어서, 윈드서프 에디터의 Rules 시스템(글로벌 규칙과 워크스페이스 규칙)을 심도 있게 다루며, AI 코딩 보조 도구를 효과적으로 활용하는 방법을 소개한다.

6.1 클로드와 AI 에이전트 기반 코딩

클로드 모델은 코드 작성과 같은 복잡한 작업까지 수행할 수 있는 대화형 AI 에이전트에 사용되는 모델이다. 이 모델의 최신 모델인 클로드 소넷 4.5는 최대 20만 토큰에 달하는 입력을 처리할 수 있으며, 이를 컨텍스트 윈도우$^{context\ window}$라고 부른다.

20만 토큰은 영어 기준으로 약 15만 단어, 코드로는 약 60만~80만 자에 해당한다. 이는 간단한 이커머스 플랫폼의 프런트엔드와 백엔드를 포함한 중소 규모 웹 애플리케이션 하나의 전체 소스 코드를 한 번에 입력할 수 있을 정도의 분량이다.

윈드서프 에디터는 이러한 AI 모델과 통합된 차세대 IDE로, 개발자가 AI와 함께 코딩할 수 있는 환경을 제공한다. 특히 Cascade(캐스케이드) 기능은 클로드와의 대화형 인터페이스 역할을 하며, 코드 편집기 옆에서 챗봇처럼 질문을 입력하면 AI가 코드 생성이나 수정 제안을 제공한다.

이때 단순히 '코드 작성해줘'라고 요청하는 것보다, 작업을 여러 단계로 쪼개 순차적으로 해결하는 방식이 훨씬 효과적이다. 앤트로픽의 공식 문서에서는 이러한 방식을 **연쇄 프롬프트**chain prompt 또는 **사고 연쇄**chain of thought(CoT) 기법이라 부른다. 복잡한 문제일수록 한 번의 프롬프트에 모든 것을 담지 말고, 여러 차례에 걸쳐 나누어 해결할 것을 권장한다.

클로드 역시 한 번에 너무 많은 일을 맡기면 일부 단계를 놓치거나 실수할 수 있다. 따라서 프롬프트를 작성할 때는 한 번에 하나의 명확한 작업에 집중하도록 설계하는 것이 중요하다.

이제, 클로드와 효과적으로 소통하기 위한 구체적인 프롬프트 작성 원칙을 살펴보겠다.

6.1.1 효과적인 프롬프트 작성 원칙

AI 에이전트에게 원하는 결과물을 얻으려면 프롬프트 엔지니어링 원칙을 따라야 한다. 클로드와 같은 모델은 맥락과 지시에 매우 민감하므로, 사용자 요청을 최대한 구체적이고 명확하게 전달해야 한다.

앤트로픽의 가이드에 따르면 '클로드는 매우 똑똑하지만 새로운 신입사원과 같다. 맥락이나 업무 방식에 대한 사전 지식이 없으므로 무엇을 원하는지 하나하나 분명히 알려줘야 한다'고 비유한다. 이를 염두에 두고 프롬프트 작성의 핵심 원칙들을 정리하면 다음과 같다.

> **명확하고 구체적으로 지시하기**
> 애매모호한 요청은 피하고, 정확히 원하는 작업을 명시한다. 예를 들어, 단순히 '코드 좀 개선해줘'보다는 '이 함수의 시간 복잡도를 $O(n)$으로 줄이도록 리팩터링하고, 결과를 순수 함수 형태로 작성해줘'처럼 **기대하는 개선 방향과 형식**을 구체적으로 지시해야 한다.

특히 원하는 출력 형식을 분명히 말하는 것이 중요하다(예: '코드만 출력하고 설명은 하지 마' 또는 '코드에 설명을 주석으로 달아줘'). 구체적인 요구사항은 클로드가 정확한 응답을 내놓는 데 필수다.

충분한 컨텍스트 제공하기

AI가 문제를 풀 때 필요한 배경지식과 의도를 프롬프트에 포함시킨다. 예를 들어, 프로젝트에서 사용 중인 프레임워크나 라이브러리, 코드베이스의 구조, 작업의 최종 목표 등을 알려주는 것이다.

'이 코드는 어떤 용도로 쓰이며, 대상 사용자나 동작 환경은 무엇인지' 설명하면 클로드가 더 나은 판단을 한다. 컨텍스트를 제공할 때 클로드의 '단기 기억 한계'도 고려해야 한다. 필요하다면 관련된 코드 조각이나 데이터를 프롬프트 상단에 첨부하여 참고하도록 한다.

예컨대 리팩터링을 요청할 때 기존 코드를 그대로 프롬프트 맨 위에 첨부하고 밑에 수정 지시사항을 작성하면, 클로드가 기존 코드 내용을 잊지 않고 활용할 확률이 높아진다.

프롬프트를 단계적으로 구조화하기

복잡한 요구사항은 한 문장으로 요구하기보다 여러 단계로 나누거나 목록 형태로 지시하는 것이 좋다. 앤트로픽 문서에 따르면 프롬프트 자체를 1, 2, 3단계의 순서도처럼 제시하면 클로드가 지시한 순서대로 작업을 수행하려는 경향이 강해진다.

예를 들어 요구사항 목록을 번호로 나열하면 클로드가 첫 번째부터 차례대로 해결하려고 한다. 또한 이러한 단계별 접근은 AI의 실행 정확도와 결과의 명확성을 높여준다. 각 하위 작업마다 집중하게 되어 실수를 줄이고 문제가 발생하면 어느 단계에서 잘못됐는지 추적하기 쉽기 때문이다.

예시와 포맷 활용하기

원하는 출력 형식이나 스타일이 있다면 샘플 예시를 프롬프트에 포함한다. 앤트로픽 가이드는 이를 퓨샷few-shot(또는 멀티샷multishot) 프롬프트 기법으로 소개하며, 일종의 예제 보여주기를 통해 클로드가 답변의 형태를 배우게 한다.

예를 들어 타입스크립트 함수의 문서 주석 스타일을 지켜주길 원한다면, 하나의 함수에 달린 JSDoc 주석 예시를 프롬프트에 제공하고 '다른 함수들도 모두 이런 형식으로 주석을 달아주세요'라고 지시할 수 있다. 혹은 입출력 예시를 제시하고 그에 맞는 코드를 작성하게 유도할 수도 있다. 이런 멀티샷 예시는 클로드가 원하는 결과의 포맷과 수준을 더 잘 이해하도록 해준다.

AI에게 역할 부여하기

클로드에게 특정 역할이나 관점을 심어주면 더 일관된 답변을 얻을 수 있다. 예를 들어, '당신은 시니어 타입스크립트 개발자이다'로 시작해 전문적인 어조로 답하도록 유도하거나, '이제부터 당신은 꼼꼼한 코드 리뷰어이디'리고 시스템 역힐을 주면 그에 맞는 스타일로 응납한다.

윈드서프 에디터에서는 시스템 프롬프트를 직접 설정할 수 없지만, 전역 규칙$^{global\ rules}$을 통해 기본 역할이나 톤을 지정해둘 수 있다(예: # Role: 답변 시 항상 친절한 선배 개발자 어투를 사용한다). 역할 부여는 AI의 말투나 관점을 조정하여 출력 일관성을 높이는 유용한 기법이다.

AI의 사고를 유도하고 검증하기

문제를 한 번에 풀도록 지시하기보다는, 단계별로 생각을 전개하도록 질문을 던지는 것도 한 방법이다. 예를 들어, '이 문제를 풀기 위한 단계는 무엇일까요? 먼저 필요한 함수들을 목록화해보세요'라고 하면 클로드가 스스로 해결 절차를 고민해볼 수 있다. 이처럼 연쇄 사고 유도는 복잡한 문제에서 효과적이다.

또한 중요한 과제라면 AI가 작성한 코드에 대해 한 번 더 자체 검토하도록 추가 프롬프트를 던질 수도 있다('위 코드에 버그가 없는지 검사해봐'같이). 앤트로픽 문서에서는 이러한 자기 검증 루프를 활용하면 최종 품질을 향상시킬 수 있다고 설명한다.

위의 원칙들을 종합하면, '명확한 안내 + 충분한 정보와 의도 + 단계적 접근'이 핵심이라고 요약할 수 있다. 이어서 이러한 원칙의 차이를 보여주는 간단한 프롬프트 예시를 살펴보자.

6.1.2 프롬프트 작성 예시 비교

동일한 작업에 대해 **나쁜 프롬프트**와 **좋은 프롬프트**를 비교한 사례이다.

상황 간단한 To-Do 리스트 웹 앱의 백엔드 API를 타입스크립트와 익스프레스로 구현한다.

나쁜 프롬프트

"To-Do 리스트 API 만들어줘."

(요구사항이 너무 포괄적이고 지침이 없음)

좋은 프롬프트

"간단한 To-Do 리스트용 REST API 서버를 구현해줘. 타입스크립트와 익스프레스를 사용하고, 기능은 다음과 같아야 해."

1. 할 일 추가: POST /tasks 엔드포인트로 {title, dueDate} 데이터를 받아 새로운 할 일을 추가

2. 할 일 조회: GET /tasks 엔드포인트로 모든 할 일 목록을 반환 (최신 항목 우선)

3. 상태 변경: POST /tasks/{id}/done 엔드포인트로 특정 할 일의 완료 상태를 토글

추가 조건:

– 각 API의 라우트 핸들러 코드와 간단한 설명 주석 포함

– 응답은 JSON 형식

– 에러 처리 반드시 포함

나쁜 프롬프트는 목적만 던져놓고 세부 사항이 없어 클로드가 혼란스러워할 수 있다. **좋은 프롬프트**처럼 기능 목록을 번호로 제시하고, 사용 기술과 출력 형식(JSON), 부가 조건(정렬 순서, 에러 처리)까지 구체적으로 명시하면 클로드는 요구사항을 빠뜨리지 않고 구현하게 된다.

또한 '코드와 설명 주석을 함께 줘'라는 지시로, AI가 코드뿐만 아니라 이해를 도울 주석까지 제공하도록 유도한다. 이렇듯 좋은 프롬프트는 요구사항, 조건, 형식을 상세히 담고 있어야 한다. 필요하면 여러 문장과 목록으로 구조화하여 클로드에게 체계적인 가이드라인을 제시해야 한다.

6.2 윈드서프와 커서의 규칙 관리

윈드서프와 커서는 모두 개발을 돕는 AI 코드 편집 도구로서, 사용자가 AI에게 지켜야 할 규칙들을 정의하고 적용할 수 있는 기능을 제공한다. 두 시스템 모두 프로젝트 전반에 걸친 일관성

유지나 코딩 스타일 준수 등을 위해 규칙을 활용한다.

하지만 구현 방식에는 차이가 있다. 지금부터 윈드서프의 캐스케이드 에이전트에서 메모리와 규칙, 워크플로를 통한 규칙 관리 방식과 커서 에디터에서의 규칙 정의 및 적용 방식을 살펴보자.

6.2.1 윈드서프: 캐스케이드 구조와 규칙 관리

윈드서프의 AI 어시스턴트인 캐스케이드는 사용자와의 대화 맥락을 더 잘 이해하고 일관성 있게 대응하기 위해 **메모리**memory와 **규칙**rule이라는 두 가지 주요 개념을 사용한다. 또한 **워크플로**workflow라는 기능을 통해 반복 작업을 자동화한다. 이것이 규칙 및 메모리와 함께 캐스케이드의 규칙 관리 체계를 구성한다.

메모리: 대화 컨텍스트의 저장소

메모리는 윈드서프 캐스케이드의 대화 컨텍스트 기억 시스템이다. 캐스케이드는 대화를 진행하면서 중요하다고 판단한 정보를 자동으로 메모리에 저장한다. 예를 들어 사용자가 특정 결정이나 정보를 공유하면, 캐스케이드 에이전트가 이를 '기억'해두었다가 나중에 관련된 질문이나 작업이 나왔을 때 다시 참고하는 식이다.

사용자는 AI에게 명령하여 직접 메모리를 생성할 수도 있다(예: '이 내용을 메모리에 저장해'라고 지시). 이렇게 생성된 메모리는 현재 작업 공간(워크스페이스)에 연관되어 저장되며, 해당 프로젝트 대화에서 필요할 때 자동으로 불러와 참조된다. 한 워크스페이스에서 저장된 메모리는 다른 워크스페이스에선 보이지 않는다.

개발자 관점에서 메모리의 역할은, 이전 대화나 코드 분석 중에 나온 중요한 컨텍스트를 AI가 잊지 않도록 하는 것이다. 예를 들어, 프로젝트의 기술 결정 사항이나 자주 언급되는 요구사항을 메모리로 남기면 나중에 AI와 이야기할 때 일일이 다시 설명하지 않아도 AI가 해당 정보를 알고 있는 상태에서 도와줄 수 있다.

규칙: AI에게 주는 명시적인 지침

규칙은 사용자가 직접 정의하는 AI 행동 지침이다. 윈드서프에서는 사용자가 원하는 코딩 스타일, 프로젝트 규칙, 금지사항 등을 규칙으로 명문화하여 캐스케이드에게 제공할 수 있다. 규칙은 **전역**global 수준과 **프로젝트**workspace 수준으로 나눠 관리된다.

- **전역 규칙**(global_rules.md): 모든 워크스페이스에 공통으로 적용되는 규칙 모음이다. 예를 들어, '모든 코드에는 주석을 충분히 작성할 것', 'API 키와 같은 비밀정보는 코드에 직접 쓰지 말 것' 등의 일반 원칙을 전역 규칙으로 지정하면 어떤 프로젝트에서든 캐스케이드가 이를 참고한다.
- **프로젝트 규칙**(.windsurf/rules/): 특정 프로젝트(작업 공간)에만 적용되는 규칙들이다. 프로젝트 루트 또는 서브 폴더에 .windsurfrules 파일이나 .windsurf/rules 폴더를 만들어 해당 프로젝트 특유의 규칙을 정의할 수 있다. 이 규칙들은 자연어 설명이나 파일 경로 패턴(이를 글롭glob이라고 한다)으로 특정 파일이나 상황에 연관지을 수도 있다. 예를 들어, 웹 백엔드 프로젝트에서는 '데이터베이스 비밀번호는 절대로 로그에 출력하지 말 것'과 같은 규칙을 backend/.windsurf/rules에 적어두고, 그 프로젝트에서만 적용하게 할 수 있다.

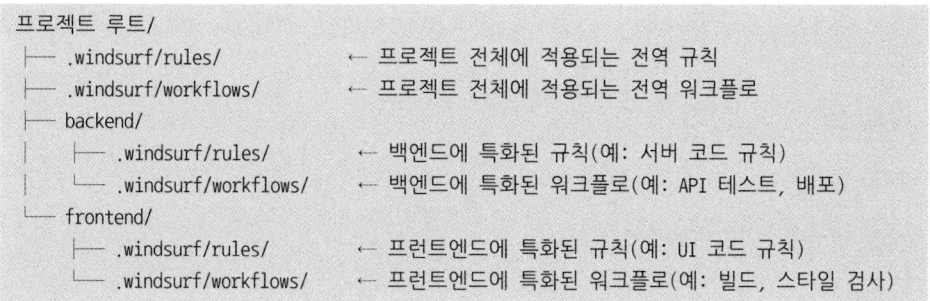

캐스케이드는 이러한 규칙들을 항상 참고하여 답변을 생성한다. 즉, AI가 코드를 작성하거나 질문에 답할 때, 해당 프로젝트의 규칙과 전역 규칙 내용이 미리 프롬프트(대화 입력) 앞부분에 삽입되어 AI에게 지속적인 지침을 주는 방식이다.

이를 통해 사용자는 AI에게 일일이 같은 지시를 반복하지 않아도 되고, 팀의 코딩 표준이나 약속을 AI가 기억하면서 작업하도록 만들 수 있다. 윈드서프에서는 규칙 편집을 위해 전용 UI를 제공하며, 'Global' 또는 'Workspace' 규칙을 추가나 편집할 수 있다.

예시
전역 규칙에 다음과 같은 세부 규칙을 추가할 수 있다.
'모든 변수 이름은 snake_case로 짓기',
'새로운 함수 작성 시 docstring을 포함하기' 등을 명시하고,
특정 프로젝트의 윈드서프 rules에는 '이 프로젝트에서는 HTTP 라이브러리로 axios 대신 fetch를 사용하기'
이렇게 하면 캐스케이드 AI는 코드 생성이나 리뷰 시 항상 이러한 지침을 염두하게 된다.

참고로, 윈드서프의 규칙 파일은 각각 약 6,000자로 제한되며, '전역+로컬' 규칙을 모두 합쳐 약 12,000자까지 컨텍스트에 포함된다. 규칙 내용이 너무 길어지면 일부가 잘리는데, 이때 전역 규칙이 우선 포함되고 그다음에 로컬 규칙이 포함된다.

워크플로: 다단계 작업 자동화

워크플로는 윈드서프 캐스케이드에서 여러 단계의 작업을 순차적으로 자동 수행하기 위한 기능이다. 규칙이 AI에게 '어떻게 행동해야 하는가'를 알려주는 단일 지침이라면, 워크플로는 '어떤 순서로 작업을 진행해야 하는가'를 일러주는 복합 시침이라고 할 수 있다. 사용자는 워크플로를 정의해 캐스케이드에게 정해진 일련의 단계를 따라가도록 할 수 있다.

워크플로는 예를 들어 서비스 배포, 코드 리뷰와 수정, 프로젝트 설정 등 반복적이거나 다단계로 이루어진 작업을 자동화하는 데 쓰인다. 워크플로는 마크다운 형식으로 작성된 파일로 저장되며, 캐스케이드 내에서 **/워크플로**처럼 슬래시 명령으로 실행된다.

캐스케이드가 워크플로를 실행하면 그 안에 정의된 단계들을 순서대로 수행하며, 각 단계마다 지정된 지시 또는 명령을 실행한다. 한 워크플로 내부에서 다른 워크플로를 호출하는 것도 가능하고 복잡한 시나리오를 모듈화할 수도 있다.

> **예시**
> /deploy-service라는 워크플로를 만들면, 이 안에 '1. 최신 코드를 빌드, 2. 테스트 실행, 3. 배포 스크립트 실행, 4. 성공 메시지 출력'과 같은 단계들이 정의될 수 있다. 개발자는 채팅창에 /deploy-service라고 입력하는 것만으로 캐스케이드가 자동으로 각 단계를 차례로 수행해 배포 작업을 도와준다. 이때 각 단계에서 캐스케이드는 앞서 말한 메모리와 규칙을 참고하기 때문에, 작업 도중에 필요한 맥락이나 지침도 지켜진다. 예를 들어, 테스트 단계에서 프로젝트의 코딩 규칙 위반을 감지하면 관련 규칙 메모를 상기시켜주는 식이다.

요약하면, 윈드서프 캐스케이드에서는 메모리를 통해 컨텍스트를 기억하고, 규칙을 통해 행동 지침을 설정한다. 그리고 워크플로를 통해 복잡한 작업 절차를 자동화함으로써 초보 개발자도 일관된 개발 환경을 유지하고 반복 작업을 줄일 수 있게 돕는다.

6.2.2 커서: 규칙 정의와 적용 방식

커서 에디터에서도 윈드서프와 유사하게 규칙 개념을 사용해 AI에게 일정한 행동 양식을 부여한다. 커서의 규칙 시스템은 프로젝트 코드베이스에 특화된 지식이나 선호 사항을 지속적인 맥락으로 제공하여, AI 코드 도우미(챗봇 또는 코드 생성기)가 이를 항상 참고하도록 한다.

윈드서프의 캐스케이드가 메모리와 규칙을 가지고 있었다면, 커서는 주로 규칙과 코드베이스 인덱싱을 통해 비슷한 역할을 수행한다. 예를 들어, 커서는 프로젝트 파일들을 인덱싱하여 관련 정보를 찾고, 추가로 프로젝트 규칙에 저장된 내용을 참고함으로써 윈드서프의 '메모리+규칙'에 대응되는 기능을 제공한다.

프로젝트 규칙 vs 전역 사용자 규칙

커서에서는 규칙이 적용 범위에 따라 프로젝트 규칙과 전역 사용자 규칙 두 가지로 나뉜다. 이는 윈드서프의 워크스페이스 규칙 및 글로벌 규칙과 유사한 개념이다.

- **프로젝트 규칙**: 특정 코드베이스에 연관된 규칙들로, 해당 프로젝트 디렉터리 내의 .cursor/rules/ 폴더에 파일 형태로 저장된다. 이 규칙 파일들은 Git 등 버전 관리에 포함시킬 수 있어 팀원들과 공유할 수 있으며, 해당 프로젝트를 열면 자동으로 커서 AI에 적용된다. 프로젝트 규칙은 주로 '해당 프로젝트만의 도메인 지식이나 코드 작성 규칙', '프로젝트별 코딩 스타일 표준' 등을 담는다.
- **전역 사용자 규칙**: 커서 사용자 개인에게 전역적으로 적용되는 규칙이다. 이는 커서 애플리케이션 설정 메뉴를 통해 정의하며, 모든 프로젝트에 공통으로 적용된다. 예를 들어, '탭 대신 공백 4칸 사용' 같은 개인 코딩 선호 사항을 전역 규칙으로 설정하면, 어떤 작업을 하든 커서 AI는 이를 항상 고려한다. 전역 규칙은 커서 설정 파일이나 UI를 통해 관리되며 항상 적용되는 특성이 있다.

참고로, 과거 버전의 커서는 프로젝트 루트에 .cursorrules라는 단일 파일로 규칙을 정의하기도 했으나, 현재는 권장되지 않는 구식 방법이다.

커서 규칙 파일의 구조와 적용 방식

커서의 프로젝트 규칙 파일은 .mdc 확장자를 가지는 마크다운 기반의 특수 포맷으로 작성된다. 각 규칙 파일은 크게 메타데이터 영역과 내용 영역으로 구성되는데, 메타데이터에는 이 규칙의 설명description, 적용될 파일 패턴glob, 적용 유형(항상 적용 여부 등)을 지정한다. 메타데이터 아래에는 실제 규칙 내용이 마크다운으로 적혀 있다.

예를 들어, `api-guidelines.mdc`라는 규칙 파일을 만들어 아래와 같이 작성할 수 있다.

```
---
description: API 관련 코딩 표준
globs: "api/"
alwaysApply: false
```

```
---
- 모든 API 엔드포인트 함수에는 인증 절차를 추가해야 한다.
- 에러 응답은 JSON 형태로 보내야 한다.

@error-response-example.json
```

위 예시에서, `description`은 규칙에 대한 설명이고, `globs: "api/"`는 이 규칙을 api/ 디렉토리 이하의 파일들에 자동으로 적용하라는 뜻이다. `alwaysApply: false`는 이 규칙이 항상 적용되는 것은 아니라는 설정이다(대신 관련 파일을 다룰 때만 적용).

아래 --- 이후 나오는 리스트들은 실제 규칙 내용으로써 'API 엔드포인트에는 인증을 걸 것', '오류는 JSON으로 반환할 것' 등의 지침을 담고 있다. 마지막 줄의 `@error-response-example.json`처럼 `@파일명` 표기를 하면 그 파일의 내용도 규칙이 발동될 때 함께 참고할 추가 컨텍스트로 포함시킬 수 있다. 이러한 규칙 파일들은 네 가지 종류의 적용 유형을 가질 수 있어 유연하게 동작한다.

- **항시 적용 규칙**: 특정 파일 연관 조건과 상관없이 항상 모델 컨텍스트에 포함되는 규칙이다. 중요한 코딩 원칙처럼 언제나 고려되어야 하는 내용은 이 유형으로 설정한다.
- **자동 적용 규칙**: 규칙 메타데이터에 지정된 파일 경로 패턴에 해당하는 파일이 현재 대화나 편집 맥락에 언급되면 자동으로 포함된다. 예를 들어, 규칙이 *.sql 패턴에 연관된다면 SQL 파일을 편집하거나 질문할 때 그 규칙이 활성화된다.
- **에이전트 요청 규칙**: 이 규칙은 AI 에이전트가 필요하다고 판단하는 경우에만 스스로 컨텍스트에 포함시킬 수 있는 규칙이다. 규칙 파일에 충분한 설명을 달아두면, 커서의 AI가 해당 규칙의 취지를 이해하고 필요 시 활용한다. 예를 들어, 규칙 설명이 '보안 관련 체크리스트'라면 AI가 보안 관련 코드를 작성할 때 이 규칙을 참고로 결정할 수 있다.
- **수동 규칙**: 자동으로는 포함되지 않고 사용자가 대화 중에 @규칙이름을 직접 언급함으로써 적용되는 규칙이다. 이 방식은 개발자가 특정 순간에만 어떤 규칙을 참고하도록 AI에 지시하고 싶을 때 사용한다.

커서 에이전트는 위와 같이 설정된 규칙들을 바탕으로, AI 모델이 답변을 생성할 때 해당 규칙 내용을 프롬프트 맨 앞에 포함시켜 일종의 가이드라인으로 삼는다. 이렇게 하면 AI 모델이 여러 질문/답변에 걸쳐서도 일관된 기준을 유지할 수 있다. 예를 들어, 앞서 정의한 `api-guidelines.mdc` 규칙 덕분에 커서 AI는 API 관련 코드를 생성하거나 수정할 때 항상 인증을 누락하지 않도록 주의를 기울이게 된다.

또한 커서는 프로젝트 폴더 내에서 규칙을 계층적으로 구성할 수 있다. 즉, 서브 폴더마다 별도의 .cursor/rules/ 디렉터리를 만들어 특정 하위 영역에만 적용되는 규칙들을 관리할 수 있다. 예를 들어 프로젝트 구조가 다음과 같다면, 커서는 해당 경로의 파일을 편집하거나 언급할 때 자동으로 그 디렉터리의 규칙까지 참조한다. 이는 모노레포monorepo나 큰 프로젝트에서 영역별로 특화된 규칙을 운용할 때 유용하다.

```
프로젝트 루트/
├── .cursor/rules/      ← 프로젝트 전체에 적용되는 규칙들
├── backend/
│   └── .cursor/rules/  ← 백엔드 관련 규칙 (예: 서버 코드 규칙)
└── frontend/
    └── .cursor/rules/  ← 프런트엔드 관련 규칙 (예: UI 코드 규칙)
```

마지막으로, 커서에서는 규칙 생성 도구도 제공하여 손쉽게 규칙을 추가할 수 있다. 예를 들어, 단축키 명령([Cmd] + [Shift] + [P])에서 'New 커서 Rule'을 선택하면 .cursor/rules 폴더에 새로운 규칙 템플릿을 만들어주어 사용자가 내용을 채울 수 있다. 또한 대화 중에 /Generate Cursor Rules라고 명령하면, 현재까지의 대화에서 도출된 합의나 결정들을 요약하여 규칙으로 만들어주는 기능도 있다. 이를 통해 초보 개발자도 AI와 대화하면서 자동으로 프로젝트 규칙을 구축해 나갈 수 있다.

6.3 윈드서프와 커서의 규칙 관리 방식 차이점

두 시스템의 규칙 관리 철학은 비슷하지만, 구현과 활용 면에서 몇 가지 차이가 있다.

- **규칙 저장 위치 및 형식**: 윈드서프에서는 전역 규칙을 global_rules.md 파일에, 프로젝트 규칙을 해당 리포지터리 루트의 .windsurfrules 파일(또는 디렉터리)에 마크다운 형식으로 저장한다. 한편 커서에서는 프로젝트 규칙을 .cursor/rules/ 폴더 아래 개별 .mdc 파일들로 관리하고, 전역 규칙은 UI 설정 또는 별도의 global_rules.mdc에 저장된다. 커서의 .mdc는 YAML 형식의 메타데이터 블록을 포함하는 마크다운 문서로, 규칙의 조건과 설명을 구조적으로 명시할 수 있는 반면, 윈드서프의 규칙은 주로 단순 마크다운 텍스트로 구성된다.
- **규칙의 적용 방식**: 윈드서프 캐스케이드는 정의된 모든 관련 규칙을 프롬프트에 항상 포함시키는 경향이 있다 (단, 너무 길면 일부가 잘린다). 즉 '전역 규칙 + 현재 워크스페이스 규칙'이 항상 AI에게 주어져, AI가 이를 어기지 않도록 한다. 반면 커서는 규칙의 타입에 따라 선택적으로 규칙을 적용한다. 예를 들어, 항시 적용 규칙 유

형은 항상 적용되지만 자동 적용 규칙 유형은 관련 파일을 다룰 때만, 수동 규칙 유형은 사용자가 호출할 때만 적용된다. 또한 커서의 AI는 상황에 따라 에이전트 요청 규칙을 선택적으로 사용할 수도 있다. 이러한 미세조정 덕분에 커서는 맥락에 맞는 규칙만 선별 적용하여 프롬프트 길이를 관리하고 유연성을 높인다.

- **맥락 보조 기능**: 윈드서프에는 메모리라는 별도 개념이 있어, 대화 중 얻은 중요 정보를 장기 보존하고 추후 관련 상황에 자동 제공함으로써 규칙을 보완한다. 커서에는 이러한 명시적 '메모리' 기능은 없지만, 프로젝트 코드베이스 인덱싱과 이전 대화 컨텍스트 유지를 통해 유사한 효과를 낸다. 즉 커서는 프로젝트 파일 내용을 자동으로 검색하여 필요한 정보를 제공하고, 추가로 규칙 파일을 통해 추가적인 맥락이나 지식을 지속 제공한다.

- **워크플로 지원**: 윈드서프는 워크플로라는 개념을 통해 사용자가 미리 정해놓은 다단계 작업을 캐스케이드가 수행하도록 할 수 있다. 예를 들어, '빌드-테스트-배포' 과정을 하나의 워크플로로 만들어 슬래시 명령으로 실행 가능하다. 커서에는 윈드서프 같은 명시적인 워크플로 파일 기능은 없지만, 에이전트 모드나 컴포저 기능 등을 통해 여러 단계의 작업을 한 번에 처리하는 기능이 있다. 다만 이는 윈드서프처럼 사용자가 사전에 정의한 워크플로를 실행하는 형태가 아니라, AI가 사용자 요청에 따라 즉석에서 여러 작업을 연달아 수행하는 방식이다. 요컨대, 윈드서프는 사용자가 정의한 절차를 따르는 자동화에 강점이 있고, 커서는 대화 흐름 속에서 유연하게 다단계 작업을 수행하는 데 초점을 맞춘다.

정리하면, 윈드서프와 커서 모두 AI 어시스턴트에게 규칙을 부여함으로써 일관된 코딩 스타일과 품질을 유지하도록 돕는다. 윈드서프는 메모리와 규칙을 통해 맥락과 지침을 제공하고 워크플로로 이를 실행에 옮기도록 돕는 반면, 커서는 프로젝트/전역 규칙을 세분화하여 필요할 때마다 적용하고 코드베이스 지식을 활용함으로써 규칙의 효과를 발휘한다.

초보 개발자는 자신의 개발 환경에 맞춰 두 도구의 규칙 기능을 활용하면, AI를 팀의 코딩 파트너로서 더 효율적으로 활용할 수 있을 것이다.

알아두기 | **바이브 코딩 시 한국어보다 영어가 더 잘 작동할까?**

바이브 코딩, 그러니까 GPT와 같은 LLM을 이용해 개발하는 방식에서, 흔히 궁금해하는 질문이 하나 있다.

정도현

> 내가 이 모델과 한국어로 대화할 때와 영어로 대화할 때, 작업 품질에 차이가 있을까?

결론부터 말하면, 내 경험과 LLM의 작동 원리 모두를 종합해보면, **언어 자체가 작업의 질을 바꾸지는 않는다.**

먼저 원리를 간단히 살펴보자. LLM은 입력된 텍스트를 토큰이라는 단위로 쪼갠 뒤, 이 토큰들을 기반으로 다음 내용을 예측하며 작업을 수행한다. 영어는 일반적으로 단어나 단어 일부가 하나의 토큰으로 나뉘는데, 한국어는 음절이나 형태소 단위로 더 세밀하게 쪼개진다.

예를 들어, 'Hello'는 보통 1개의 토큰으로 처리되지만, '안녕하세요'는 LLM 서비스의 내부 동작에 따라 차이가 있을수는 있으나 '안', '녕', '하세요'와 같이 여러 개의 토큰으로 나뉠 가능성이 크다. 그렇다고 해서 이것이 작업 품질에 영향을 준다고 보기는 어렵다. 결국 LLM은 입력된 내용을 이해하고 맥락을 파악하는 과정에서 언어의 차이를 상당히 잘 극복하기 때문이다.

그러나 주목해야 할 점은 따로 있다. **바로 토큰 사용량이다.** 영어는 비교적 간결하게 토큰이 소비되는 반면, 한국어는 같은 내용을 전달하더라도 더 많은 토큰이 필요하다. 이는 단순히 비용 문제뿐만 아니라, 프롬프트 처리 속도나 전달 가능한 전체 컨텍스트의 크기에도 영향을 미친다.

특히 바이브 코딩 환경에서 사용하는 .cursorrules(커서), .windsurfrules(윈드서프), CLAUDE.md(클로드 코드)와 같은 규칙 파일들은 매번 모델과의 소통 때마다 반복해서 입력되기 때문에, 이 규칙들을 최적화하는 것이 매우 중요하다. 언어를 선택하는 문제는 여기서 실질적인 의미를 갖게 된다. 규칙과 문서들을 더 간결한 언어로 정리하면, 불필요한 토큰 소비를 줄여 더 많은 컨텍스트를 전달할 수 있다.

대부분의 개발 작업에서는 사실 한국어로 진행한다고 해서 큰 문제가 생기지는 않는다. 하지만 대규모 프로젝트나 복잡한 컨텍스트를 다뤄야 하는 경우라면, 영어 사용을 한번 고려해 보는 것도 좋은 접근법이 될 수 있다. 토큰 사용을 최소화하면서 더 빠르고 효율적인 바이브 코딩 환경을 구축할 수 있기 때문이다.

결국, 한국어와 영어 중 어떤 언어가 더 '잘' 작동하느냐 하는 질문의 본질은 작업의 품질이 아니라 **효율성의 문제로 바라봐야 한다.** 비용과 속도, 효율적인 컨텍스트 관리가 필요한 상황이라면 영어로 프롬프트와 규칙을 작성하는 전략이 현명한 선택일 것이다.

CHAPTER 7

패턴 언어

바이브 코딩은 자연어로 원하는 내용을 전달하면 AI가 코드를 생성해주는 마법 같은 기술이다. 하지만 마법에도 요령은 필요한 법이다. 사람에게 일을 시킬 때도 맥락을 정확히 알려줘야 하듯이, AI에게 코딩을 시킬 때도 명확한 컨텍스트를 주어야 결과물이 만족스럽다.

문제는 그러한 맥락을 정리하는 문서 작업(예: **제품 요구사항 문서**product requirement document (PRD)나 설계 문서 작성)이 개발자에겐 꽤 지루한 반복 작업이라는 점이다. 다행히도 개발자에게는 패턴 언어라는 커뮤니케이션 도구가 있다. 예를 들어, '하나의 클래스에 대해 오직 하나의 인스턴스만 생성되고, 어디서든 그 인스턴스에 접근할 수 있도록 보장하라'라는 긴 문장 대신 싱글톤 패턴이라는 두 단어로 이에 대한 설명을 생략할 수 있다. 이번 장에서는 바이브 코딩에 유용한 여러 패턴 언어에 대해 알아본다.

7.1 패턴 언어란

패턴 언어pattern language는 건축가 크리스토퍼 알렉산더Christopher Alexander가 제안한 개념이다. 알렉산더는 건축에서 반복적으로 나타나는 공통 패턴을 정리해, 건축주가 **짧은 패턴명만으로도 복잡한 설계 의도를 쉽게 전달할 수 있도록 했다.**

예를 들어, 건축주가 건물을 지을 때 필요한 조건을 일일이 나열할 수도 있다. '남향 창, 단열, 밀폐성, 자연 환기, 재생 에너지 등 친환경 요소를 조합해달라'는 식이다. 그러나 이렇게 말하는 대신 '패시브 하우스로 지어줘'라고 짧게 표현하면 된다. 짧은 패턴명이 복잡한 맥락을 정확하고 간단하게 전달해주는 것이다.

즉, 건축에서 패턴 언어는 커뮤니케이션 비용을 줄여주기 위한 아이디어였다. 이 아이디어는 건축 분야에서는 제대로 뿌리내리지 못했지만, **소프트웨어 개발에 있어서는 디자인 패턴이라는 개념으로 진화하며 자리를 잡았다.**

오늘날 소프트웨어 개발에서도 디자인 패턴, 아키텍처 패턴 등을 이름만 대면 모두가 알만큼 대중화된 패턴과 구조가 있다. 디자이 패턴의 이름만 들어도 이를 공부한 개발자라면 그 의도를 짐작할 수 있다. 마치 가속에게 요리 이름만 말하면 재료와 조리법을 다 설명하지 않아도 되듯, '팩토리 패턴'이나 '빌더 패턴' 같은 이름만으로도 그 구조와 의도를 바로 공유할 수 있다. 패턴 언어가 개발자들 사이에서 공통 어휘가 되어 복잡한 설계 아이디어를 간단히 표현하게 된 것이다.

이제 AI와 바이브 코딩을 할 때도 이 점을 활용해보자. 최신 AI는 이미 수많은 문서와 코드를 학습했기 때문에, 우리가 패턴 언어로 된 간결한 지시를 주어도 그 맥락을 풍부하게 이해한다. 예를 들어, '이 프로젝트는 **12 팩터 앱**[12 Factor App] 원칙을 따른다'라는 한 마디면, AI는 설정은 환경 변수로 관리하고 상태 없는[stateless] 서비스를 만들자는 뜻까지 파악할 수 있다.

우리가 문장을 장황하게 설명하지 않아도 AI는 패턴 키워드를 통해 사전에 학습된 배경 지식을 프로젝트에 적용시킬 수 있다. 이렇게 패턴 언어는 AI와 인간 개발자 사이의 커뮤니케이션 비용을 크게 줄일 수 있다. 이제부터 바이브 코딩에 유용한 여러 패턴들을 살펴보자.

7.2 개발 문서 패턴: PRD, 설계 문서, README, 이슈

AI에게 원하는 프로그램을 정확히 만들어 달라고 하려면, 요구사항과 설계 내용을 사람이 이해하듯 문서화해서 전달하는 것이 효과적이다. 여기서는 일반적으로 많이 쓰는 개발 문서 네 가지를 알아본다. PRD, 설계 문서[design document], README, 이슈[issue]이다.

각 문서가 어떤 역할을 하며, 간단하지만 알찬 마크다운 템플릿(이 템플릿도 패턴 언어이다!)은 어떻게 구성할 수 있는지 살펴보자. 미리 작성된 양식을 따르면 인간뿐 아니라 AI도 문서를 더욱 빠르고 정확하게 작성할 수 있다. 이 책에서도 문서화는 중요한 주제인 만큼 우리도 표준화된 문서 패턴을 익혀두면, AI를 이용해서 우리의 지시 사항을 구조화하는 데 큰 도움이 될 것이다.

7.2.1 PRD

제품 요구사항 문서(PRD)는 만들고자 하는 서비스의 목적과 기능을 명확히 정의한 문서다. 보통 기획 단계에서도 초반부에 작성되며 개발 팀과 이해관계자 모두가 볼 수 있는 일종의 계약서와 같은 역할을 한다.

PRD에는 제품이 해결하려는 문제, 주요 기능 목록, 목표 사용자와 시나리오 정도가 핵심이며 조금 더 디테일하게 작성하는 경우는 각 기능 목록, 우선순위, 인수 조건$^{acceptance\ criteria}$ 등이 담긴다. 쉽게 말하면, '어떤 문제를, 어떤 기능들로, 어떻게 해결할 것인가'를 한눈에 정리한 문서다. 이 문서를 보면 개발자는 무엇을 만들어야 하는지 방향을 잡을 수 있고, PM이나 디자이너는 개발 산출물이 기대와 어긋나지 않는지 검토할 수 있다.

AI와 함께 코딩할 때 PRD를 활용하면, AI에게 프로젝트의 큰 그림과 목표를 이해시키는 효과를 얻는다. 예를 들어, 챗GPT에게 그냥 '채팅 앱을 만들어줘'라고 하는 대신, PRD를 작성해 제공하면 AI는 요구사항을 체계적으로 파악하고 더 일관된 구조의 코드를 산출해준다.

PRD 작성이 번거로울 수 있지만, 한 번 작성해두면 프로젝트 전체 생명주기 동안 길잡이별 역할을 한다. 게다가 요즘은 AI를 역으로 활용해서 PRD 초안을 뽑은 뒤 사람은 검토만 하는 식으로 문서 작업의 부담을 줄일 수도 있다.

다음은 **PRD의 예시 템플릿**이다. 헤더와 간략한 설명만 포함했지만, 이 틀에 따라 내용을 채우면 된다. 필요한 경우 회사나 팀 상황에 맞게 섹션을 추가해도 좋다.

```
# 제품 개요 및 목표
제품이 해결하려는 문제와 목표를 명확히 정의한다.

# 주요 기능 요구사항
제품이 수행해야 할 핵심 기능들을 나열하고 상세히 기술한다.

# 사용자 페르소나
이해하기 쉽도록 가상의 사용자를 설정한다.
```

```
# 사용자 스토리
- "사용자로서 나는 [어떤 기능]을 원한다. 그래서 [어떤 목표]를 달성할 수 있다."
- (예시 형태로 각 기능에 대해 사용자 관점 설명)

# 우선순위
각 기능의 중요도나 개발 우선순위를 지정한다 (예: P1, P2, P3 등).

# 수용 기준 (Acceptance Criteria)
각 기능이 충족해야 할 구체적인 조건이나 품질 기준을 명시한다.

# UI/UX 고려사항
UI/UX 측면에서 고려해야 할 사항들. 예를 들면, 모바일 지원이나 프로그레시브 웹 지원과 같은
내용을 명시한다.
```

위 템플릿은 제품의 목적에서 시작해 기능, 사용자 시나리오, 우선순위, 완료 기준, 사용자 경험까지 한 흐름으로 이어지도록 구성되어 있다. 이렇게 작성하면 AI에게 제품의 방향성과 요구사항을 통째로 주입할 수 있다. 간혹 PRD에 시장 배경이나 비기능 요구사항(성능, 보안 등)을 포함하기도 하는데, 초급 단계에서는 위 주요 항목들만 잘 담아도 충분하다.

7.2.2 설계 문서

설계 문서는 요구사항을 구현하기 위한 '어떻게'를 다루는 문서다. 즉, 코드 작성에 들어가기 전에 해결책의 구조와 세부 사항을 설명하며, 엔지니어 간의 소통과 설계 검토를 목적으로 작성된다. 좋은 설계 문서를 작성하면, 문제 해결 방법을 글로 정리하는 과정에서 한 번 더 깊이 고민할 수 있다. 또한 동료들로부터 피드백을 받아 설계를 개선할 수도 있다.

내용에는 시스템의 구조, 주요 컴포넌트와 모듈, 데이터 모델, 흐름(예: 중요한 알고리즘이나 동작 과정), 그리고 특별히 고려해야 할 사항 등이 포함된다. 설계 문서는 프로젝트의 청사진이라 할 수 있다. 초안을 작성할 때 너무 상세한 코드 수준까지 적을 필요는 없지만, 큰 그림부터 구현 계획까지 다른 개발자가 읽고 그대로 개발을 이어갈 수 있을 정도로 명확해야 한다.

바이브 코딩 시 설계 문서를 활용하는 방법은, AI에게 이 문서를 먼저 읽힌 뒤 코드를 생성하게 하거나, 필요한 코드를 수정 및 보완할 때 참조하도록 하는 것이다. 예를 들어, '우리 서비스는 클린 아키텍처를 따르고, 레이어 간 의존성은 이 방향으로만 흐른다'라는 내용을 설계 문서에 적어두면, AI가 코드를 작성할 때 해당 원칙에 어긋나지 않도록 신경 쓰게 된다.

실제로 클린 아키텍처를 적용하면 시스템을 더 유연하고 테스트 가능하게 만들 수 있다. 이러한 설계상의 약속을 미리 문서로 제시하면 AI도 그 패턴에 따라 코드를 작성하는 경향이 있다.

다음은 **설계 문서의 기본 템플릿**이다. 프로젝트마다 다루는 내용이 다르겠지만, 일반적으로 많이 쓰는 섹션들로 구성했다.

```
# 개요 (Overview)
문제 정의와 배경, 해결하려는 핵심 아이디어를 요약한다. (3~4줄 정도의 요약)

# 요구사항 분석
구현해야 할 주요 요구사항을 기술하고, 기술적인 제약이나 고려사항이 있다면 언급한다.

# 아키텍처 설계
시스템 전반의 아키텍처를 설명한다. 주요 컴포넌트와 그 관계, 계층 구조 등을 다이어그램이나
글로 서술한다. 인프라 구성이 필요한 경우는 소프트웨어 아키텍처뿐만 아니라 인프라 아키텍처
도 서술한다.

# 주요 구성 요소 설계
- 컴포넌트/모듈 A: 역할과 책임, 내부 동작 설명
- 컴포넌트/모듈 B: 역할과 책임, A와의 인터페이스 등 설명
- (필요한 만큼 하위 모듈에 대해 반복)

# 데이터 모델
중요 데이터 구조나 데이터베이스 모델을 설계한다. (ERD나 클래스 다이어그램 등 추가 가능)

# 알고리즘/동작 흐름
핵심 알고리즘이나 유스케이스별 동작 과정을 서술한다. (예: 시퀀스 다이어그램, 흐름도 등 첨부
가능)

# 대안 및 고려 사항
고려했던 대안 설계들과 선택된 방안을 비교한다. 그리고 현 설계의 한계나 향후 개선해야 할
점을 정리한다.

# 구현 계획
단계별 개발 로드맵이나 마일스톤, 모듈별 작업 우선순위 등을 제안한다.

# 테스트 계획
시스템이 제대로 동작하는지 확인하기 위한 테스트 전략을 기술한다 (예: 단위 테스트, 통합 테스
트 방안).
```

이 템플릿은 개요로 시작해 설계 상세를 계층적으로 다루고, 마지막에 구현 및 테스트 계획까지 언급하는 구조다. 작은 프로젝트의 경우 이 중 일부 섹션만 작성해도 무방하다. 중요한 점은 설계 의도를 분명히 전하는 것이다.

특히 '아키텍처 설계' 부분에서 어떤 패턴을 활용했는지 밝혀두면, 그 한 마디로 AI에게 큰 맥락이 전달된다. 예를 들어, '이번 시스템은 MVC 패턴 기반으로 설계함'이라고 적으면, AI는 'Model-View-Controller' 구조를 예상하고 코드를 조직해준다. 이런 것이 **바로 패턴 언어의 힘**이다. 사람이든 AI든 설계 문서를 통해 공통된 그림을 그리고 나면, 이후 코딩은 훨씬 수월해진다.

7.2.3 README

README는 개발된 프로젝트의 얼굴과 같은 문서다. 소스 코드를 처음 접하는 사람(또는 미래의 자기 자신)을 위해 해당 프로젝트의 개요와 사용법을 설명한다. 오픈 소스 프로젝트라면 README를 보고 사용자가 설치하고 실행할 수 있어야 하고, 프로젝트 구성원에게는 프로젝트의 구조나 개발 방향을 알려주는 이정표 역할도 한다.

예를 들어 깃허브에 올라온 대부분의 프로젝트는 README.md 파일을 통해 무엇을 하는 프로그램인지, 필요한 선행 조건은 무엇인지, 어떻게 설치하고 실행하는지 등을 안내한다. 잘 쓴 README 하나면 별도의 구두 설명 없이도 다른 사람이 프로젝트를 이해하고 활용할 수 있다.

바이브 코딩 맥락에서 README는 AI에게 현재 프로젝트의 상태와 사용 방법을 알리는 정보로 활용될 수 있다. 예컨대 AI에게 '이 프로젝트의 README 내용은 다음과 같다'라고 알려주면, AI는 프로젝트의 기능 범위, 도메인, 실행 방법 등을 파악하고 개발하거나 디버깅할 때 참고한다.

혹은 이미 존재하는 코드에 새로운 기능을 추가하거나 버그를 고칠 때, README에 적힌 사용법과 동작 설명은 AI가 의도한 동작과 실제 동작을 비교하는 데 도움이 된다. 프로젝트가 끝난 뒤에도 README를 잘 정리해두면, 사용자가 사람뿐 아니라 다른 자동화 시스템도 코드를 올바르게 사용할 수 있다.

다음은 README의 **기본 템플릿**이다. 프로젝트 유형에 따라 섹션을 추가하거나 뺄 수 있다.

```
# 프로젝트 이름 (Project Name)
한 줄로 프로젝트를 설명하는 문구.

## 소개 (Introduction)
프로젝트의 목적과 주요 기능을 간략히 설명한다. 어떤 문제를 해결하는지 써준다.

## 설치 및 실행 (Installation & Usage)
프로젝트를 로컬 환경에 설치하고 실행하는 방법을 단계별로 기술한다.
1. 필요한 전제 조건 (언어 버전, 종속 라이브러리 등)
2. 설치 방법 (예: `$ npm install`)
3. 실행 또는 사용 방법 (예: `$ npm start` 등과 결과 설명)

## 사용 예시 (Examples)
프로젝트의 주요 기능을 보여주는 사용 예제 코드나 스크린샷을 제공한다.

## 프로젝트 구조 (Project Structure)
프로젝트 내 폴더와 파일 구조를 간략히 설명한다 (필요한 경우).


├── src/ ... 소스 코드 디렉터리
├── docs/ ... 문서 디렉터리
└── README.md ... 프로젝트 설명서 (현재 문서)


## 기여 방법 (Contributing)
오픈 소스 프로젝트인 경우, 외부 기여자가 지켜야 할 가이드(코딩 컨벤션, PR 절차 등)를
설명한다.

## 라이선스 (License)
프로젝트의 라이선스 정보를 명시한다.
```

위 템플릿에서 필수적인 부분은 소개, 설치 및 실행 예시 세 가지다. 이 정도만 있어도 읽는 이는 프로젝트의 용도와 사용법을 파악할 수 있다. 추가로 개발자들에게 유용한 정보를 넣을 수 있다.

예를 들어, 프로젝트 구조를 적어두면 코드를 처음 읽는 사람이 어디서 무엇을 찾으면 될지 알 수 있다. AI 입장에서도 'src 폴더에는 핵심 로직, docs 폴더에는 문서' 식으로 구조를 알면, 질문에 답변할 때 맥락을 더 잘 활용할 수 있다. 또한 README는 프로젝트의 실행 스크립트나

설정 방법도 담고 있으므로, AI가 테스트나 빌드를 도와줄 때 참고 자료가 된다.

요컨대 README는 작지만 신규 참가자나 기존 개발자에게 프로젝트의 요약된 정보를 전달한다. 사람과 AI 모두에게 친절한 README를 작성해두면 여러모로 든든하다.

7.2.4 이슈 작성 패턴

이슈는 개발 중 발생하는 버그나 추가할 기능 등에 대해 기록해두는 과제 카드로, 티켓이라고 부르기도 한다. 일반적으로 이슈 트래커(지라, 깃허브 이슈 등)에 등록하며, 제목과 설명을 통해 무엇을 문제로 삼고 무엇을 해야 하는지 명확히 한다.

팀 개발에서는 이슈만 보고도 맥락을 파악하여 일을 진행할 수 있어야 하기 때문에, 잘 정리된 이슈는 곧 의사소통의 단위가 된다. AI와 함께 코딩할 때도 마찬가지다. 우리가 'Issue #12: 로그인 버튼이 동작하지 않는 버그'라는 식으로 AI에게 맥락을 주면, AI는 해당 이슈 설명을 읽고 문제를 이해한 뒤 적절한 코드를 제안하거나 수정할 수 있다. 반면 이슈가 두서없이 쓰여 있다면 AI도 혼란스러워할 것이다. 따라서 초급 개발자라고 해도 좋은 이슈 작성 패턴을 알아두면 큰 이득이 된다.

일반적으로 이슈에는 버그 신고와 기능 개선(또는 신규 기능) 요청 두 가지가 많다. 각각 템플릿이 조금씩 다르니 나누어 살펴보자.

버그 이슈 템플릿

버그를 보고할 때는 재현 방법과 기대 결과/실제 결과를 또렷하게 적는 게 핵심이다. 아래는 마크다운으로 정리한 버그 리포트 템플릿이다.

```
# 버그 설명
발생한 버그를 한 문장으로 요약합니다 (예: 로그인 버튼 클릭 시 앱이 크래시됨).

## 재현 방법 (Reproduction Steps)
버그를 재현할 수 있는 구체적인 단계:
1. ___ 페이지로 이동한다.
2. [로그인] 버튼을 클릭한다.
3. 화면이 멈추고 앱이 강제 종료된다.
(이처럼 누구나 같은 현상을 볼 수 있게 순서를 적는다.)
```

```
## 기대 동작 (Expected Behavior)
정상이라면 일어나야 할 동작을 설명 (예: 로그인 폼이 제출되고 홈 화면으로 이동해야 한다).

## 실제 동작 (Actual Behavior)
버그 상황에서 실제로 일어난 동작을 설명 (예: 로그인 버튼 클릭 시 앱이 종료됨).

## 환경 (Environment)
버그가 발생한 환경 정보:
- OS 및 버전: (예: Android 12, iOS 16 등)
- 앱 버전: v1.2.3
- 기타 참고사항: (예: Wi-Fi 상태, 특정 사용자 계정 등 관련 내용)
```

이 템플릿을 따르면 어디서 무엇이 잘못됐는지를 누구나 파악할 수 있다. AI도 재현 단계와 기대/실제 결과를 보면 '어떤 조건에서 어떤 오류가 발생했구나'하고 인과관계를 이해한다. 그러면 문제를 찾아 수정하거나, 적절한 테스트 케이스를 생성하는 데 도움을 줄 수 있다.

기능 개선 이슈 템플릿

새로운 기능 추가나 개선 사항에 대한 이슈는 배경과 제안 내용을 중심으로 작성한다. 가능하다면 수용 기준 또는 완료 조건을 명시하여 언제 이 이슈를 '완료'로 볼 것인지 정의해주는 것이 좋다.

```
# 기능 제안 (Feature Request)
## 배경 (Background)
어떤 문제를 해결하거나 어떤 목적을 달성하기 위한 개선인지 설명한다.
예: '사용자가 검색 결과를 즐겨찾기할 수 없어서 불편하다.'

## 제안 (Proposal)
어떤 기능이나 변경을 제안하는지 구체적으로 서술한다.
예: '각 검색 결과 항목에 즐겨찾기 ★ 아이콘을 추가하고, 사용자가 이를 클릭하면 해당 항목을 즐겨찾기 목록에 저장하도록 기능 추가.

## 기대 효과 (Expected Outcome)
이 기능으로 인해 사용자 혹은 시스템에 어떤 이득이 있는지 설명한다.
예: '사용자는 원하는 결과를 손쉽게 다시 찾을 수 있고 앱 재방문율이 높아질 것으로 기대된다.'

## 수용 기준 (Acceptance Criteria)
기능이 완료되었다고 인정하기 위한 조건을 명시한다(선택 사항).
- 즐겨찾기 아이콘을 클릭하면 아이콘 모양이 변화 (채워진 별)한다.
```

> - 즐겨찾기한 항목은 별도 목록에서 조회가 가능하다.
> - [추가 조건...]

이 템플릿은 배경으로 문제를 공감시키고, 제안으로 해결책을 제시한 후, 기대 효과로 왜 이 작업이 가치 있는지 강조한다. 필요한 경우 수용 기준을 넣어 개발 완료 조건을 명확히 해준다. AI에게 이런 이슈를 전달하면, 단순히 '무슨 기능 만들래'라고 시키는 것보다 맥락과 이유까지 이해시키게 된다. AI는 배경을 알 때 더 나은 구현 제안이나 잠재적 문제에 대한 고려까지 해줄 수 있다. 예컨대 위 이슈를 보면 AI는 '즐겨찾기 기능을 추가하려면 사용자의 즐겨찾기 목록을 저장할 방법, UI 변경, 상태 관리 등이 필요하겠구나'하고 미리 떠올릴 수 있다.

종합하면, 이슈 작성도 패턴화된 형식을 따르면 효율적이다. 팀원이나 AI나 모두가 이슈를 통해 다음 행동을 예측할 수 있기 때문이다. 초급 개발자라 하더라도 습관적으로 템플릿에 따라 이슈를 작성해보자. 나중에 AI에게 도움을 청할 때 그 노력의 투자분을 톡톡히 돌려받을 것이다.

7.3 소프트웨어 설계 원칙과 패턴

잘 만들어진 소프트웨어 뒤에는 대체로 일관된 원칙이 흐르고 있다. 이것을 처음부터 알아두면 개발 과정에서 시행착오를 줄일 수 있다. 초급 개발자에게도 익숙해져야 할 대표적인 설계 원칙/패턴으로 SOLID 원칙, **클린 아키텍처**clean architecture, 도메인 주도 설계domain driven design(DDD)가 있다.

이들은 많은 개발 서적과 선배들이 강조하는 부분이니 들어본 적이 있을 것이다. 이름만 들으면 거창해 보일 수 있지만, 핵심 아이디어는 비교적 단순하다. 각각 무엇을 의미하는지 간단히 살펴보자.

이런 개념들을 알면, AI에게 '우리는 SOLID 원칙을 지킬거야' 또는 'DDD 방식으로 개발하자'라고 한 마디 지시를 내릴 수도 있다. 그러면 AI는 그 짧은 말 속에 담긴 방대한 맥락을 이해하고 코드를 구조화해줄 것이다.

7.3.1 SOLID 원칙

SOLID는 객체 지향 프로그래밍의 다섯 가지 기본 원칙을 묶은 약어이다. 로버트 C. 마틴(일명 엉클 밥)이 제안했고, 이후 여러 디자인 패턴의 기반이 된 철학이기도 하다. SOLID 원칙을 따르면 변화에 유연하고 유지보수하기 좋은, **견고한 소프트웨어 설계**를 할 수 있다. 다섯 가지를 풀어 설명하면 다음과 같다.

- **단일 책임 원칙**single responsibility principle(SRP): 하나의 클래스나 모듈은 하나의 책임만 가져야 한다.
- **개방–폐쇄 원칙**open-closed principle(OCP): 소프트웨어 요소는 확장에 열려 있고 수정에 닫혀 있어야 한다. 새로운 기능 추가는 가능하되, 기존 코드를 함부로 변경하지 않도록 설계하라는 뜻이다. 이 개방–폐쇄 원칙이 SOLID 원칙의 정수라고 생각한다. 그리고 나머지 네 가지 원칙들은 모두 이 원칙을 위해 존재한다고 해도 과언이 아니다.
- **리스코프 치환 원칙**liskov substitution principle(LSP): 자식 클래스는 언제나 부모 클래스로 대체 가능해야 한다. 즉 상속 관계에서 하위 타입은 상위 타입과 호환되도록 설계해야 한다.
- **인터페이스 분리 원칙**interface segregation principle(ISP): 범용 인터페이스 하나보다 작은 인터페이스 여러 개가 낫다. 클라이언트에 꼭 필요한 메서드들만 인터페이스로 제공하고 불필요한 것은 섞지 말라는 의미다.
- **의존 역전 원칙**dependency inversion principle(DIP): 구체적(구현) 클래스보다 추상(인터페이스)에 의존하라는 원칙이다. 상위 계층 모듈이 하위 계층 구현에 직접 의존하지 않고, 추상화된 인터페이스에 의존함으로써 유연성을 높인다.

이 다섯 가지 원칙을 모두 지키면 좋겠지만, 현실 코드에서 언제나 이상적으로 따르기는 어렵다. 그래도 방향을 알고 있는 것과 전혀 모르고 코딩하는 것에는 차이가 크다.

SOLID를 의식하면 자연스럽게 코드를 잘게 나누고 의존성을 줄이며, 변화에 강한 코드를 짤 수 있다. 실제로 SOLID 원칙을 따르면 변경에 유연하고 유지보수가 쉬운 코드를 만들어 리팩터링 시간을 줄이고 생산성을 높일 수 있다고 알려져 있다.

AI에게 리팩터링을 시키거나 코드 개선을 부탁할 때도 마찬가지다. '이 코드를 SOLID 원칙에 맞게 다듬어줘'라고 요청하면, AI는 위 다섯 가지 기준을 바탕으로 코드를 평가하고 개선점을 찾아준다.

앞서 이야기했듯, 바이브 코딩이 가장 잘 작동하는 상황은 작게 나뉘고 제한된 맥락을 가진 모듈이나 함수를 생성할 때다. 한마디로 SOLID 원칙 자체가 AI에게 스스로 잘 동작할 수 있는 방식을 안내하는 강력한 코딩 지침인 셈이다. 따라서 바이브 코딩 도구가 규칙 설정을 지원한다면, 반드시 SOLID 패턴을 활용하도록 지시하는 것이 좋다.

7.3.2 클린 아키텍처

클린 아키텍처clean architecture는 소프트웨어 아키텍처(구조)를 설계할 때 지켜야 할 원칙들을 모은 개념이다. 핵심 목표는 소프트웨어를 조직적으로 구성하여 변경에 유연하게 대응하고, 유지보수와 테스트의 효율성을 높이는 것이다. 쉽게 말해 '나중에 고치기 좋고 오래 유지되는 구조'를 만드는 방법론이다.

클린 아키텍처의 핵심은 **의존성 규칙**dependency rule에 있다. 즉, 안쪽 계층은 바깥 계층에 절대 의존하지 않는다는 원칙이다. 여기서 안쪽inner과 바깥outer은 중요한 순서대로 나눈 소프트웨어의 계층을 가리킨다. 일반적으로 다음과 같은 4계층 모델로 설명된다.

- **엔터티**entity **계층**: 가장 안쪽. 비즈니스 핵심 규칙, 핵심 객체들이 있다.
- **유스 케이스**use case **계층**: 엔터티를 활용해 애플리케이션의 구체적인 동작(유스 케이스)을 구현한 계층이다.
- **인터페이스 어댑터**interface adapter **계층**: 유스 케이스를 외부 세계(웹, DB 등)와 연결해주는 계층. DTO, 컨트롤러 리포지터리 등이 이 계층에 속한다.
- **프레임워크 & 드라이버 계층**: 가장 바깥 계층. 데이터베이스, UI, 웹 프레임워크 등 외부 기술 세부 사항이 위치한다.

의존성 규칙에 따라 화살표는 언제나 안쪽을 가리키도록 계층 간 관계를 맺는다. 예를 들어, 프레임워크 계층의 코드는 인터페이스 어댑터나 유스 케이스의 코드를 호출할 수 없고, 유스 케이스 계층 코드가 엔터티를 참조하되 그 반대는 없다. 이렇게 하면 핵심 비즈니스 로직(안쪽)은 외부 변화(특정 DB나 UI 변경)에 영향을 덜 받고 독립적으로 존재할 수 있다.

이론이 좀 복잡해 보일 수 있다. 이를 요약하면 '핵심 비즈니스 로직은 밖에 대해 모르고, 밖은 인터페이스를 통해 부른다'이다. 이러한 구조를 따르면 새로운 요구사항에도 유연하게 대응할 수 있고, 테스트도 비즈니스 로직만 떼어 쉽게 할 수 있다는 장점이 있다.

클린 아키텍처는 초급 개발자에겐 다소 난해할 수 있지만, 그 정신은 쉽게 적용할 수 있다. 예를 들어, 레이어드 아키텍처(계층형 구조)나 MVC 패턴으로도 클린 아키텍처의 일부 개념을 실천하게 된다. 서비스 계층, 리포지터리 계층을 나누고 인터페이스로 의존성을 관리하는 것 등이 모두 맥락을 같이 한다.

중요한 건 '의존성 방향을 관리'하여 변경에 강한 구조를 만들자는 것이다. AI한테 '클린 아키텍처 원칙에 따라 계층을 나눠줘'라고 하면, 이 개념을 아는 AI는 엔터티, 유스 케이스, 인터페이스 어댑터 등을 고려한 구조를 제안할 수도 있다. 우리가 세부 계층 이름까지 몰라도 괜찮다.

다만 핵심 로직과 세부 구현을 분리하고, 의존성을 제어한다는 철학만은 기억하자. 그게 바로 클린 아키텍처의 정수다.

7.3.3 도메인 주도 설계 (DDD)

도메인 주도 설계^{domain driven design}(DDD)는 소프트웨어를 비즈니스 도메인 중심으로 설계하는 접근법이다. 여기서 '도메인'이란 해당 소프트웨어가 다루는 문제 영역이나 비즈니스 영역을 뜻한다. 예를 들어, 은행 시스템이라면 예금, 대출, 계좌 등이 도메인 개념이고, 온라인 쇼핑몰이라면 상품, 주문, 결제 등이 도메인일 것이다. DDD에서는 이런 도메인 개념을 그대로 코드에 녹여내는 것을 매우 중시한다. 간단히 말하면, 프로그래머가 비즈니스 전문가처럼 생각해서 소프트웨어를 설계하는 것이다.

DDD의 가장 큰 특징은 개발팀과 비즈니스 담당자가 공통 언어^{ubiquitous language}를 사용하도록 하는 것이다. 예를 들어, 모두가 '주문은 결제 승인 후에야 완료 상태로 바뀐다'는 도메인 언어에 합의하면, 코드에도 `Order.complete()`와 같이 도메인 용어를 그대로 사용한다. 이렇게 하면 의사소통 오류를 줄이고 코드의 의도를 명확히 할 수 있다.

또한 DDD는 계층 구조 측면에서도 도메인 로직을 중심에 두고, 인프라나 UI 같은 세부 사항은 분리하는 구조를 권장한다. 이는 앞서 말한 클린 아키텍처와 맥락을 같이하며, 실제로 DDD 구현에는 레이어드 아키텍처나 CQRS, 이벤트 소싱 등의 패턴이 활용된다.

초급 개발자에게 DDD의 모든 전술 패턴(엔터티, 값 객체, 애그리게이트, 리포지터리 등)을 익히는 건 벅찰 수 있다. 여기서는 핵심만 기억하자. '비즈니스 로직을 가장 중요하게 생각하고, 이를 코드에 명확히 표현하는 설계 방식'이라는 것이다. 기술적인 구현보다 도메인 개념에 집중하자는 철학이다.

예를 들어, AI와 작업할 때 '이 부분은 DDD 스타일로, `Order` 엔터티와 `OrderRepository`를 만들어줘'라고 요청하면, AI는 주문 도메인에 맞는 클래스를 만들고 비즈니스 규칙을 그 안에 넣으려 할 것이다. DDD는 말 그대로 패턴들의 집합이라서 AI도 꽤 잘 알고 있는 경우가 많다. 도메인 용어를 잘 선정해서 일관되게 사용하면, AI가 생성한 코드에서도 그 언어가 유지되어 사람이 읽기 좋은 결과를 얻는다.

요약하면, DDD는 코드를 비즈니스에 밀착시키는 설계 철학이다. 초반에 시간이 더 들고 복잡해 보일 수 있지만, 커다란 시스템을 만들 때 빛을 발한다. 우리 책의 범위를 넘어서 깊이 다루진 않지만, 초급 개발자라도 DDD라는 용어와 개략적인 의미는 알아두자.

나중에 AI와 대화에서 '도메인 주도로 접근하자'라고 한 마디만 해도 AI가 문제를 바라보는 관점을 바꾸게 할 수 있다. 결국 패턴 언어의 힘은 이런 데서 발휘되는 것이다.

7.4 테스트 개발 패턴: TDD와 BDD

소프트웨어 개발에서 테스트는 선택이 아닌 필수다. 잘 동작하는 코드를 만들었다면, 그 코드가 계속 잘 동작하도록 지켜주는 안전망으로서 테스트 코드를 작성해야 한다. 하지만 현실에서는 테스트 작성을 뒷전으로 미루기 쉽다. 그래서 아예 개발 과정에 테스트를 녹여낸 방법론이 나왔다.

바로 TDD(테스트 주도 개발)와 BDD(행동 주도 개발)이다. 이 둘은 모두 '테스트를 활용해 개발을 이끈다'는 공통점이 있지만, 관점과 활용법에 차이가 있다. 초급 개발자 입장에서 두 개념을 이해해두면 좋다. 게다가 AI에게 '테스트 주도 방식으로 코드를 짜줘'라든지, 'BDD 스타일 시나리오를 만들어줘'라고 하면, 이 패턴들을 인지하고 있는 AI는 우리의 의도를 바로 파악해준다. 그러니 가볍게 개념을 알아보자.

7.4.1 테스트 주도 개발 (TDD)

테스트 주도 개발test driven development(TDD)은 원래 사람이 개발할 때 사용되는 방식이다. 코드를 작성하기 전에 테스트 코드를 먼저 만들어 놓고, 이후 이 테스트를 만족시키는 코드를 작성하는 것이다. 이렇게 하면 기능이 제대로 동작하는지 미리 확인할 수 있어 코드의 신뢰성이 크게 높아진다.

그런데 바이브 코딩 환경에서는 **TDD가 단순한 선택이 아니라 필수다**. AI는 테스트 코드와 실행 코드를 거의 동시에 생성할 수 있기 때문이다. 개발자들이 흔히 TDD를 귀찮아하거나 지식 부족으로 꺼리지만, 바이브 코딩 환경에서는 상황이 다르다. 사람은 그저 AI에게 정확하게 지시만 내리면 된다. 그러면 AI가 테스트 코드까지 자동으로 작성한다.

이상적인 테스트 코드는 세부 디자인 문서 역할도 한다. 바이브 코딩에서는 AI가 PRD나 디자인 문서의 내용을 만족하는지 테스트 코드로 검증하게 할 수도 있다. AI가 새로 작성한 코드뿐 아니라 기존 코드를 변경하거나 리팩터링할 때도 TDD는 효과적이다. 이렇게 하면 코드가 망가지지 않고 여전히 제대로 작동하는지 손쉽게 확인할 수 있다.

7.4.2 행동 주도 개발 (BDD)

행동 주도 개발behavior-driven development(BDD)은 TDD에서 한 걸음 더 나아가 사용자의 행동(시나리오)에 초점을 맞춘 개발 방법론이다. 쉽게 말해, 소프트웨어의 기능을 사용자 입장에서 '어떤 상황에서 어떤 행동을 하면 무엇이 발생한다'라는 식으로 서술하고, 그 시나리오를 자동화된 테스트로 활용하는 접근이다.

BDD는 비기술자(기획자, 사업 담당자)와 개발자 사이의 의사소통을 원활하게 하기 위해 고안되었다. 모두가 이해할 수 있는 자연어 스타일로 테스트 시나리오를 작성하기 때문에, 요구 사항 정의와 테스트가 한데 묶이는 효과가 있다.

BDD에서 흔히 쓰이는 형식이 Gherkin이라는 문법의 'Given-When-Then' 서술이다. 예를 들어 앞의 계산기 덧셈 기능을 BDD 시나리오로 쓰면 다음과 같다.

```
1 Scenario 덧셈 기능
2 Given 계산기가 실행 중이고
3 When 2와 3을 더하면
4 Then 결과로 5가 표시된다.
```

이런 식으로 시나리오를 적어두면, 이를 실행 가능한 테스트로 연결하는 프레임워크(cucumber 등)가 있다. 결과적으로 BDD도 내부적으로는 테스트 코드가 동작하지만, 중요하게 여기는 건 비즈니스 가치를 나타내는 행동 시나리오다.

BDD는 '사용자 관점에서 바라는 행동을 기술하고 그에 따라 개발한다'는 점에서, 개발 팀 모두가 목표를 공유하고 협업하도록 도와준다. TDD와 비교하면, TDD는 개발자 관점의 세부 기능 단위 테스트에 가깝고, BDD는 좀 더 상위 수준의 통합 테스트 또는 시나리오 테스트에 가깝다고 볼 수 있다.

AI와 함께 BDD를 활용하는 예를 생각해보자. 우리가 AI에게 '로그인 기능에 대한 시나리오를 BDD 스타일로 만들어줘'라고 요청하면, AI는 자연어로 'Given-When-Then' 형식의 시나리오를 생성할 것이다. 그러면 그 시나리오를 바탕으로 다시 AI에게 '이걸 만족하는 코드를 작성해줘'라고 할 수 있다.

인간이 해야 할 일을 AI에게 일부 시킬 수 있는 것이다. 또한 이미 작성된 코드에 대해 '이 코드의 행동을 BDD 시나리오로 요약해줘'라고 하면, AI가 기능을 요약 정리해줄 수도 있다. 이는 요구사항 문서화에도 도움이 된다. 결국 BDD의 핵심은 공용의 언어로 기대 동작을 서술하는 것이니, AI를 그 언어 활용에 적극 동참시킬 수 있다.

TDD와 마찬가지로 바이브 코딩 환경에서는 BDD를 전략적으로 도입하는 것만으로도 큰 효과를 볼 수 있다. 필자가 제안하는 바이브 코딩에 있어서 BDD 프로세스는 다음과 같다. 개발 초기에 PRD와 디자인 문서를 바탕으로 AI를 사용해 자연어로 기술된 테스트 시나리오를 먼저 작성한다.

이후 개발이 어느 정도 진행된 모듈이나 서비스가 있을 때, 이 시나리오를 기반으로 AI 모델을 활용하여 실제 테스트 코드를 작성하게 한다. 마지막으로 작성된 테스트 코드를 1차적으로 AI가 리뷰하고, 사람이 검수한 이후 추가 구현이나 수정 작업은 AI가 맡아 처리하도록 하면 된다.

7.5 운영 및 인프라 관련 패턴

IT 업계는 끊임없이 새로운 트렌드가 등장한다. 그렇다고 해서 기존의 원칙이 다 쓸모 없어지는 것은 아니다. 오히려 앞서 언급한 원칙들과 조화를 이루면서 신기술 환경에 맞는 패턴들이 나오곤 한다.

여기서 요즘 개발자들이 알아두면 좋을 네 가지 키워드를 간략히 소개한다. 불변 인프라, 12팩 앱, 서버리스 아키텍처, 제로 트러스트 보안 등이 있다. 각 용어 자체도 패턴 언어의 일종이라, AI에게 이 단어들을 언급하면 어떤 맥락인지 파악하게 할 수 있다. 초급 개발자라고 모두 깊이 이해할 필요는 없지만, 대략적인 뜻과 목적은 알아두자.

7.5.1 불변 인프라스트럭처

불변 인프라스트럭처immutable infrastructure는 한마디로 '배포 후에는 서버를 변경하지 않는다'는 인프라 운영 패턴이다. 전통적으로는 서버에 배포를 한 뒤 설정을 바꾸거나 패치를 적용하면서 서버 상태가 점차 변해간다.

하지만 불변 인프라에서는 그런 **가변적 변화**mutable change를 아예 허용하지 않는다. 만약 수정이나 업데이트가 필요하면, 기존 서버를 고치는 대신 새로운 서버 이미지를 만들어 교체 배포한다. 쉽게 비유하면 문제가 생긴 가전제품을 수리하는 대신 새 제품으로 통째로 갈아 끼우는 셈이다.

이를 가능하게 하는 것이 가상화 기술과 컨테이너, CI/CD 파이프라인 등이다. 예를 들어, 애플리케이션을 수정하면 새로운 VM 이미지나 도커 컨테이너를 빌드해 배포 서버를 교체하고, 이전 서버는 폐기한다.

이 접근의 장점은 환경을 항상 일관된 상태로 유지할 수 있다는 것이다. 운영 중에 사람 손을 타서 이것저것 설정이 바뀌어버린 이른바 **눈송이 서버**snowflake server가 나오지 않는다. '눈송이 서버'라는 표현은 눈송이가 모두 고유하듯, 수작업 운영으로 인해 각기 다른 특성을 갖게 된 서버를 가리킨다. 즉, 자동화되지 않은 환경에서 서버마다 제각각 설정이 달라지는 상황을 뜻한다.

모든 서버 인스턴스는 동일한 이미지에서 생성되므로 예측 가능하고, 문제가 생기면 다시 동일 이미지로 복구가 쉽다. 또한 배포 이력 관리가 명확해져서 특정 버전의 이미지만 롤백하면 이전 상태로 돌아갈 수 있다. 불변 인프라를 구현하려면 IaC 개념이 필수다. 코드로 인프라 환경을 정의하고(예: 테라폼 스크립트), 배포 파이프라인으로 자동 생성하거나 폐기하는 식이다.

대부분의 AI 모델도 불변 인프라 개념을 이해하고 있으며, 지시하는 것만으로도 배포 또는 운영 관련 코드를 작성할 때 도움을 받을 수 있다. 예를 들어, 'AWS에 불변 인프라 방식을 적용해 EC2 배포 스크립트를 짜줘'라고 하면, AI는 AMI를 사용한 배포나 Auto Scaling Group 교체 배포 등의 방향으로 작업한다. 이는 매우 DevOps적인 영역이라 초급 개발자가 바로 적용할 일은 적을 수 있다.

하지만 개발자로서 불변 인프라 패턴을 알아두면, 배포 환경에서 버그가 발생했을 때 '이 서버 그냥 갈아엎고 새로 올리자'라는 판단을 할 수 있다. 서버 인스턴스뿐만 아니라 아예 환경 자체를 완전히 새로 올리는 것도 가능하기 때문에 재해 발생 시 복구에도 도움이 된다. 현대의 클라우드 네이티브 환경은 점점 불변성을 지향하는 추세다. 기억하자. 배포된 서버/인프라는 손대지 말고, 바꾸고 싶으면 새로 만든다. 이것이 불변 인프라의 핵심이다.

7.5.2 12 팩터 앱

12 팩터 앱12 Factor App은 클라우드 시대의 애플리케이션 개발을 위한 12가지 모범 사례를 정리한 것이다. 클라우드 플랫폼 회사인 헤로쿠Heroku의 경험을 바탕으로 2011년에 발표되었고, 지금까지도 클라우드 네이티브 애플리케이션의 지침서처럼 널리 참고된다. 12 팩터의 목적은 확장성 있고, 이식성 높고, 협업하기 좋은 SaaS 앱을 만드는 방법론이라고 요약할 수 있다.

여기서 12가지는 각각 앱을 설계나 운영할 때 지켜야 할 원칙들인데, 몇 가지 예를 들어보자. 구성Config은 코드와 분리해서 환경 변수 등으로 관리하고, Build, Release, Run 단계를 철저히 구분하고 표준화한다. 무상태stateless process로 설계해서 애플리케이션의 어떤 인스턴스가 종료돼도 서비스엔 영향 없게 한다. 동시성concurrency 처리를 위해 프로세스 수평 확장이 쉽게 설계해야 한다. 로그log는 이벤트 흐름으로 간주하고 별도 저장이나 분석 시스템을 두는 것 등이 있다.

각 항목을 처음 보면 낯설 수 있지만, 현대적인 웹 서비스 개발에서는 거의 상식처럼 받아들여지는 것들이다. 예를 들어, '개발 환경, 운영 환경에 따라 설정값(.env 등)을 분리해 관리해야 한다'는 건 이제 너무 당연한 이야기다(12 팩터의 첫 번째 원칙 'Codebase', 두 번째 'Dependencies', 'Config' 원칙 관련).

개발자라고 12가지 모두를 외울 필요는 없다. 중요한 건 이 개념이 여러 현대적인 클라우드 환경 모범 사례의 기초가 된다는 것이다. 그래서 만약 프로젝트를 클라우드에 배포하려 할 때 '12 팩터 앱 원칙을 따르자'는 말이 나오면, '아, 그건 설정 분리나 무상태 설계 등 좋은 관행을 챙기자는 뜻이구나'라고 이해하면 된다. AI와 코딩 시에도, '이 프로젝트를 12 팩터 앱 스타일로 만들어줘'라고 요청하면, AI는 환경변수 설정 방법, 로그 처리, 포트 바인딩 등 세세한 부분까지 신경 써줄 수 있다.

요약하면, 12 팩터 앱 = 클라우드용 애플리케이션의 12가지 모범 설계 원칙이다. 프로젝트를 처음 세팅할 때 한 번쯤 원문을 찾아보길 권한다. 간단히라도 머리에 담아두면, 나중에 실제 서버 운영이나 DevOps 작업 시 '아, 이래서 이렇게 해야 하는구나' 하고 깨닫는 순간이 반드시 온다.

7.5.3 서버리스 아키텍처

서버리스 아키텍처serverless architecture는 최근 몇 년간 각광받는 클라우드 컴퓨팅 모델이다. 이름만 들으면 '서버가 없다니? 그럼 대체 어디서 코드가 실행되지?'라는 의문이 들지만, 실제 의미는 '서버 관리를 신경 쓰지 않아도 되는' 아키텍처를 말한다. 즉, 물리적 서버나 가상 서버를 직접 생성하고 관리하는 대신, 클라우드 제공자가 모든 서버 인프라를 관리해주고, 개발자는 오로지 코드(비즈니스 로직) 작성에 집중하는 모델이다.

가장 흔한 형태는 **서비스형 함수**Function as a Service(FaaS), 예컨대 AWS 람다, Azure Functions, GCP Cloud Functions 같은 서비스다. 개발자는 특정 이벤트가 발생했을 때 실행할 함수를 업로드해두고, 클라우드가 필요할 때 그 함수를 자동으로 실행해준다. 서버 프로비저닝, OS 관리, 스케일링 등은 모두 플랫폼이 맡는다. 이렇게 하면 장점이 많다. 사용한 만큼만 비용을 지불pay-per-use하므로 비용 효율적이고, 트래픽에 따라 인스턴스를 알아서 늘이고 줄여주니 자동 확장이 된다. 또한 배포도 코드 단위로 작게 나누어 빠르게 할 수 있어 민첩한 개발이 가능하다.

물론 단점이나 고려 사항도 있다. 예컨대 Lambda 함수는 콜드 스타트 문제가 있어 처음 호출 시 지연이 발생할 수 있고, 장기 실행이나 상태를 유지해야 하는 작업에는 부적합하다. 그래도 많은 앱에서 서버리스를 잘 활용하면 인프라 관리 부담이 크게 줄어드는 것은 분명하다.

초급 개발자도 이미 일상에서 서버리스 서비스를 접하고 있을 가능성이 높다. Firebase나 Auth0 같은 **서비스형 백엔드**Backend as a Service(BaaS)도 넓게 보면 서버리스의 일종이다. 우리 책의 범주를 조금 넘어서긴 하지만, 한 가지만 기억해두자.

> "Serverless != No Server"가 아니라 "Servers? Less!"

즉 서버 걱정을 덜고 개발하자는 취지다. AI에게 서버리스 환경의 코드를 짜달라고 할 수도 있다. '이걸 Lambda 함수용 코드로 짜줘' 혹은 '서버리스로 이미지를 처리하는 파이프라인 생각해 줘' 등을 요구하면, AI는 이벤트 중심의 구조를 고려해 솔루션을 제안할 것이다. 서버리스 아키텍처를 알면, 새로운 프로젝트를 시작할 때 꼭 서버부터 마련하지 않아도 된다는 발상의 전환을 할 수 있다. 클라우드가 다 해주니까 우리는 핵심 로직에 집중하면 된다. 앞으로 더욱 발전할 흐름이니 관심 있게 지켜보자.

7.5.4 제로 트러스트 보안

제로 트러스트zero trust는 사이버 보안 분야의 개념적 패턴이다. 기존의 보안 모델이 내부망의 사용자나 기기는 믿고, 외부만 차단하는 성벽 구축 방식이었다면, 제로 트러스트는 아예 '아무도 신뢰하지 않는다'를 전제로 모든 접근을 검증하는 접근법이다. 말 그대로 'Zero Trust(모든 것을 믿지 않는다)'인 것이다.

이 모델에서는 네트워크 내부/외부를 불문하고 모든 사용자, 디바이스, 애플리케이션 요청에 대해 신원 확인과 권한 검증을 거친다. 내부 직원이라도 중요한 데이터베이스에 접근하면, 매번 다중 인증을 요구하고 권한이 맞는지 검사하는 식이다. 또한 권한은 최소한으로 부여하고, 세션마다 재검증하여 혹시라도 계정 탈취나 내부 침입이 발생하더라도 피해를 최소화한다. '네트워크 경계가 사라진다'는 말도 하는데, 클라우드와 재택근무 등으로 전통적 내부망 경계가 유명무실해진 현대 환경에서, 위치에 상관없이 동일한 수준의 검증을 적용한다는 의미이다.

제로 트러스트를 구현하려면 기술적으로 IAM$^{Identity\ \&\ Access\ Management}$, 네트워크 마이크로 세그먼테이션, 암호화 등 많은 요소가 필요하다. 하지만 개발자 입장에서는 거창하게 생각하지 말고 원칙만 알면 된다. '기본적으로 누구도 신뢰하지 말고, 항상 확인하라'. 예를 들어 내부 API 통신도 무조건 인증 토큰을 요구한다거나, DB 쿼리도 사용자 권한에 따라 필터링하는 등의 설계를 하는 것이다.

설계 단계에서 AI에게 '이 시스템에 제로 트러스트 원칙을 적용하고 싶어'라고 하면, AI는 모든 통신의 암호화, 역할 기반 접근 제어를 강화, 네트워크 요청마다 토큰 검증 로직 추가 등의 아이디어를 제안할 것이다. 또는 보안 진단할 때 '제로 트러스트 관점에서 이 디자인에 취약점이 있나?'라고 물어볼 수도 있다. 제로 트러스트는 개발보다는 운영이나 보안에 가까운 개념이지만, 오늘날 소프트웨어에서 매우 중요한 키워드다. 핵심은 **'검증되지 않은 모든 것을 의심한다'**는 원칙이다.

7.6 마치며

바이브 코딩과 패턴 언어에 대해 살펴봤다. 내용이 다소 방대했지만 핵심은 분명하다. '혼자 개발하지 말고, 축적된 지혜를 빌려라' 패턴 언어는 선배 개발자들과 업계가 축적한 지혜의 정수다. 이를 잘 활용하면 초급 개발자라도, 고수가 밟았던 지름길을 함께 갈 수 있다.

특히 AI와 협업하는 바이브 코딩에서는 우리가 패턴이라는 신호만 보내주면, AI가 척척 관련 지식을 동원해 도와줄 것이다. 반대로 우리가 패턴을 모르고 엉뚱하게 설명하면 AI도 헛다리를 짚는다. 맥락을 전달하는 최선의 방법은, 상대도 아는 언어로 말하는 것이다. 패턴 언어야말로 개발자와 AI 모두가 공유하는 언어다.

물론 아무리 좋은 패턴이라도 맹신하면 안 된다. 상황에 맞게 변형하고 최적화하는 것은 결국 사람의 몫이다. 패턴은 도구일 뿐, 최종 결정과 창의적 응용은 우리의 역할이라는 뜻이다.

패턴 언어를 무기 삼아, 바이브 코딩의 항해에 나서보자. AI라는 강력한 조수와 함께라면, 분명 이전보다 빠르고 즐거운 개발을 경험하게 될 것이다. 앞으로 여러분의 코딩 여정에 탄탄한 패턴의 배경 음악이 함께하길 기대한다.

CHAPTER 8

MCP: AI 코딩 비서를 위한 만능 어댑터

AI는 논리적 사고를 하고 타이핑을 할 수 있다. 하지만 그것만으로는 개발을 수행할 수 없다. AI가 개발과 관련된 여러 가지 작업을 수행하려면 IDE 안에서 다양한 외부 도구와 데이터를 자유자재로 활용할 수 있어야 한다. 이러한 필요성에 따라 등장한 표준이 바로 **모델 컨텍스트 프로토콜**model context protocol(MCP)이다.

MCP는 AI 코딩 비서의 '만능 도구'라고 부를 만한 개방형 프로토콜이다. 이번 장에서는 MCP가 무엇이며 어떻게 작동하는지, 윈드서프와 커서 같은 AI 코딩 환경에서 MCP를 활용해 개발 흐름을 혁신하는 방법을 살펴보겠다. 또한 왜 MCP가 바이브 코딩의 핵심 요소인지, 기존 CLI 도구와 무엇이 다른지 짚어보고, 실무에서 유용하게 쓰이는 MCP 서버들의 사례와 설정 방법까지 상세히 알아보도록 하자.

8.1 MCP란

MCP는 LLM이 외부 데이터 소스와 도구에 접근하는 방식을 표준화하기 위해 고안된 프로토콜이다. 쉽게 말해, AI 모델과 다양한 서비스와 도구 사이를 연결하는 공용 인터페이스다. 예를 들어, USB-C 포트가 여러 주변 기기 연결을 하나로 통일해주듯, MCP는 AI 응용 프로그램들이 여러 데이터 소스와 도구에 일관된 방식으로 연결될 수 있도록 해준다.

MCP는 원래 앤트로픽이 클로드라는 AI 비서에 통합하기 위해 처음 제안했지만, MCP 자체는 오픈 소스 표준으로 공개되어 누구나 참여하고 확장할 수 있다. 클로드 데스크톱이 MCP를 선도적으로 지원한 이후 윈드서프, 커서, 클라인 같은 다양한 클라이언트들이 등장하며 MCP는 AI 개발 분야의 뜨거운 화제가 되었다.

MCP의 목표는 LLM이 실시간으로 외부 세계의 데이터를 이해하고, 개발자의 맥락에 맞춰 작업할 수 있도록 돕는 것이다. 요컨대 파일 시스템, 데이터베이스, 웹 API, 클라우드 서비스 등 우리가 일상적으로 쓰는 거의 모든 도구를 AI가 자기 손발처럼 활용하게 해주는 범용 어댑터인 셈이다.

정리하면, MCP는 LLM에게 추가적인 '맥락'과 '능력'을 부여하는 플러그인 시스템이라 할 수 있다. 기존에는 AI에게 특정 프로젝트의 구조나 외부 데이터 내용을 알려주려면 사람이 일일이 텍스트로 설명해야 했다. 하지만 MCP 덕분에 이러한 정보 제공이 표준화된 인터페이스를 통해 자동으로 이뤄질 수 있게 되었다. 결과적으로 AI 코딩 비서는 인간 개발자가 설명하지 않은 부분까지 이해하고, 마치 팀에 합류한 숙련된 자동화 엔지니어처럼 외부 도구를 활용해 일을 처리할 수 있다.

8.1.1 MCP의 작동 원리

MCP는 클라이언트-서버 구조를 따른다. 여기서 **MCP 클라이언트**는 클로드 데스크톱이나 IDE(예: 윈드서프, 커서)처럼 AI 에이전트를 구동하는 프로그램을 의미한다. **MCP 서버**는 구체적인 기능을 제공하는 경량 서비스들을 말한다. 한 마디로 AI 에이전트(MCP 클라이언트)가 다양한 툴 집합(MCP 서버들)에 질의를 보내 작업을 수행하는 방식이다. 이러한 구조 덕분에, 호스트 애플리케이션(IDE나 채팅 앱 등)과 각종 도구 사이의 결합도가 낮아진다. AI 에이전트는 필요할 때마다 표준화된 규약으로 MCP 서버에 요청을 보내고 서버는 해당 작업을 수행한 후 결과를 돌려준다.

예를 들어, 커서 IDE의 컴포저(composer) 에이전트는 MCP 설정 페이지에 등록된 도구들을 확인하고, 필요할 때 자동으로 활용해준다. 개발자가 질문을 던지면, 에이전트는 가용한 MCP 툴 목록을 검토하여 해당 작업에 도움이 되는 도구(예: DB 조회, 웹 검색 등)가 있다면 자동으로 호출한다.

이때 각 MCP 서버는 자신만의 전문 분야를 가진 모듈로 동작한다. 어떤 MCP 서버는 데이터베이스 쿼리를 처리해주고, 다른 하나는 웹에서 정보를 검색하며, 또 다른 서버는 파일 시스템에 접근하는 식이다. MCP 서버들은 경량 프로그램으로 구현되어 특정 기능만을 표준화된 방법으로 노출하며, 클라이언트는 이들을 마치 함수 호출하듯 사용할 수 있다.

MCP 통신에는 두 가지 방식이 있다. 하나는 **표준 입력/출력**standard input & output(stdio)을 이용하는 로컬 실행 방식이고, 다른 하나는 **서버 전송 이벤트**server sent event(SSE)를 통한 HTTP 네트워크 방식이다.

- **stdio 방식**은 MCP 서버를 사용자의 로컬 머신에서 바로 실행한다. 예를 들어, Node.js 기반 MCP 서버라면 커서나 윈드서프가 npx 명령으로 해당 서버를 실행하고 그 프로세스의 stdout/stdin을 통해 데이터를 주고받는다. 이 방식은 설정이 간단하고 로컬 환경에 한정되어 있어 개인용으로 빠르게 활용하기 좋다. 클라이언트가 프로세스를 자동 관리하므로 개발자는 별도 서버 구동을 신경 쓸 필요가 없다.
- **SSE 방식**은 MCP 서버를 독립된 웹 서비스처럼 원격 또는 로컬에서 띄워두고, 클라이언트가 HTTP 프로토콜로 연결하는 형태다. 이때 MCP 서버는 SSE 스트림 엔드포인트(/sse)를 노출하며, 커서나 윈드서프에는 그 URL만 설정하면 된다. SSE 방식은 한 번 띄운 MCP 서버를 여러 클라이언트나 팀원이 공유할 수 있고, 원격 클라우드에서 돌리는 고성능 서비스와 연계할 때 유용하다. 다만 사용자가 직접 서버를 구동하고 관리해야 하므로, 초기 설정이 stdio보다 약간 복잡할 수 있다.

두 방식 모두 최종 결과는 동일하다. MCP 클라이언트(예: AI IDE)가 표준화된 방법으로 MCP 서버에 명령을 보내고, 서버는 그에 맞는 '툴 호출 결과'를 돌려준다. 예를 들어, 사용자가 '이 프로젝트 데이터베이스에서 Users 테이블의 스키마를 알려줘'라고 물으면, 에이전트는 데이터베이스 MCP 서버의 querySchema 같은 도구를 호출한다. 그 결과로 DB 스키마 정보를 가져와 답변에 활용한다. 이러한 MCP 툴 호출은 프로토콜 차원에서 일관된 포맷을 가지므로, AI는 다양한 종류의 툴을 마치 내장 기능처럼 자유롭게 활용할 수 있다.

MCP 서버의 구현은 비교적 긴단하고 자유로운 편이다. 어떤 언어로든 stdout에 출력하거나 HTTP 응답을 보낼 수 있기만 하면 MCP 서버를 만들 수 있다. Node.js, 파이썬, Go, 러스트 등 개발자가 선호하는 언어와 스택으로 빠르게 서버를 구현할 수 있다. 실제로 현재 수백 종에 달하는 MCP 서버들이 각기 다양한 언어로 작성되어 공유되고 있다. 이러한 유연성 덕분에, 커뮤니티는 필요에 따라 새로운 MCP 서버를 제작하고 확산시켜 MCP 생태계를 풍부하게 가꿔 나가고 있다.

8.2 바이브 코딩과 MCP

바이브 코딩 환경에서 MCP의 가치는 단연 빛을 발하고 있다. 바이브 코딩이 지향하는 바는 '**개발자는 아이디어와 문제 정의에만 집중하고, 구현의 대부분을 AI에게 위임한다**'는 것인데, MCP 없이는 이 비전을 완전히 실현하기 어렵기 때문이다.

AI 모델은 기본적으로 훈련 데이터와 사용자가 입력한 프롬프트만을 근거로 답변을 생성한다. 즉, 주어진 맥락 외의 새로운 정보에 접근할 수 없는 한계가 있다. 이런 상황에서 MCP는 AI에게 실시간 정보 접근 능력을 부여하여, 모델이 스스로 필요한 데이터를 가져오고 도구를 사용하도록 돕는다. 결과적으로 AI는 개발자가 명시적으로 제공하지 않은 지식이나 리소스까지 활용하여 더 정확하고 유용한 결과를 만들어낼 수 있다.

구체적으로 바이브 코딩에서 MCP를 사용함으로써 얻게 되는 이점은 다음과 같다.

▌ 컨텍스트 전환 감소와 개발 흐름 유지

MCP를 이용하면 커서나 윈드서프 같은 IDE 안에서 곧바로 웹 검색, API 호출, 데이터베이스 쿼리 등을 처리할 수 있다. 사용자는 더 이상 브라우저 탭을 전환하거나 터미널로 나갔다 올 필요 없이, 모든 작업을 대화형 AI 세션 내에서 해결하게 된다.

현대 개발 환경에서는 사용할 도구와 참고할 문서가 너무 많아, 이리저리 왔다갔다 하는 데 시간이 낭비되기 일쑤다. MCP 도구를 AI에게 연결해두면 반복적인 문맥 전환 없이도 원스톱 개발 경험을 유지할 수 있다. 예를 들어, 커서 편집기에서 AI에게 '이 API의 엔드포인트 스펙 알려줘'라고 물으면, AI가 Apidog MCP 서버를 통해 해당 API 문서를 바로 찾아 답하는 식이다. 이는 개발 생산성의 비약적 향상으로 이어진다.

▌ 에이전트의 능력 확장

MCP는 일종의 'AI용 플러그인 시스템'이다. 이를 통해 AI 에이전트에게 필요한 능력을 자유롭게 추가하거나 제거할 수 있다. 데이터베이스 조회, 클라우드 자원 관리, 파일 시스템 조작, 협업 툴 연동 등 프로젝트에 특화된 기능들을 MCP 툴로 추가하면, AI는 곧바로 해당 영역의 전문 도구 사용자로 변신한다. 이는 개발자가 AI에게 원하는 업무를 더 폭넓게 위임할 수 있게 함을 의미한다.

예를 들어 노션에 정리된 기획 문서를 AI가 읽고 개발에 반영해야 한다면, 노션 MCP 서버를 붙여주는 것만으로 AI가 직접 노션 API에서 필요한 내용을 가져와 참고하도록 할 수 있다. 마찬가지로, 프로젝트의 MySQL 데이터베이스 정보를 알아야 한다면 DB MCP 툴을 통해 AI가 직접 질의하고 데이터를 확인하게 만들 수 있다. MCP 없이는 일일이 사람이 해줘야 할 일을 AI 스스로 처리하며, AI의 역할 범위가 대폭 넓어지는 것이다.

LLM 교체와 환경 이동의 용이함

MCP를 도입하면 AI 에이전트 쪽에서는 표준화된 인터페이스만 유지하면 되므로, 백엔드의 LLM 종류나 개발 환경이 바뀌어도 동일한 MCP 서버들을 활용할 수 있다. 예를 들어, 프로젝트에 GPT를 쓰다가 클로드로 바꾸더라도, MCP를 통해 연결된 툴(예: 깃허브, Jira, DB 등)은 그대로 재사용된다. 이는 LLM 프로바이더나 IDE 종속성을 줄여주고, 미래의 변화에 유연한 아키텍처를 마련해준다.

또한 MCP 서버들은 가급적 자신의 인프라 내에서 동작하도록 설계되어 보안 측면에서도 이점이 있다. 데이터가 외부로 유출되지 않고 안전하게 내부에서 처리되므로, 기업 환경에서도 신뢰하고 쓸 수 있는 기반이 된다.

모범 사례와 커뮤니티 지원

MCP는 업계 전반에서 표준으로 자리 잡아가고 있기 때문에, 다양한 사전 구축된 통합 솔루션과 커뮤니티 노하우를 활용할 수 있다. 이미 수많은 오픈 소스 MCP 서버들이 공개되어 있어, 필요한 기능이 있으면 직접 처음부터 만들지 않고도 가져다 쓰면 된다.

예컨대 웹 스크래핑이 필요하면 Browserbase MCP나 Firecrawl MCP 같은 것을 쓰면 되고, 모니터링 알림을 받고 싶으면 슬랙 MCP 등을 쓰는 식이다. 또한 MCP 서버 개발 및 사용에 대한 모범 보안 사례도 정립되어 있어, API 키 관리나 접근 권한 제어를 안전하게 구현하는 지침이 존재한다. 이런 생태계적인 이점 덕분에, MCP를 도입하면 혼자만의 힘이 아닌 커뮤니티의 지혜를 함께 활용하는 효과를 얻는다.

이렇듯 MCP는 바이브 코딩을 실현하기 위한 핵심 인프라로 볼 수 있다. AI 에이전트가 마치 유능한 팀원처럼 행동하려면 맥락과 도구 사용 능력이 필수적이고, MCP가 바로 그 기반을 제공하기 때문이다. 개발자는 이제 '말로 코딩하는' 시대를 맞이하여, AI에게 점점 더 많은 업무를 위임하고 자신은 창의적인 설계와 의사결정에 집중할 수 있게 되었다. 그리고 그 변혁의 중심에 MCP가 있다.

8.3 CLI vs MCP

바이브 코딩의 핵심은 사람이든 LLM이든 작업 흐름을 끊임없이 이어 갈 수 있도록 피드백 루프를 가능한 한 짧고 투명하게 유지하는 것이다. 개발 환경을 구성할 때 복잡한 IDE의 최신 기능보다는 터미널에서 빠르고 안정적으로 돌아가는 스크립트와 도구를 우선적으로 사용하는 것이 좋다.

CLI를 기본값으로 두는 이유는 명료하다. 터미널 명령은 운영체제가 제공하는 보편적 인터페이스이므로 어느 환경에서도 동일하게 실행되며, 실패할 경우 즉시 오류 메시지를 돌려준다. 이 단순한 구조 덕택에 에이전트가 잘못 호출하더라도 문제를 빠르게 학습하고 수정할 수 있고, 별도 데몬이 없으니 지연과 고장 지점도 최소화된다. 로그 역시 파일 형태로 그대로 남기면 'cat'이나 'tail'로 손쉽게 읽어 들여 원인을 추적할 수 있으니 관측 가능성까지 확보된다.

반면 MCP는 에이전트가 CLI로 다루기 힘든 복합 도구를 호출할 때만 '어댑터'처럼 덧붙여 사용하는 것이 좋다. 플레이라이트Playwright를 사용한 브라우저 자동화나 퍼플렉시티Perplexity를 사용한 조사, 검색처럼 CLI로는 수행하기 어려운 경우에 한해 `playwright-mcp`를 사용하지만, MCP 서버는 자체적으로 불안정할 수 있고 추가적인 실패 지점을 만든다는 이유로 되도록 도입을 늦춘다.

그렇다고 MCP를 가볍게 볼 일만은 아니다. MCP의 기세가 심상치 않은 것만은 분명하기 때문이다. 실제로 2025년 들어서는 컨테이너 격리 실행, 대규모 브라우저 테스팅처럼 MCP 생태계가 지원하는 기능이 매달 늘어나고 있다. 이처럼 MCP는 계속해서 변신하며 CLI로는 해결하기 어려운 영역을 파고들 가능성이 크므로, 주기적으로 동향을 살피고 필요 시 실험적으로 도입할 준비가 필요하다.

결국 바이브 코딩에서 취해야 할 전략은 분명하다. 우선 모든 도구를 CLI로 설계하고, 에이전트가 이를 통해 빠르고 투명하게 피드백을 얻도록 만든다. 그러다 반복 실패가 잦거나 브라우저나 격리 환경처럼 CLI가 본질적으로 취약한 영역이 드러나면 그때 MCP를 최소 범위로 끼워 넣는다. 이와 동시에 MCP 영역에서 새로 등장하는 기능과 안정성 개선을 꾸준히 관찰해, 필요할 때 빠르게 흡수할 수 있는 준비 태세를 유지해야 한다.

이렇게 'CLI 기본, MCP 보조' 원칙을 지키면서도 변화의 속도를 눈여겨보는 태도가, 변덕스러운 에이전틱 환경에서 개발자와 에이전트 모두의 흐름을 끝까지 지켜줄 것이다.

8.4 유용한 MCP 서버 사례와 추천

MCP의 진가는 실제로 어떤 서버(플러그인)들이 존재하고 어떻게 활용되는지를 볼 때 분명해진다. 지금부터 개발자들이 애용하는 몇 가지 MCP 서버들을 살펴보고, 필요한 MCP 서버를 찾을 때 참고할 만한 리소스를 추천하겠다.

8.4.1 개발 생산성 향상을 위한 MCP 서버

Perplexity-ask MCP

퍼플렉시티 AI의 라이브 웹 검색 API를 MCP 표준에 맞춰 래핑한 서버 구현체다. 클로드 코드, 커서, 윈드서프 등 MCP-호환 클라이언트가 이 서버를 툴로 등록하면, 모델은 자연어로 실시간 검색을 수행하고 결과·출처·요약을 받아볼 수 있다. 각종 설계, 아키텍처 결정, 디버깅 등에서 유용하게 사용 가능하다. 필자의 경우 복잡한 디버깅이나 아키텍처 설계와 같은 작업에서 추가적인 조사가 필요한 경우 퍼플렉시티 MCP를 사용해서 조사를 수행하라는 구문을 아예 규칙에 넣어서 사용하고 있다.

Playwright MCP

Playwright MCP는 브라우저 자동화 프레임워크인 Playwright에 MCP 서버를 얹어, LLM이 접근성 트리를 통해 웹 페이지를 탐색하거나 조작하도록 돕는 어댑터다. CLI만으로 어려운 복합 테스트나 다중 세션 공유를 가능하게 해주어 에이전트가 회귀 테스트 작성, 원격 페어 디버깅, 격리된 컨테이너 실험 등을 손쉽게 수행할 수 있다.

Task Master AI MCP

AI가 적용된 태스크 관리 도구인 태스크 마스터 AI의 MCP 인터페이스다. MCP를 이용해 사용할 수 있도록 설정해 놓으면 태스크 생성, 조회, 업데이트와 같은 작업을 윈드서프 캐스케이드와 같은 에이전트를 통해 다른 여러 개발 관련 작업들과 함께 유기직으로 수행할 수 있다. 다만 실제 작업하다 보면 조회와 같은 작업에 CLI가 편한 경우도 많기 때문에 MCP와 CLI 모두 설정해 놓고 쓰는 것을 추천한다.

Context7

LLM과 외부 도구 또는 데이터 소스가 실시간으로 연결되어, 최신 공식 문서와 코드 예제를 즉시 제공하는 MCP 서버이다. 현재 바이브 코딩의 최대 약점은 모델 학습에 사용된 데이터가 1년에서 2년 정도 이전 것들이라 AI가 알고 있는 언어, 라이브러리, 프레임워크의 버전이 살짝 예전 버전이라는 것이다. Context7은 이러한 약점을 극복할 수 있게 해준다. 사용자가 작업 지시서 프롬프트에 'Context7을 사용해'라고 입력하기만 하면, 현재 질문하고 있는 라이브러리나 프레임워크의 최신 버전 문서와 코드 예시를 자동으로 감지해 LLM 작업 환경에 반영해준다. 이를 통해 LLM은 항상 최신 정보와 예시를 참고해 더욱 정확하고 실용적인 답변을 생성할 수 있다. Context7 MCP는 다양한 에디터와 플랫폼에서 활용할 수 있으며, 특히 코드 생성 및 문서 검색의 정확도와 최신성을 크게 높여준다.

Apidog MCP 서버

API 문서 관리 툴인 Apidog과 연계해, AI가 OpenAPI 스펙과 엔드포인트 정보를 바로 활용할 수 있게 해준다. 예를 들어, AI에게 '우리 서비스의 /users 엔드포인트 응답 구조 알려줘'라고 물으면, Apidog MCP가 API 문서를 찾아 구조를 설명해준다. 개발자는 더 이상 API 명세를 보러 브라우저를 오갈 필요가 없다.

Browserbase MCP 서버

웹 페이지 상호작용을 돕는 MCP 서버로, AI에게 가상의 브라우저를 제공한다. 동적 콘텐츠가 많은 웹사이트를 스크랩하거나, 반복적인 웹 작업(폼 제출 등)을 자동화할 때 유용하다. 예를 들어, QA 엔지니어는 Browserbase MCP를 통해 AI에게 '테스트 계정으로 로그인해서 대시보드 페이지 캡처를 떠줘'와 같은 일을 맡길 수 있다.

Magic MCP 서버

이름처럼 생성형 AI의 마법을 개발에 접목한 도구다. 오픈AI 등의 API를 활용하여 프런트엔드를 개발할 때 자리표시자^{placeholder} 이미지를 생성하거나, 텍스트 포맷 변환, 요약, 자연어 설명을 코드 스니펫으로 변환하는 등 다재다능한 기능을 제공한다. 문서화를 위해 긴 설명을 요약하거나, 주석으로 적힌 요구사항을 실제 코드로 뽑아내는 등의 작업을 AI가 Magic MCP를 통해 해낼 수 있다.

8.4.2 개발 분야별 특화 MCP 서버

AWS MCP 서버

AWS MCP는 AWS의 다양한 클라우드 리소스를 관리하는 MCP 서버로, AI가 AWS 계정 내에서 리소스를 생성하거나 관리하는 업무를 자동화해준다. MCP 서버를 통해서는 주로 문제를 해결하기 위한 조회 용도로만 사용할 것을 추천한다. 클라우드상의 리소스 생성이나 업데이트는 테라폼이나 AWS CDK와 같은 코드형 인프라$^{infrastructure\ as\ code}$(IaC) 도구를 사용하길 바란다.

GitHub MCP 서버

GitHub MCP는 깃허브와의 긴밀한 통합을 제공해, AI가 소스 코드 저장소와 이슈 트래커를 직접 관리할 수 있도록 돕는다. GitHub MCP 서버를 쓰면, 다음과 같은 작업을 AI가 대신 처리할 수 있다. 개발자가 간단히 '지금 작성한 변경 사항을 이슈 #123을 참조하는 새 브랜치에 커밋하고, PR을 만들어줘'라고 AI에게 요청하면, GitHub MCP는 이슈번호가 포함된 브랜치를 만들고 커밋을 추가한 다음, 관련 PR을 자동 생성해 준다. 이 과정에서 PR의 제목과 본문까지 자동으로 생성하므로 개발자의 반복적인 작업을 크게 덜어줄 수 있다.

Figma Context MCP 서버

디자인 협업툴 피그마의 데이터를 읽어와 AI에게 제공함으로써 디자인과 개발 사이의 격차를 줄여주는 MCP 서버다. AI가 직접 디자인 시안의 레이아웃, 색상, 텍스트를 확인하고 이에 맞는 코드를 제안하거나, 컴포넌트 간 간격과 스타일을 분석해 알려줄 수 있다. 이를 활용하면 '디자이너가 만들어둔 피그마 디자인을 참고해 이 화면의 리액트 코드 작성을 도와줘'와 같은 요청이 가능해진다.

Pandoc MCP 서버

문서 포맷 변환기인 Pandoc을 통합한 MCP 서버로, 여러 문서 형식 간의 변환을 AI가 수행할 수 있게 한다. 예를 들어, AI에게 '이 README.md를 PDF로 변환해줘'라고 하면 Pandoc MCP가 이를 처리한다. 또한 학술 논문이나 마크다운 문서를 Docx로 바꾸는 등 개발자 문서 작업 자동화에도 유용하다.

Excel MCP 서버

스프레드시트 데이터를 다루는 MCP 서버로, AI가 엑셀 파일의 읽기/쓰기 및 분석을 할 수 있게 해준다. 보고서 자동 생성이나 데이터 변환 작업에 적합하다. 예를 들어, 'sales.xlsx에서 지역별 판매 합계 계산해줘'라고 부탁하면 Excel MCP가 파일을 파싱해 결과를 알려줄 수 있다. AI는 그 결과를 토대로 그래프를 그리거나 요약 인사이트를 제공할 수도 있다.

8.4.3 아이디어 발상 및 지식 관리 MCP 서버

Mindmap MCP 서버

마인드맵 형식의 자료를 읽고 편집하는 MCP 서버로, 브레인스토밍과 구조화된 사고를 지원한다. AI가 마인드맵 노드를 훑어보며 논리 구조를 이해하고, 새로운 아이디어를 추가하거나 개선점을 제안할 수 있다. 제품 기획 단계에서 큰 그림을 잡거나 복잡한 개념을 정리할 때 유용하다.

Markdownify MCP 서버

HTML이나 기타 형식의 내용을 깔끔한 마크다운 문서로 변환해주는 MCP 서버. 기술 블로그의 게시글을 작성하거나 위키 문서를 정리하는 데 도움이 된다. 예를 들어, 클립보드에 복사된 HTML 조각을 AI에게 주면서 '이걸 마크다운으로 포맷팅해줘'하면, Markdownify MCP가 처리하여 결과를 돌려준다.

Tavily MCP 서버

일종의 지식 통합 에이전트로, 여러 출처의 정보를 모아 AI에게 맥락으로 제공해주는 고급 MCP 서버다. 문서, 블로그, 위키, 논문 등 복합적인 소스로부터 핵심을 추출하고 신뢰도 높은 참고 자료를 제시할 수 있어, 연구나 고도의 기술 조사에 적합하다. AI에게 'X 기술에 대한 최신 동향 조사해줘'라고 하면 Tavily MCP가 다양한 자료를 찾아 요약해주므로 개발자는 일일이 검색 엔진을 확인할 필요가 없다.

8.4.4 그 밖의 바이브 코딩에 유용한 MCP 서버

실제 활용도가 높은 MCP 서버들을 항목별로 나열하면 다음과 같다.

- **파일 시스템 MCP 서버**: 로컬 또는 클라우드 파일 시스템에 접근해 파일 입출력을 지원한다.
- **Google Drive MCP 서버**: 구글 드라이브 내 파일 검색, 다운로드, 업로드 등 작업을 자동화한다.
- **Obsidian MCP 서버**: Obsidian 노트 데이터에 접근해 메타데이터 추출, 노트 검색 등을 지원한다.
- **Pandoc MCP 서버**: 마크다운, PDF, HTML 등 문서 포맷 변환을 자동화한다.
- **Brave Search/Exa/Tavily MCP 서버**: 실시간 웹 검색, 웹페이지 요약·추출 기능을 제공한다.
- **Puppeteer MCP 서버**: 헤드리스 브라우저를 통한 웹 스크래핑 자동화에 사용된다.
- **Qdrant/Chroma MCP 서버**: 벡터 데이터베이스 연동, 유사도 검색, 텍스트 검색 기능을 지원한다.
- **MongoDB/MySQL/PostgreSQL/SQLite MCP 서버**: 각종 데이터베이스 쿼리, CRUD, 집계 등을 AI가 직접 수행할 수 있게 한다.
- **GitLab MCP 서버**: GitLab 프로젝트 관리, 이슈 추적, 코드 병합 등의 자동화 기능을 지원한다.
- **CircleCI/Sentry MCP 서버**: CI 파이프라인 상태 조회, 버그 트래킹 데이터 접근 등의 기능을 지원한다.
- **Desktop Commander MCP 서버**: OS 명령 및 파일 조작 자동화 기능을 제공한다.

나열한 사례들 외에도 MCP 서버의 세계는 방대하다. 버전 관리 영역만 보더라도 깃허브 외에 GitLab, Bitbucket용 MCP가 있고, 클라우드 플랫폼으로 AWS, GCP, 애저 리소스를 제어하는 MCP들도 존재한다.

데이터 사이언스 분야로 가면 코드 실행 MCP를 통해 안전한 샌드박스에서 파이썬 코드를 돌려 결과를 얻기도 하고, 벡터 데이터베이스 MCP로 방대한 문서를 임베딩하고 검색하여 AI에게 장기 기억을 주입하기도 한다. 커뮤니케이션 도구로는 슬랙과 디스코드 채널에 메시지를 보내는 MCP, 프로젝트 관리로 Jira 이슈를 조작하는 MCP 등 실로 다양한 통합이 가능하다.

이처럼 많은 MCP 서버를 찾아볼 때는 커뮤니티가 정리한 목록을 참고하는 것이 도움이 된다. 깃허브의 `awesome-mcp-servers` 리포지터리(https://github.com/punkpeye/awesome-mcp-servers)에는 수백 개의 MCP 서버 구현체가 카테고리별로 잘 정리되어 있다. 예를 들어, Browser Automation, Databases, Developer Tools, Version Control 등 섹션을

살펴보면 필요에 맞는 MCP를 쉽게 찾을 수 있다. 또한 `glama.ai`의 MCP 디렉터리나 `Dev.to`의 커뮤니티 글들도 유용한 정보를 제공한다.

마지막으로, 공식 MCP 서버들도 빼놓을 수 없다. 앤트로픽과 각 서비스 회사들이 직접 만든 MCP 서버들은 신뢰성과 완성도가 높아 주천할 만하다. 대표적인 예가 깃허브 공식 MCP 서버다. 이 도구를 쓰면 AI가 깃허브에서 브랜치를 만들거나 PR을 생성하고, 저장소 코드를 검색하는 것까지 자동화할 수 있다. 또한 노션 MCP나 슬랙 MCP처럼 주요 협업 도구에 대한 MCP도 많이 나와 있어, 실제 업무 흐름을 AI와 자연스럽게 통합할 수 있다.

네이터베이스의 경우 SQLite MCP, Postgres MCP, Supabase MCP 등이 있어 빠르게 데이터를 조회하거나 조작 작업을 맡길 수 있다. 이들 MCP 서버는 대부분 오픈 소스로 공개되어 있어 필요에 따라 직접 호스팅하거나 커스터마이징하기에도 수월하다.

8.5 마치며

MCP는 단순한 기술을 넘어 개발 문화의 변화를 상징하는 존재다. 과거에는 사람이 키보드로 일일이 명령을 입력하고 정보를 찾아다녔다면, 이제는 AI와 대화하면서 개발 업무를 수행하는 시대가 열리고 있다. MCP는 대화의 범위를 코드 에디터 밖으로 확장한다.

AI 코딩 비서는 MCP를 통해 클라우드 서버도 찾고 사내 위키도 읽어오며, 버그 트래커에 이슈도 등록한다. 마치 유능한 비서가 여러 도구를 다루며 보좌하듯이, 개발자는 점점 더 창의적이고 본질적인 일에 집중할 수 있게 될 것이다.

물론 MCP 생태계는 아직 진화하는 중이고 모든 것이 완벽하지는 않다. 하지만 '대화창이 궁극의 인터페이스'라는 비전 아래 수많은 개발자와 기업이 함께 만들어가는 MCP 표준은, AI 시대의 새로운 코딩 패러다임을 힘차게 견인하고 있다.

이제 우리 개발자들도 이 흐름에 올라탈 때다. 윈드서프나 커서 같은 친숙한 환경에서 MCP를 설정해보고, 작은 업무 하나라도 AI에게 맡겨보라. 눈앞에서 펼쳐질 생산성 향상과 편리함에 아마 놀라게 될 것이다. 민들레 홀씨처럼 퍼져나가는 변화의 바람 속에서, MCP가 가져올 개발 환경의 미래를 기대해도 좋다.

CHAPTER 9

실전 프로젝트 ①: 바이브 코딩으로 설계하는 AI 기반 클라우드 아키텍처

클라우드 엔지니어 A는 어느 날 서비스 트래픽 폭주를 겪는다. 서버는 이미 한계에 다다랐고, **자동 스케일링**auto scaling을 설정했지만 반응이 더뎌 답답하기만 하다. 인터넷을 아무리 찾아봐도 '이거다' 싶은 해결책은 보이지 않는다. 그때 문득 '이럴 때 누군가 곁에서 빠르게 해법을 알려 주고, 함께 코드를 짜주면 얼마나 좋을까?' 하는 생각이 스쳐 지나간다. 다행히 이제 이런 상상이 현실이 되고 있다. 바로 AI와 협업하는 새로운 코딩 패러다임, '바이브 코딩' 덕분이다.

바이브 코딩은 단순히 자연어를 코드로 변환하는 것을 넘어, 문제 정의부터 정보 수집, 설계, 구현, 검증에 이르는 전 과정을 AI와 함께하는 개발 방식을 의미한다. 이번 장에서는 바이브 코딩 철학을 바탕으로 AI 기반 클라우드 아키텍처를 설계하고 구현하는 과정을 다룬다.

특히 AWS의 컨테이너 서비스 ECS Fargate 환경에서 초고속 스케일아웃을 구현하는 예제를 통해, AI와 함께 문제를 해결하는 전 과정을 체험해본다. 초보자라도 걱정할 필요가 없다. 단계별로 친절히 설명하고 실제 프롬프트를 실행해보며, AI에게 무엇을 묻고 어떤 도움을 받을 수 있는지 살펴볼 것이다.[1]

바이브 코딩의 5단계를 정리하면 다음과 같다.

1. **문제 정의**: 풀고자 하는 과제를 명확히 하고 요구사항을 정리한다.
2. **정보 수집**: 챗GPT의 DeepResearch 등 AI 도구를 활용해 관련 지식과 사례를 찾아낸다.
3. **아키텍처 설계**: AI와 아이디어를 주고받으며 시스템 아키텍처와 해결책을 구체화한다.

---

[1] 이 장에서 구현된 프로젝트는 깃허브에서 확인할 수 있다. https://bit.ly/4kHdkGT

4 **구현**: 필요한 코드를 AI 도움으로 작성하고 인프라를 설정한다.

5 **검증**: 결과를 테스트하여 동작을 확인하고 AI와 함께 개선점을 점검한다.

지금부터 이 과정을 단계별로 따라가보자.

9.1 문제 정의: Fargate 자동 스케일링의 딜레마

AWS ECS Fargate는 컨테이너를 서버리스 방식으로 실행해주는 서비스이다. 사용자는 서버를 직접 관리하지 않고도 컨테이너를 배포할 수 있어 편리하다. 또한 자동 스케일링 기능을 통해 트래픽 증가에 맞춰 컨테이너 태스크 수를 자동으로 늘리거나 줄일 수 있다. 예를 들어, CPU 사용률이나 요청 횟수가 일정 임계치를 넘으면 새로운 컨테이너를 추가로 띄워주는 식이다.

겉보기에 완벽해 보이는 이 자동 스케일링에도 현실적인 딜레마가 있다. 바로 '반응 속도가 느리다'는 문제이다. 개발자 A의 사례처럼 갑작스러운 트래픽 폭증이 있으면, Fargate의 기본 설정하에서는 스케일아웃(증설)이 몇 분씩 지연될 수 있다.

왜 이런 일이 생기는 것일까? 핵심 원인은 모니터링 지표 갱신 주기에 있다. 예컨대 애플리케이션 로드 밸런서application load balancer(ALB)의 요청 건수 지표는 1분 간격으로 CloudWatch에 전달되고, CloudWatch도 이를 수집하고 평가하는 데 시간이 걸린다.

AWS 지원 팀도 '모니터링 시스템엔 본질적으로 몇 분의 지연이 발생한다', 'ALB 지표는 3~4분 지연이 발생할 수 있다'고 인정했다. 결국 트래픽 폭주가 발생해도 최소 수 분 후에야 스케일아웃이 시작되는 셈이다.

이 지연은 사용자의 체감 품질에 큰 영향을 줄 수 있다. 몇 분 동안 서비스가 버티지 못하면 응답 지연이나 오류가 발생해 결국 사용자 이탈로 이어진다. 자동 스케일링이 있다 해도 제때 반응하지 않으면 무용지물인 것이다. 개발자로서는 '**어떻게 하면 Fargate의 스케일아웃을 더 빠르게 만들 수 있을까?**'라는 도전에 직면하게 된다.

전통적인 해결책 중 하나는 **초과 프로비저닝**over-provisioning이다. 즉, 미리 여유 있게 용량을 넉넉히 두고 시작하는 것이다. 예를 들어, 평소 2대면 충분한 서비스에 10대를 항상 띄워놓는 것이다. 하지만 이는 비용 낭비가 크다. 필요하지 않을 때도 리소스를 사용하게 되니까 말이다. 또 다른 방법은 임계치를 낮춰 일찍 스케일링되게 하는 것이지만, 트래픽 급증 상황에서는 근본 대책이 되지 못한다.

이때 떠오르는 아이디어는 **'맞춤 지표와 사용자 정의 알람을 쓰자'**는 것이다. 예를 들어, 애플리케이션이 직접 1초 단위로 현재 부하를 CloudWatch에 기록하거나 필요 시 코드로 바로 스케일아웃 명령을 트리거하는 방안을 생각해볼 수 있다. AWS도 지원하지 않는 것은 아니다. CloudWatch 커스텀 지표를 활용하면 1초 간격까지 데이터 수집이 가능하고, 이를 기반으로 알람을 설정할 수 있다. 다만 이런 솔루션을 구현하려면 직접 많은 코드를 작성해야 하고, AWS 서비스들을 조합해야 할 수도 있다.

지금 우리의 과제는 분명해졌다. 'Fargate 서비스를 신속하게 스케일아웃할 커스텀 아키텍처를 설계하고 구현하자' 그리고 이것을 바이브 코딩 방식, 즉 AI와 협업하는 방식으로 풀어보자는 것이다. 이어서 AI를 이용한 정보 수집으로 이 도전을 시작해보자.

9.2 정보 수집: AI에게 묻고 답하기(챗GPT DeepResearch)

어떤 문제를 해결할 때든 사전 조사를 철저히 하는 것이 성공의 열쇠다. 바이브 코딩에서는 이 조사 단계를 AI와 함께 수행한다. 특히 챗GPT의 DeepResearch 기능은 웹상의 구조화된 정보 탐색에 큰 도움을 준다. 이는 마치 유능한 리서처가 수초 만에 관련 문서를 뒤져 핵심을 요약해주는 것과도 같다.

우리의 목표는 ECS Fargate의 느린 스케일아웃을 해결하는 방법을 찾는 것이었다. 그래서 먼저 챗GPT에게 문제의 원인과 일반적인 해결책을 물어볼 수 있다. 예를 들어, 다음과 같은 프롬프트를 생각해볼 수 있다.

> **입력 프롬프트**
>
> AWS ECS Fargate의 자동 스케일링이 느리게 반응한다. 원인이 무엇이고, 이를 더 빠르게 만드는 방법이 있을까?

챗GPT는 이 질문에 대해 인터넷의 관련 지식과 포럼 답변을 종합해 알려줄 것이다. 실제로 챗GPT DeepResearch를 통해 얻은 답변의 일부다.

> **챗GPT**
>
> 기본적으로 ALB가 CloudWatch로 지표를 보내는 주기가 1분이다. 모니터링 시스템 특성상 몇 분의 지연은 불가피하며, AWS 지원팀도 3~4분 지연이 있을 수 있다고 설명하고 있다. 따라서 자동 스케일링 알람이 발동되기까지 수 분이 소요될 수 있다. 이를 개선하려면 두 가지 방향이 있다. 첫째, 평소에 용량을 더 많이 할당해 초기 지연을 견디는 방법이 있고, 둘째, 커스텀 지표를 사용하거나 애플리케이션이 직접 스케일아웃을 트리거하도록 만드는 것이다. 예를 들어, 애플리케이션 내부에서 1초 단위로 요청 수를 측정해 CloudWatch 기스텀 지표로 올리고, 해당 지표에 기반한 알람을 설정할 수 있다. 또는 애플리케이션이 일정 임계치에서 AWS API를 호출해 바로 스케일아웃 명령을 내리도록 구현할 수도 있다…

짧은 대화 예시였지만, 우리는 핵심 정보를 순식간에 얻었다. 챗GPT의 답변을 통해 다음 내용을 파악했다.

- **지연 원인**: ALB 지표 전송 주기와 모니터링 지연(수분 단위)
- **기존 해결책의 한계**: 미리 많이 띄워두는 방식(비용 증가)
- **대안적 접근**: 커스텀 지표 활용 혹은 직접 트리거 방식으로 빠른 스케일아웃 구현

불과 한두 번의 질문으로도 이 정도의 인사이트를 얻는 것은, AI가 없다면 여러 블로그나 문서를 찾아야만 할 수 있는 부분이다. 이처럼 DeepResearch 기능을 활용하면 구조화된 지식과 전문가 조언을 신속히 접할 수 있어 빠르게 의사결정할 수 있다.

이제 해결 방향이 어느 정도 보인다. '커스텀 지표나 직접 트리거를 통한 빠른 스케일아웃'이라는 키워드를 얻었으니, 이를 구현한 사례나 레퍼런스를 더 찾아볼 차례이다. 챗GPT에게 이어서 다음과 같은 질문을 던져볼 수 있다.

> **입력 프롬프트**
>
> 어떤 아키텍처로 이를 구현할 수 있을까?

혹은

> **입력 프롬프트**
>
> ECS Fargate를 빠르게 스케일아웃한 예제가 있어?

챗GPT는 이에 대해 AWS 커뮤니티나 깃허브 프로젝트의 사례를 찾아서 알려줄 것이다. 실제로 AWS 공식 샘플 중에 초고속 Fargate 자동 스케일링을 구현한 프로젝트가 있다. 챗GPT가 이 정보를 찾아 요약해준 결과는 다음과 같다.

> **챗GPT**
>
> AWS 샘플 프로젝트로 _ecs-fargate-fast-scaleout_라는 예제가 있다. 이 아키텍처에서는 Nginx 리버스 프록시를 Fargate 태스크에 추가하여 실시간 연결 수를 측정하고, AWS Step Functions 상태 머신이 3초 간격으로 Lambda 함수를 호출해 모든 태스크의 Nginx 연결 수를 수집한다. 그런 다음 즉각적으로 ECS 서비스의 desired count를 업데이트하여 새로운 태스크들을 띄운다. 이 접근을 사용하면 트래픽 증가 후 약 10초 이내에 스케일아웃을 시작할 수 있었다고 한다.

불과 몇 차례의 대화만으로 우리는 구체적인 솔루션의 윤곽을 그릴 수 있었다. 이제 머릿속에는 이런 그림이 그려졌을 것이다. '아, Fargate 작업 안에 Nginx를 심어 두고, Step Functions와 람다가 마치 AI처럼 똑똑하게 실시간으로 감시하다가 즉시 증원 명령을 내리는구나!' 이 단계가 곧 설계로 이어진다. 이제 AI가 제시한 자료와 아이디어를 바탕으로 우리의 클라우드 아키텍처를 구체화해보자.

9.3 아키텍처 설계: 아이디어를 구체화하기

이제 확보된 정보를 토대로 맞춤형 아키텍처를 설계해보겠다. 핵심 아이디어는 '실시간 지표 수집 및 즉각 확장'으로 정리된다. 이를 구현하는 구성 요소들을 하나씩 정해보자. 아래는 이번 솔루션의 전체 아키텍처 다이어그램이다.

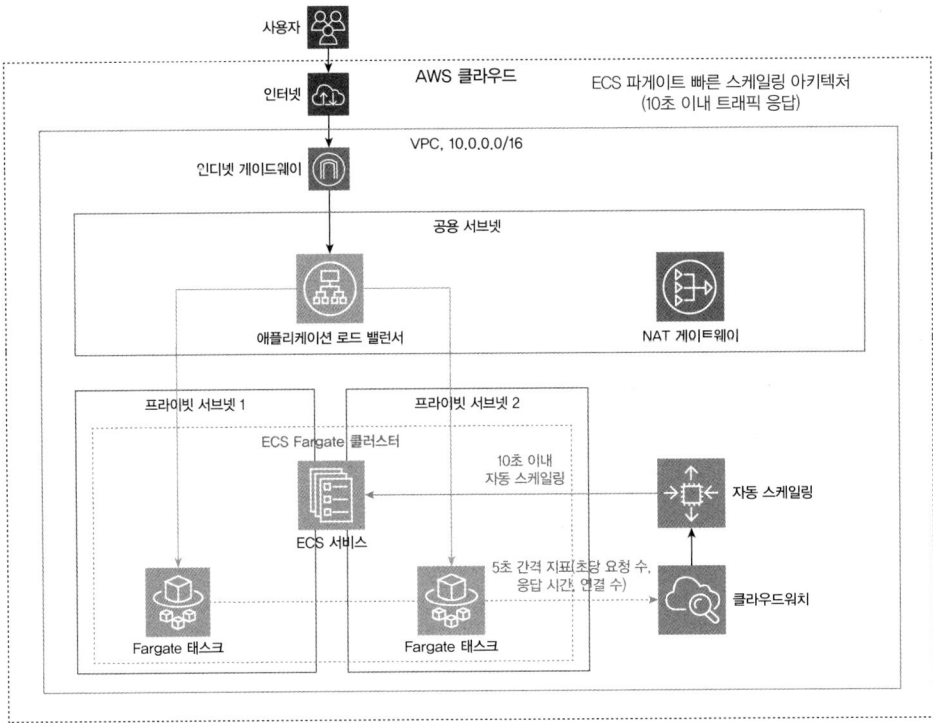

그림 9-1 ECS Fargate 빠른 스케일아웃 아키텍처[2]

그림을 천천히 살펴보자. 주요 구성 요소는 다음과 같다.

- **사용자 트래픽 입구 – ALB**: 사용자의 요청은 ALB를 통해 ECS 서비스로 전달된다. ALB는 여러 컨테이너 인스턴스로 트래픽을 분산시키는 역할을 한다.
- **ECS Fargate 서비스와 태스크**: 서비스는 다수의 Fargate 태스크로 이루어져 있다. 각 태스크는 우리의 웹 애플리케이션 컨테이너(예: PHP, Node.js 등 백엔드)와 Nginx 리버스 프록시 컨테이너로 구성된 멀티 컨테이너 태스크이다. Nginx는 앞단에서 모든 요청을 받아들이며, 현재 태스크 내 활성 연결 수$^{active\ connection}$를 실시간으로 집계해준다. 이 정보를 /nginx_status 엔드포인트로 노출한다.
- **모니터링 및 확장 트리거 – AWS Step Functions + Lambda**: 오른쪽을 보면 Step Functions 상태 머신이 있다. 이 상태 머신은 일정 주기로(예를 들어 3초 간격) 동작하도록 설계되었다. 주기마다 Lambda 함수를 실행하여 ECS 서비스의 모든 태스크에 접속한다. 각 태스크의 Nginx로부터 현재 활성 연결 수를 가져오고(HTTP로 /nginx_status 호출), 이 수치를 합산하거나 분석한다. 그런 다음 스케일아웃 조건(예를 들어 현재 연결 합계가 1,000개 이상 등)을 판단한다. 조건이 충족되면 곧바로 ECS 서비스의 desired count

---

2 https://github.com/Hands-On-Vibe-Coding/ecs-fargate-fast-scaleout/blob/main/docs/diagrams/architecture.svg

값을 증가시키는 API 호출을 한다. 이를 통해 ECS가 즉시 새로운 태스크를 추가하도록 유도한다. (반대로 스케일인은 기본적으로 끄고 과도한 축소를 피한다.) 상태 머신은 이러한 로직을 순차적으로 실행하며 필요 시 SNS 등을 통해 확장 이벤트를 통보할 수도 있다.

- **기타 구성**: 아키텍처를 코드로 구현하기 위해 AWS CDK를 활용한다. IaC 방식으로 위 구성 요소들을 생성하고 연결하는 것이다. 또한 CloudWatch는 여전히 기본 지표와 로그를 모니터링하지만, 확장의 주 트리거는 우리의 사용자 정의 로직에 의해 이루어진다.

요컨대, 이 설계는 애플리케이션 레벨에서 직접 수집한 고해상도 지표를 기반으로 별도의 제어 루프를 만들어 훨씬 빠르게 확장하는 전략이다. 기본적인 자동 스케일링이 거대한 관제 센터처럼 1~5분 간격으로 상황을 살피는 데 반해, 우리의 솔루션은 현장에 투입된 작은 드론들이 3초마다 순찰을 돌며 즉각적으로 대응하는 셈이다.

이러한 아키텍처를 정리하며 챗GPT와 문답을 주고받을 수도 있다. 예를 들어 '이런 설계를 하면 10초 이내 스케일아웃이 가능할까?', 'Step Functions 대신 다른 서비스를 써도 될까?' 같은 질문을 던져볼 수 있다. 챗GPT는 앞서 찾아준 사례를 근거로 '약 10초면 충분하다'고 재확인해줄 것이고, 대안으로 람다만으로 구현하거나 Amazon EventBridge 스케줄러를 활용하는 방법 등도 제시할 수 있다. AI와 브레인스토밍하면서 설계를 보완해 나가는 것이다. 이것이 바이브 코딩의 설계 단계에서 우리가 누릴 수 있는 협업 이점이다.

설계가 확정되었으니, 이제 실제 구현 단계로 넘어가보자. 머릿속에 있는 그림을 현실로 만들 차례이다. 인프라 IaC 개발에 익숙지 않다고 해서 겁먹을 필요는 없다. 우리에겐 든든한 AI 파트너가 있으니까 말이다.

9.4 구현: AI와 함께 코드 작성하기

이제 AWS 클라우드에 위의 아키텍처를 실제로 만들어보겠다. AWS CDK를 사용하면 타입스크립트나 파이썬 등의 익숙한 언어로 인프라를 정의할 수 있다. 여기서는 타입스크립트 CDK를 사용한다. (파이썬을 선호한다면 파이썬 CDK를 사용해서 작성할 수 있다.)

먼저, 위에서 생성한 조사자료를 워크스페이스로 가져오자. 나는 `docs/ideation.md`라는 이름을 사용했다. 이제 이 파일을 @ 입력 후에 지정하여 이를 참고할 수 있도록 요청하자. 프롬프트의 내용은 다음과 같다.

> **입력 프롬프트**
>
> @docs/ideation.md의 내용을 참고해서 빠르게 스케일 가능한 ECS + Fargate 클러스터를 AWS 타입스크립트 CDK로 구현해줘.

이제 윈드서프(또는 커서)는 이에 맞게 CDK 코드를 생성해줄 것이다. 한 번 생성된 코드가 완벽하지 않을 수도 있지만, 충분히 좋은 출발점이 된다. AI가 작성한 코드를 사람이 살짝 다듬는 식으로 협업이 가능하다.

아래는 이런 방식으로 얻은 CDK 코드 예시 일부이다. ECS Fargate 서비스와 Nginx, Fast Autoscaler(우리의 커스텀 확장 논리)를 설정하는 부분을 발췌했다.

```typescript
import * as cdk from '@aws-cdk/core';
import * as ec2 from '@aws-cdk/aws-ec2';
import * as ecs from '@aws-cdk/aws-ecs';
import { ContainerImage } from '@aws-cdk/aws-ecs';
import { FargateFastAutoscaler } from 'cdk-fargate-fastautoscaler';  // 커스텀 라이브러리 가정

const app = new cdk.App();
const stack = new cdk.Stack(app, 'FargateFastScaleOutStack');

// VPC 및 클러스터 설정 (기존 VPC 사용 예)
const vpc = ec2.Vpc.fromLookup(stack, 'Vpc', { isDefault: true });
const cluster = new ecs.Cluster(stack, 'Cluster', { vpc });

// ECS Task 정의: Nginx + 백엔드 컨테이너
const taskDef = new ecs.FargateTaskDefinition(stack, 'TaskDef');
taskDef.addContainer('NginxContainer', {
  image: ContainerImage.fromRegistry('nginx:latest'),
  essential: true,
  // Nginx 기본 설정에 /nginx_status 활성화 (ConfigMap이나 custom nginx.conf로 설정 가정)
  portMappings: [{ containerPort: 80 }]
});
taskDef.addContainer('AppContainer', {
  image: ContainerImage.fromAsset('path/to/backend/app'),  // 사용자의 백엔드 애플리케이션 이미지
  essential: true,
  portMappings: [{ containerPort: 8080 }]  // 예시 포트
});
```

```
// Fargate 서비스 생성 (Nginx는 ALB 연결, AppContainer는 Nginx 통해 트래픽 전달)
const service = new ecs.FargateService(stack, 'Service', {
  cluster,
  taskDefinition: taskDef,
  desiredCount: 2,  // 초기 태스크 수
  assignPublicIp: true
  // 로드 밸런서, 대상 그룹 연결 등 추가 설정 필요
});

// 커스텀 빠른 오토스케일러 설정 - 3초마다 연결 수 체크하여 즉시 스케일아웃
new FargateFastAutoscaler(stack, 'FastAutoscaler', {
  targetService: service,
  scaleOutThreshold: 1000,    // 예: 활성 연결 1000개 이상이면
  checkInterval: cdk.Duration.seconds(3),
  scaleOutStep: 3,            // 한 번에 늘릴 태스크 개수
  disableScaleIn: true        // 줄이는 것은 일단 비활성화
  // 내부적으로 Step Functions와 람다를 구성해 위 로직을 실행한다고 가정
});
```

위 코드는 개념 증명을 위한 예시이다. 실제 동작하려면 Nginx 설정파일 수정(Nginx의 /nginx_status 활성화), 로드 밸런서와 서비스 연동, 람다 코드 등 몇 가지 추가 요소가 필요하다. 하지만 구조는 명확하다.

- VPC와 ECS 클러스터 설정
- 두 컨테이너(Nginx, 앱)를 가지는 Fargate 태스크 정의
- 해당 태스크를 사용하는 Fargate 서비스 생성 (초기 2개 태스크)
- FargateFastAutoscaler라는 커스텀 리소스로, 우리가 설계한 빠른 스케일아웃 로직을 구현 (Step Functions + 람다를 내부적으로 설정). 임계치, 체크 주기 등을 인수로 지정

CDK를 통해 이러한 구성을 배포하면 AWS상에 필요한 리소스들이 생성된다. 즉, Nginx가 포함된 컨테이너들이 돌고 있는 Fargate 서비스와, 3초마다 실행되는 상태 머신이나 람다 로직이 셋업되는 것이다.

AI와 함께 코드를 작성하면 얻을 수 있는 이점은 생산성뿐만이 아니다. AI는 실수를 줄이고 모범 사례를 따라가게 도와준다. 가령 위 코드에서 로드 밸런서 설정이나 IAM 권한 부분이 빠졌다면, 챗GPT에게 이 코드에 빠진 설정이 없는지를 물어보면서 확인할 수 있다. 그러면 타겟 그룹과 리스너 설정, 람다에 필요한 IAM 권한 등을 짚어주며 코드를 보완할 수도 있다. 실제로

AI 코딩 도구들은 관련 문서를 찾아가며 필요한 부분을 채워주는 역할을 톡톡히 해낸다. 이는 마치 유능한 동료 개발자와 페어 프로그래밍을 하는 느낌이다.

코드 구현까지 완료했다면, 이제 최종 단계인 검증만을 남겨두고 있다. 만들어진 솔루션이 의도한 대로 동작하는지, 성능은 만족스러운지 살펴보겠다.

9.5 검증: AI와 함께 결과를 점검하기

구현한 아키텍처를 배포하고 나면 테스트를 통해 검증하는 과정이 필요하다. 우리의 목표는 '트래픽 급증 시 10초 이내에 새로운 Fargate 태스크가 뜨는가'였다. 이를 확인하기 위해 간단한 부하 테스트를 실행해보겠다. 예를 들어, JMeter나 Vegeta 같은 툴로 짧은 시간 동안 다수의 요청을 발생시킬 수 있다.

CDK 스택 배포 출력을 통해 우리 서비스의 ALB URL을 얻었을 것이다. 웹 브라우저로 그 URL에 접속하면 일단 정상 페이지(예: phpinfo 또는 앱 메인 페이지)가 뜰 것이다. 이제 여기에 동시에 많은 요청을 보내서 의도적으로 부하 상황을 만들어본다. 예컨대 /api/test 같은 엔드포인트에 초당 수백 건의 요청을 5~10초 동안 넣는 것이다.

이때 AWS 관리 콘솔에서 ECS 서비스의 태스크 수 변화와 CloudWatch 지표를 관찰하면, 우리의 기대대로 동작하는지 알 수 있다. 보통 기본 설정이었다면 앞서 본 것처럼 3분 정도 걸릴 일을, 우리의 커스텀 스케일러는 훨씬 재빠르게 처리할 것이다. 활성 연결 임계치를 넘었다면 Step Functions가 트리거되어 ECS 서비스의 desired count를 증가시켰을 것이다. 실제 AWS 콘솔의 ECS 이벤트 로그를 보면 다음과 비슷한 메시지가 뜰 수 있다.

```
XX:YY:ZZ - Successfully set desired count to 5. Waiting for tasks to start... (기존 2에서 5로 증가했다는 예시)
```

그리고 약 10초가 지나면 새로운 태스크 3개가 프로비저닝 과정을 거쳐 실행running 상태로 전환되고, 곧바로 ALB 대상 그룹에 등록되어 트래픽을 분산 처리하기 시작한다. 우리 람다 기반 모니터링 시스템은 3초 단위로 돌아가므로, 실제로 임계치 도달 후 대략 한두 주기 이내(약 3~6초)에 scale-out 명령이 발동되고, ECS가 태스크를 기동하는 데 필요한 20~30초 정도(컨테이너 이미지 크기에 따라 다름)만에 새로운 태스크들이 가동되는 식이다.

전체적으로 최초 부하 발생 시점부터 30~40초 이내에 시스템이 안정화되는 것이 목표이다. 기본 자동 스케일링과 비교하면 훨씬 신속한 대응이다. 기존의 분 단위 반응이 수십 초로 줄어든 것이다.

검증 과정에서도 AI를 활용할 수 있다. 예를 들어, AWS CloudWatch에서 로그나 메트릭 데이터를 내보내 챗GPT에게 분석을 부탁할 수 있다. '이 로그에서 스케일아웃이 언제 일어났는지 찾아줘', '응답 시간 분포를 보고 병목이 없는지 알려줘' 같은 질문도 가능하다.

AI는 로그를 빠르게 훑어 사람이 놓칠 수 있는 포인트를 짚어줄 수도 있다. 또한 튜닝 조언도 얻을 수 있다. 예를 들어, '3초 주기로 체크하는 게 최선일까?', '스케일인도 자동으로 하고 싶다면 어떻게 개선해야 할까?'와 같이 물어보면, 챗GPT는 '스케일인까지 관리하려면 임계치나 일정 기간 유지 조건을 넣어라', '3초 주기는 시스템 부하를 줄이기 위해 5초로 해도 충분할 것이다' 등의 제안을 할 수 있다. 이는 검증 및 개선 단계에서 AI와 협업하여 완성도를 높이는 모습이라 할 수 있다.

여기까지 원하는 대로 잘 동작했다면, 실제 실습도 성공적일 것이다. 독자 여러분도 자신의 AWS 계정이 있다면 위 코드와 아키텍처를 직접 적용해볼 수 있다. 실습 중 문제가 발생하면 프롬프트를 통해 챗GPT에게 에러 원인을 묻거나 해결 방법을 찾는 것도 잊지 말자. AI는 디버깅까지 도와주는 든든한 동료이다.

9.6 마치며

우리는 함께 바이브 코딩 방식으로 클라우드 아키텍처의 설계부터 구현, 검증까지 한 바퀴 돌아봤다. 이번 사례에서는 AWS ECS Fargate의 자동 스케일링을 개선하는 특수한 주제를 다루었지만, 그 과정에서 보여준 AI와의 협업 흐름은 다른 종류의 개발에도 충분히 일반화해 적용할 수 있다.

돌이켜보면, 과거와 비교했을 때 개발자의 역할이 얼마나 확장되고 있는지를 실감할 수 있다. 예전에는 문제를 정의한 뒤 개발자가 스스로 모든 자료를 찾아보고, 혼자 코드를 작성하며, 수많은 시행착오를 거쳐 검증해야 했다. 그러나 이제는 AI라는 강력한 조력자가 항상 대기하고 있어, 궁금한 점을 물으면 답을 찾아주고 코드도 뚝딱 생성하며 실수까지 잡아준다. 마치 뛰어난 동료 개발자와 24시간 페어 프로그래밍을 하는 것과도 같다.

이런 변화는 개발자에게 큰 축복이자 과제이다. 우선 축복인 것은 명백하다. 반복적이고 기계적인 작업에서 해방되어 더 창의적인 문제 해결에 집중할 수 있게 되었으니까 말이다. 이번 장에서도 진짜 중요한 결정(예: 어떤 아키텍처를 선택할 것인가)은 여전히 사람인 개발자의 몫이었다. AI는 방향을 제시하고 수단을 제공했지만, 통찰과 책임은 사람에게 있다.

그럼 과제는 무엇일까? 바로 AI를 제대로 활용하는 역량이다. 바쁘게 진화하는 도구들을 익히고, 올바른 질문을 던지고, AI의 출력을 검증하여 자신의 것으로 만드는 능력이 중요해졌다. 잘못된 답변을 걸러낼 비판적 시각도 필요하다. 무엇보다 과거보다 개발자가 더 많은 비즈니스 영역을 커버해야 하는 것은 틀림없다.

이 튜토리얼을 통해 독자는 프롬프트 작성의 구체적인 흐름에서부터 AI와 함께 코드를 다듬는 과정, 그리고 정보 탐색에 이르기까지 전체 사이클을 직접 경험해보기 바란다. 중요한 점은 이제 혼자 모든 부담을 짊어질 필요가 없다는 것이다.

문제를 정의하면 AI와 함께 최신 정보를 수집하고, 이를 토대로 설계를 논의하며, 지루하고 번거로운 코드 작성과 디버깅은 AI에게 맡긴 뒤, 결과를 함께 검증할 수 있다. 이것이 바로 바이브 코딩의 진정한 가치이다.

이번 장을 마무리하며 독자 여러분께 마지막으로 권하고 싶은 것은 '직접 시도해보라'는 것이다. 단순히 읽는 데 멈추지 말고, 작은 아이디어라도 떠올랐다면 AI와 대화를 시작해보자.

- '내 웹 앱을 도커로 배포하려면 어떻게 해야 할까?'라고 물어보자. 제약 사항이 까다롭고 복잡하다면 Deep Research 기능을 사용해서 심화된 솔루션을 찾아볼 수도 있다.
- '현재 내가 만든 코드가 기대대로 동작하지 않아. 우선 원인을 파악해줘'라는 프롬프트를 로그나 스크린샷과 함께 제공하면 AI가 논리적 추론을 통해 디버깅의 단서를 제공해준다.
- '신규 사용자 급증에 대비해 시스템 구조를 어떻게 바꾸면 좋을까? 가능한 한 비용을 절감하고 싶어'라고 요구 사항을 제시하면서 여러분만의 아키텍처를 구상해보자.

AI와 대화하며 만들어가는 바이브 코딩은 이제 막 시작된 프로그래밍의 새로운 형태이다. 지금도 쓸만하지만, 앞으로 더 많은 발전이 기대되는 분야다. AI에 의해 직업을 잃을까 걱정하기보다는 이번 실습을 통해 자신감을 가지고 앞으로 나아갈 수 있기를 바란다.

> **알아두기** **AI로 아키텍처 다이어그램 그리기**

정도현

바이브 코딩을 할 때, 사람들은 종종 코드만으로 충분하다고 생각한다. 하지만 현실은 다르다. 문서화 없는 코드는 마치 지도 없이 떠나는 여행과 같다. 목적지가 어디이고, 그 길이 어떤 곳인지 알 수 없다면 누구도 함께하지 않을 것이다.

바이브 코딩에서 문서화가 특히 중요한 이유는 코드가 단지 작동하기 위한 것이 아니라, 아이디어와 설계의 의도를 다른 사람과 정확히 공유하기 위한 것이기 때문이다. 문서화는 협업을 매끄럽게 하고, 프로젝트의 방향성을 명확히 하며, 나아가 지속 가능한 개발 환경을 구축하는 토대가 된다. 나는 문서화 작업을 코드와 함께 관리하는 방식을 적극 추천한다. 특히 마크다운과 `mermaid`를 사용하면 간단하고 명확한 다이어그램을 빠르게 작성할 수 있다. 복잡한 구조와 흐름을 긴 말 대신 다이어그램 하나로 나타낼 수 있기에 의사소통이 훨씬 효과적으로 이루어진다.

물론 때때로 `mermaid`만으로는 부족할 때가 있다. 더 정교하고 복잡한 다이어그램이 필요할 때는 `draw.io`를 이용할 수 있다. `draw.io`는 XML 기반의 `.drawio` 파일 포맷을 사용하기 때문에 AI에게 직접 이 포맷으로 다이어그램을 생성하라고 지시하면 비교적 쉽게 작업이 가능하다. 다만, AWS 아이콘과 같은 특정 아이콘의 ID는 공개되어 있지 않아서 AI가 그대로 활용하기가 쉽지 않다. 그래서 나는 `draw.io` 클라이언트에서 AWS 아키텍처 아이콘의 ID를 직접 추출해서 별도로 문서화했다. 이를 통해 AI에게 아이콘 ID를 알려줘서 원하는 아이콘을 정확히 활용할 수 있도록 한 것이다. 이 문서는 다음 깃허브 리포지터리에서 실제 작업한 예제를 통해 확인할 수 있다.

ECS – Fargate Fast Scaleout

이렇게 생성된 다이어그램은 VS Code의 drawio 관련 확장 기능을 이용하면 편리하게 미리 보거나 수정할 수 있다. 또한 `draw.io` 클라이언트를 설치하면 함께 제공되는 CLI 도구로 손쉽게 svg나 png 형태의 이미지로 컨버트하여 문서에 삽입할 수도 있다.

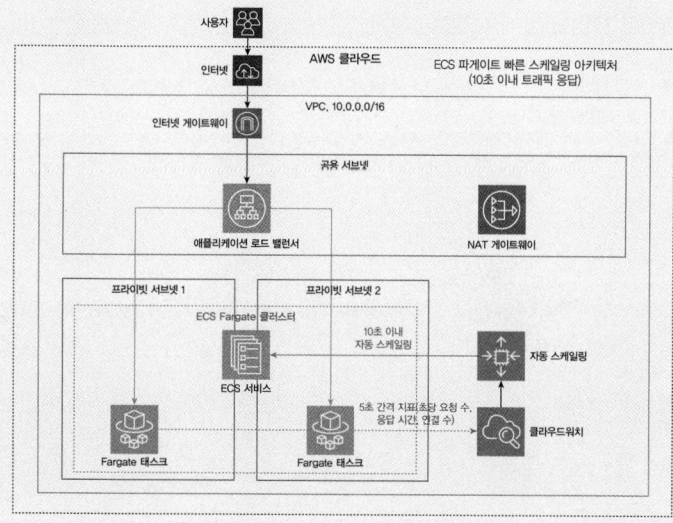

한편, 최근 mermaid의 최신 버전에서는 AWS 아이콘을 비롯해 다양한 아키텍처 아이콘을 기본 지원하기 시작했다. 공식 문서를 참고하면 바로 활용이 가능하다. 하지만 아직 깃허브에서 최신 기능은 지원하지 않기 때문에, 앞서 내가 설명한 방식이 당분간 가장 유용한 접근법이 될 것이다.

좋은 문서는 단지 설명서를 넘어서, 협업의 질을 높이고 장기적으로 프로젝트의 가치를 지속시킨다. 바이브 코딩에서 문서화는 선택이 아닌 필수다.

CHAPTER 10

실전 프로젝트 ②: 풀스택 웹 앱 개발

이제 지금까지 배운 내용을 모두 활용해 풀스택 웹 앱을 개발해보자. 이번 장에서는 블로그 서비스 미디엄Medium의 클론 앱으로 RealWorld를 사용한다. 코딩을 배울 때 누구나 만들어보는 'HelloWorld'가 단순히 'HelloWorld' 문자열을 출력하는 수준이라면, RealWorld는 다양한 언어와 라이브러리, 플랫폼에서 DB와 프런트, 백엔드, 인프라까지 포함해 동일한 사양의 앱을 여러 언어, 라이브러리, 프레임워크로 구현할 수 있도록 설계된 오픈 소스 데모 프로젝트이다. PRD뿐만 아니라 상세한 설계 문서와 테스트 케이스까지 준비되어 있어 바이브 코딩의 벤치마크에 애용되고 있다.

이번 장에서는 오직 바이브 코딩만으로 RealWorld를 구현한다. 앞서 소개한 아르민의 에이전틱 코딩 권장 사항을 토대로, Go 언어 기반 백엔드와 리액트 기반 프런트엔드로 구성된 RealWorld의 개발 전 과정을 클로드 코드로 진행한다. 요구사항을 정의하고 방향을 제시하는 설계자의 역할은 개발자가 맡고, 실제 구현은 클로드 코드 에이전트가 자동으로 수행한다. 바이브 코딩 도구 활용법과 자동화된 개발 프로세스의 묘미, 그리고 잘 갖춰진 요구사항 정의와 기술 스택 선택이 어떻게 고품질·고속 개발로 이어지는지 함께 살펴보자.[1]

---

1 이 장에서 구현된 프로젝트는 깃허브에서 확인할 수 있다. http://bit.ly/3HTrYfx

10.1 프로젝트 개요: AI가 만든 RealWorld 웹 앱

이 프로젝트는 RealWorld라는 표준 스펙의 블로그 플랫폼(일명 미디엄 클론)을 구현한다. 주요 기능은 사용자의 회원가입 및 로그인, 프로필 관리, 게시글 작성/수정/삭제, 태그 및 댓글, 사용자 팔로우, 좋아요 등이 포함된 실전급 웹 앱이다.

보통 이런 풀스택 앱을 사람 손으로 만들면 백엔드, 프런트엔드, DB 설계까지 수주 이상의 시간이 걸린다. 그러나 여기서는 AI 코딩 비서 클로드와 함께 단기간에 완성했다. 특히 이 저장소는 개발 과정에서 나온 산출물들을 모두 담고 있는데, README.md, CLAUDE.md, pre-prd.md, prd.md, plan.md 문서와 깃허브 이슈$^{GitHub\ Issue}$ 기록이 그것이다.

결과적으로 이 앱은 Go 1.21+와 리액트 19(타입스크립트) 기반으로 만들어졌다. JWT 인증, SQLite/PostgreSQL 연동, 리액트 상태 관리(Zustand+TanStack) 등 현대적인 기술 요소를 두루 갖추고 있다. 이는 아르민 로나허가 블로그에서 제시한 에이전틱 코딩 권고 사항을 충실히 따른 기술 스택이었다.

다시 말해, AI가 코드를 짜기 유리하도록 단순하고 안정적인 기술들로 골랐다. 이러한 선택 덕분에 개발 과정 내내 AI 에이전트가 큰 막힘없이 작업을 진행할 수 있었다는 점을 먼저 짚고 넘어가자.

10.2 Step 1: 제품 요구사항 문서 초안 작성

개발에 앞서 개발자는 클로드에 이번 프로젝트의 목표와 범위를 상세히 설명하는 문서(Pre-PRD)를 만들도록 프롬프트를 작성했다. 첫 프롬프트는 다음과 같다.

> **입력 프롬프트**
>
> RealWorld 스펙(https://realworld-docs.netlify.app/implementation-creation/introduction/)을 바이브 코딩으로 구현하려고 해. 기술 스택은 https://lucumr.pocoo.org/2025/6/12/agentic-coding/ 을 참고해서 작성해줘. 다만, UI 구현은 Mantine UI를 사용하고 인프라는 AWS CDK, CI/CD 파이프라인은 깃허브 액션을 사용해줘.
>
> 본격적인 요구사항을 작성하기에 앞서 요구사항 작성을 위해서 필요한 내용을 pre-prd.md에 문서화해줘.

이제 AI는 이 프롬프트를 받고 `pre-prd.md`라는 초안 문서를 만들었다. 이 문서에는 구현해야 할 기능 목록과 세부 설명이 나와 있다. 아래는 실제 작성된 `pre-prd.md`의 내용을 요약한 것이다.

#1 프로젝트 개요

RealWorld 스펙을 바이브 코딩 방식으로 구현한다는 목표를 선언한다. 팀 전체가 무엇을 만들지 한눈에 알 수 있도록 공유하기 위함이다.

#2 RealWorld 요구 분석

- 기본 요구: SPA 프런트엔드, REST 백엔드, JWT 인증, 실제 프로덕션 배포 등 필수 조건을 명시한다.
- 핵심 기능: ① 사용자 관리 ② 게시글 CRUD + 피드 ③ 댓글 관리

프로젝트 범위를 미리 못 박아 스코프 크리프[scope creep]를 막고, RealWorld 기준에 100% 부합하는지 점검할 수 있다.

#3 기술 스택 선정 기준

- 프런트엔드: 리액트(Vite), TanStack Router/Query, Zustand, Mantine UI 등
- 백엔드: Go · SQLite/PostgreSQL, 순수 SQL, JWT
- 공통 도구: 도커, 깃허브 액션, AWS CDK + ECS Fargate

AI와 함께 개발할 때는 단순·예측 가능한 생태계가 코퍼스 학습에 잘 맞기 때문에 스택을 구체적으로 고정한다.

#4 아키텍처·품질 기준

- 프런트와 백엔드 모두 80% 이상 테스트 커버리지, 모듈화, 코드 포매터 적용
- 접근성 AA, 반응형, 초기 로딩 3초 이하 등 UX 수치를 숫자로 두고, AI가 생성한 코드 품질을 자동 테스트로 검증할 수 있게 한다.

#5 성능·운영 요구

- 깃허브 액션으로 빌드 → 테스트 → 도커 이미지 → AWS 배포 자동화
- CloudWatch, X-Ray, CDN, IaC까지 포함해 운영 안정성을 개발 초부터 설계한다. 이는 '완성 후 운영을 고민'하는 전통적 방식의 장애를 예방한다.

#6 개발 프로세스(바이브 코딩 전략)
- 빠른 프로토타이핑 → 반복 개선 → 실시간 피드백 → 코드와 문서 동시 작성
- AI와 사람이 지속적으로 대화하며 코드를 발전시키려면 짧은 주기의 피드백 루프가 필수다.

#7 성공 지표
- 기능 지표: RealWorld API 100% 준수, 모바일·크로스 브라우저 완성
- 기술 지표: 80%+ 테스트, 빌드 30초 이하, AA 접근성 달성

수치 목표가 있어야 '완료'를 객관적으로 판정하고, AI 생성 코드가 기준을 충족하는지 자동으로 체크할 수 있다.

#8 다음 단계
- 기술 스택 확정 → 상세 PRD 작성 → 개발 환경 세팅 → 프로젝트 구조 설계 → 1차 스프린트 기획
- 로드맵을 미리 그려 작업 우선순위를 조율하고, AI에게도 명확한 컨텍스트를 제공하기 위함이다.

이 Pre-PRD는 '무엇을', '어떻게', '왜' 해야 하는지를 한 문서에 담아 이후 정식 PRD 작성과 바이브 코딩 세션이 흐트러지지 않고 속도감 있게 진행되도록 돕는다.

10.3 Step 2: PRD 다듬기와 확정

초안이 나온 후 수정할 내용이 없는지 살펴본 다음 클로드에게 PRD 작성을 지시하자.

> **입력 프롬프트**
>
> @pre-prd.md와 https://lucumr.pocoo.org/2025/6/12/agentic-coding/를 기반으로 PRD를 작성해줘.

이제 클로드 코드는 초안과 RealWorld 사양을 토대로 `prd.md`라는 최종 요구사항 문서를 작성할 것이다. 다음은 실제 작성된 `prd.md`의 내용을 요약한 것이다. 원본 파일은 리포지터리에서 확인할 수 있다.

#1 프로젝트 개요

- 무엇을: RealWorld 스펙 풀스택 앱을 '바이브 코딩' 방식으로 완성한다.
- 어떻게: 프론트엔드(리액트 + Vite), 백엔드(Go + REST), DB(SQLite → PostgreSQL), AWS ECS 배포
- 성공 지표: RealWorld API 100% 준수, 테스트 커버리지 80% 이상, 초기 로딩 3초 이하

개요는 팀과 AI 모두에게 '왜, 무엇을, 언제까지'를 한눈에 공유해 방향 이탈을 방지

#2 기능 요구사항

- 사용자 관리: 회원가입, 로그인, 프로필, 팔로우
- 게시글 관리: 작성, 조회, 수정, 삭제, 글로벌/팔로잉 피드, 즐겨찾기
- 댓글 · 태그: CRUD 및 필터 기능

기능을 세부 항목으로 나누면 AI가 작업 단위를 명확히 파악해 스코프 크리프를 막고, 테스트 코드 자동 생성도 쉬워진다.

#3 기술 스택 & 아키텍처

- 프론트엔드: 리액트, 타입스크립트, TanStack Router/Query, Zustand, Mantine UI
- 백엔드: Go 1.21+, 순수 SQL, JWT
- 공통: 도커, 깃허브 액션, AWS CDK, CloudWatch

스택을 고정하면 LLM이 학습한 레퍼런스와 정확히 매칭돼 코드 품질이 향상되고 온보딩 속도도 빨라진다.

#4 API 설계

- REST 엔드포인트를 User, Profile, Article, Comment, Tag 다섯 범주로 정의
- 명확한 계약이 있어야 프론트엔드, 백엔드, 테스트 코드가 병렬로 생성 및 검증되는 계약 주도 개발이 가능하다.

#5 데이터베이스 설계

- users, articles, tags, article_tags, follows, favorites, comments 7개 테이블과 PK/FK 구조 정의
- 초기에 스키마를 고정해야 AI가 생성하는 쿼리와 마이그레이션이 불일치 없이 반복 재생성될 수 있다.

#6 프런트엔드 화면·컴포넌트 설계

- 라우팅 경로(/, /login, /editor/:slug …)와 주요 컴포넌트 트리(Layout, Article, Profile 등) 제시
- Mantine Theme 예시 코드를 포함한다.

디자이너 없이도 일관된 UI/UX를 확보하고 AI가 재사용 가능한 컴포넌트 코드를 안정적으로 출력할 수 있다.

#7 백엔드 구조 & 미들웨어

- cmd/, internal/handler, service, repository, middleware/ 디렉터리 규칙과 JWT, CORS, 로깅 미들웨어 정의
- 계층 구조를 명확히 하면 생성형 AI가 관심사 분리를 지키며 코드를 추가하거나 수정하도록 유도할 수 있다.

#8 개발 프로세스

- 1~4단계: CRUD → 고급 기능 → UX 최적화 → 테스트 및 배포
- 바이브 코딩 전략: 빠른 MVP → 반복 개선 → 실시간 피드백 → 코드와 문서 동시 작성

짧은 스프린트와 명확한 단계 구분은 AI와 사람이 교대 작업할 때 컨텍스트 누락 없이 속도를 극대화한다.

#9 배포 & 운영

- 프런트엔드: 깃허브 페이지
- 백엔드: AWS ECS Fargate
- CI/CD 예시 워크플로(YAML)와 모니터링(CloudWatch, X-Ray) 포함

작성-테스트-배포 전 과정을 자동화해야 바이브 코딩의 핵심 가치인 즉시 피드백을 실현할 수 있다.

#10 검증 기준

- 기능, 기술, 운영 세 축으로 체크리스트 제시(예: 테스트 커버리지 80% 이상, 접근성 AA, 모니터링 구축).
- 객관적인 셀프 체크 포인트를 마련해야 AI가 '완료'를 잘못 판단하지 않도록 할 수 있다.

이 PRD는 '무엇'을 만들고, '왜' 필요하며, '어떻게' 검증할 것인가를 구체화했다. 덕분에 개발자든 AI든 문서를 읽는 순간 바로 작업을 시작할 수 있고 결과물의 품질과 일관성을 유지할 수 있다.

이 PRD에는 각 기능의 동작, 화면 예상 흐름, API 엔드포인트 요구사항 등이 상세히 기술되었다. 예를 들어, 사용자 인증 부분에 'JWT 기반 인증 도입, `/api/users/login`으로 로그인 처리' 등의 구체적인 명세가 포함된 식이다. 사실 이 정도의 상세함은 PRD라기 보다는 설계 문서에 가깝다.

리얼월드 프로젝트의 경우 이미 완성된 설계 문서를 보면서 역으로 PRD를 작성하기에 가능한 일일 것이다. 클로드는 앞서 제안된 기술 스택을 PRD에 녹여냈는데, 백엔드에 Go와 Gorilla Mux를 사용하고, 프런트엔드에 리액트와 타입스크립트 조합을 쓰겠다는 언급도 이때 분명해졌다.

실제로 PRD에는 '백엔드는 Go 1.21, 프런트엔드는 리액트 (타입스크립트) 기반으로 한다'는 식의 기술 선정 근거가 들어갔다고 볼 수 있다. AI 스스로 PRD를 작성하도록 한 이 접근법은 매우 효과적이었다는 점을 강조하고 싶다. 다른 개발자들도 경험을 통해 밝혔듯, LLM에게 PRD 작성을 맡기는 것은 단순히 설명을 대신 써주는 것을 넘어 향후 코드 구현을 위한 최적의 프롬프트를 미리 준비하는 단계와 같기 때문이다. 클로드가 생성한 PRD는 이후 모든 개발 단계의 기준점이 되었고, 명확한 요구사항 덕분에 코드 구현 단계에서 혼선이 거의 발생하지 않았다.

여기서 한 가지 팁을 소개하면 계획 단계에서는 한국어로 큰 문제가 없지만 실제 구현 작업에 들어가는 단계에는 주요 문서들을 영문으로 번역해서 사용하는 것을 추천한다. 작업 품질에는 큰 차이가 없지만 아무래도 AI가 자주 참조해야 하는 문서는 영문으로 작성하는 게 시간과 토큰 비용이 절약된다.

클로드에게 'PRD와 관련 문서를 영어로 번역하라'라고 지시하자. `pre-prd.md`와 `prd.md`의 모든 내용을 정확히 번역했다. 향후 일관성 유지를 위해 `CLAUDE.md` 파일에 '모든 문서는 일관성을 위해 영어로 작성할 것'이라는 규칙을 추가해도 좋다.

10.4 상세 계획 수립: plan.md와 단계별 이슈 생성

요구사항 정의를 확정한 다음, 클로드에게 프로젝트의 전체 구현 계획을 세우도록 했다. 이때 사용된 프롬프트는 다음과 같다.

> **입력 프롬프트**
>
> @prd.md를 바탕으로, 프로젝트를 어떻게 구현할지 단계별 작업 계획을 세워줘.

이 간단한 지시만으로 AI는 PRD를 바탕으로, 프로젝트를 어떻게 구현할지 단계별 작업 계획을 세운 다음, 여러 단계로 나누고, 각 작업에 번호를 매긴다. 각 작업마다 해야 할 일의 설명, 선행 작업(의존성), 결과 산출물, 예상 소요 시간, 인수 조건을 포함한 마크다운 체크리스트 형태로 `plan.md` 파일을 작성해준다.

실제 작성된 내용은 놀라울 정도로 체계적이다. 전체 프로젝트가 6단계로 구분되었고, 각각의 단계마다 구체적인 작업 목록이 들어 있다. 다음은 작성된 `plan.md` 파일의 내용에 대한 요약이다.

#1 프로젝트 개요

RealWorld 스펙 풀스택 애플리케이션을 바이브 코딩 방식으로 6단계에 걸쳐 완성한다는 전체적인 계획을 제시한다. 이 한 문단이 팀과 AI 모두에게 '무엇을, 어떤 스택으로, 어떤 방법론으로 구현할 것인가'를 한눈에 공유해 방향 이탈을 예방한다.

#2 개발 단계 플랜

단계	핵심 목표	주요 태스크 예시
1	기초 인프라 구축	백/프런트 디렉터리, 도커 컴포즈, DB 마이그레이션 등
2	인증 시스템	JWT 미들웨어, 회원가입 · 로그인 API · UI
3	게시글 기능	Article CRUD · 태그 · 리스트 · 에디터 UI
4	고급 기능	댓글, 프로필 · 팔로우, 즐겨찾기
5	품질 강화	단위 · 통합 · E2E 테스트로 80% + 커버리지
6	배포 · 운영	깃허브 액션 CI/CD, AWS CDK + ECS, 모니터링

단계를 짧은 주기로 나누고 각각에 구체적인 태스크(TASK-01~TASK-28)를 매핑하면, AI 에이전트와 사람이 번갈아 작업해도 컨텍스트 손실 없이 속도감 있게 진행할 수 있다.

#3 태스크 정의

각 태스크는 '설명 → 선행 작업^{dependencies} → 산출물^{deliverables}' 구조로 적었다. 이를 통해 우선순위와 병행 가능성을 명확히 할 수 있으며, 산출물 형태를 고정해 AI가 작업의 완료 여부를 정확히 판단하도록 할 수 있다.

#4 마일스톤·스프린트 구획

단계를 다시 묶어 Sprint 1~5로 재정리해 목표(예: 'Sprint 1 = 로그인까지')를 붙였다. 이는 실제 애자일 운영 시 데모 & 검토 단위를 명확히 해주고, 팀, 이해관계자, AI 에이전트 모두에게 진행 상황을 쉽게 설명해준다.

#5 성공 기준

성공 기준은 RealWorld API 100% 호환, 테스트 커버리지 80% 이상, 초기 로딩 3초 이하를 충족하는 것이며, 이와 함께 모바일·AA 수준의 접근성을 보장하는 것이다. 정량 기준을 미리 확정해야 CI 파이프라인과 AI 에이전트가 자동 검증을 수행하며 품질을 보장할 수 있고, 이를 통해 '완료' 여부를 명확히 판단할 수 있다.

#6 위험 관리

'기술 복잡도, 일정 지연, 품질 저하, 배포 난이도' 4가지 리스크와 완화 전략(단순 아키텍처 우선, 핵심 기능 우선, TDD, 도커 기반)을 명시했다. 사전에 리스크를 구조화하면 문제가 발생해도 대응 시나리오가 이미 존재해 일정 차질을 최소화할 수 있다.

이 `plan.md`는 '무엇을, 언제, 어떻게'를 작업 단위까지 분해해, 누구든 문서를 읽는 즉시 다음 액션을 결정할 수 있다. 덕분에 바이브 코딩의 핵심 가치인 고속 프로토타이핑과 반복 개선이 프로젝트 전체에 일관되게 적용된다.

이처럼 `plan.md`는 경험 있는 PM이 작성한 전문 기획 문서 수준으로 상세한 프로젝트 로드맵이 되었다.

10.5 깃허브 이슈 생성 및 작업 관리

이제 이 계획을 실행에 옮기기 위해 `plan.md`에 정리된 각 태스크를 깃허브 이슈로 변환하자.

> **입력 프롬프트**
>
> plan.md의 태스크들을 깃허브 이슈에 등록해줘.

이 프롬프트의 결과로 깃허브 리포지터리의 [Issues] 탭에는 TASK-01부터 TASK-28까지의 이슈가 생성되었다(번호 28까지 있는 것은 테스트/배포 관련 Task를 포함하기 때문이다). 예를 들어, 'TASK-28: 프로덕션 배포 및 모니터링'이라는 제목의 이슈가 생성된 것을 확인할 수 있다. 이슈에는 미리 정의된 라벨도 붙었다. `DevOps and deployment`, `enhancement`, `task` 같은 라벨들이 자동으로 달려 있어 해당 작업의 성격을 분류했다.

클로드가 이슈를 자동 발행하면서 라벨까지 설정한 것은, 아마도 `plan.md`에 쓰인 Task 종류나 키워드를 인식했기 때문으로 보인다. 예컨대 '배포 및 모니터링' 관련 Task에는 `devops` 라벨을, 새로운 기능 구현 태스크에는 `enhancement` 라벨을 붙이는 식이다.

이 시점부터 깃허브 이슈가 클로드 코드 에이전트의 작업 지침서 역할을 하게 되었다. 클로드는 열린 이슈 목록을 보고해야 할 일을 하나씩 차례로 집어들었다. 개발자는 'TASK-03을 시작해' 또는 '다음 열린 이슈를 해결해' 같은 명령을 내렸을 것이고, 클로드는 해당 Task의 세부 요구사항에 따라 코딩을 진행했다. 이렇게 함으로써 AI가 한 번에 모든 것을 하려다 실수하는 것을 막고, 일감을 잘게 쪼개서 순차적으로 집중하도록 유도한다. 이는 개발자의 애자일 방법론과도 유사하다. 큰 과업을 작은 이슈 단위로 나누면 관리도 쉽고 실수도 줄어드는 법이다.

10.6 클로드 코드에 의한 구현 작업 착수

이제 클로드는 `plan.md`와 깃허브 이슈를 바탕으로 실제 구현을 시작한다. 예를 들어, TASK-03: 데이터베이스 스키마 및 마이그레이션 이슈를 처리할 때를 보자. 클로드는 이 Task의 `Deliverables`에 'DB 모델 정의와 마이그레이션 파일 작성'이 요구된 것을 알고 있었다. 곧바로 Go 언어로 User, Article, Comment 등의 모델 구조체를 작성하고, SQLite에 맞는 마이그레이션 SQL 스크립트를 생성한다.

코드 작성이 끝나면, 클로드는 로컬에서 테스트를 돌려 이상이 없는지 확인한다. 실제로 AI 에이전트는 `go test`나 `npm test` 같은 명령을 자유롭게 실행할 수 있는 환경에서 돌아간다. 아르민 로나허의 설명에 따르면 클로드 코드 에이전트는 스스로 필요한 터미널 명령을 실행하며 개발을 진행할 수 있다. 이 프로젝트에서도 `Makefile`의 빌드/테스트 커맨드와 `package.json`의 스크립트 등이 규칙(`CLAUDE.md`)에 미리 명시되어 있었기 때문에, AI가 컴파일과 테스트를 마음대로 수행하며 개발을 이어갔다.

커밋과 이슈 종결. 클로드가 TASK-03 구현을 완료하면 변경된 코드 파일들을 `git` 스테이징하고 의미 있는 커밋 메시지를 작성했다. 커밋 메시지는 사전에 정해둔 컨벤션에 따라 작성되었다. 예를 들어, 데이터베이스 작업 커밋은 'feat: 데이터베이스 스키마 구현 (TASK-03)'라는 형태로 기록되었다.

실제 깃 로그를 보면 클로드가 생성한 커밋들이 모두 `feat:...`, `fix:...`, `docs:...` 식의 접두어를 갖추고 있으며, 괄호 안에 해당 Task 번호를 명시하고 있다. 이러한 일관된 커밋 스타일은 규칙 파일에 미리 정의해둔 덕분이다. 규칙에는 '커밋 메시지는 영어로 쓰되, 작업 유형에 따라 feat/fix/docs 등 태그를 붙이고, 관련 이슈나 작업 번호를 언급할 것'이라는 가이드가 포함되었을 가능성이 크다. 그래서 클로드는 각 이슈를 마무리할 때마다 자동으로 올바른 커밋 메시지를 생성했다.

커밋이 완료되면, 해당 이슈는 자동으로 닫히거나 다음 단계로 넘어갔다. 원래 깃허브에서는 커밋 메시지에 'Closes #이슈번호'를 넣으면 이슈가 닫히지만, 클로드의 커밋 메시지는 '(TASK-XX)' 형태라 자동으로 닫히지 않았다. 대신 사람이나 에이전트가 수동으로 이슈를 닫았을 것이다. 어쨌든 모든 구현 Task가 차례로 해결되면서 이슈 목록에 하나씩 체크 표시가 붙었다. `plan.md`에 있던 28개의 할일 중 27개가 완료되고, 마지막 남은 TASK-28(프로덕션 배포)은 이 프로젝트 시점에서 오픈 상태로 남아 있었다. (아마도 실제 배포 및 모니터링은 프로젝트 완료 후 별도로 진행하거나, 시연 목적으로만 남겨둔 것으로 보인다.)

규칙: AI의 안내서

규칙 파일의 생성과 역할을 좀 더 자세히 짚어보자. 앤트로픽의 공식 문서에 따르면 `CLAUDE.md`는 '이 저장소에서 클로드 코드가 작업할 때 지침을 제공하는 파일'로 정의되어 있다. 간단히 말해 AI 개발 비서용 매뉴얼이다. 커서의 `.cursor/rules/`나 윈드서프의 `.windsurf/rules/` 아래에 위치한 규칙 파일과 같은 역할을 한다.

이 파일은 프로젝트 초기 단계에 `/init` 명령으로 자동 생성된다. 이 명령 하나로 에이전트는 저장소 구조와 설정을 살펴보고 빌드/테스트 방법, 코닝 스타일 규칙을 추려 마크다운 문서를 만들어준다. 규칙에는 빌드 명령, 코드 스타일 가이드라인 등의 섹션이 포함된다. 이 프로젝트에서도 처음에는 Makefile의 `make dev`, `make test` 같은 명령어와 Go/리액트의 린팅 규칙, 디렉터리 구조 설명 등이 담긴 기본 `CLAUDE.md`가 만들어졌다.

이후 개발이 진행됨에 따라 규칙도 계속 업데이트되었다. 설계가 변경되거나 AI가 실수를 범할 때마다 지속적으로 규칙을 업데이트하도록 요청했다. 다음은 최종적으로 완성된 `CLAUDE.md` 파일의 내용이다.

#1 전반적인 코딩 원칙

- TDD 우선: 새 기능은 '테스트 → 실패 확인 → 구현 → 통과' 순서로 진행한다.
- SOLID, 단순성, 중복 제거를 강조하며 파일은 200~300 라인을 넘지 않도록 수시로 리팩터링한다.
- 에러 출력은 함수의 최상단에서만 수행하여, 로그가 중첩되지 않도록 한다.
- 모든 공개 식별자, 패키지는 주석을 필수로 달고, 문서는 영어로 작성한다.
- 각 답변은 무작위 이모지로 시작해 컨텍스트 유지를 확인한다.
- 토큰 절약을 위한 간결한 출력, `mktemp`를 이용한 임시 파일 생성 등 세부 가이드를 포함한다.

#2 API 및 설정 가이드

- 코드 생성 전 Perplexity AI 등 실시간 검색-AI로 최신 문서를 점검하고, 모호할 때는 사용자에게 확인을 받는다.
- 공식 문서에 명시된 API와 설정만 사용한다.

#3 깃, 이슈 관리 워크플로

- 커밋 템플릿을 확인해 일관된 메시지를 쓴다.
- 작업 계획은 `docs/plan.md`에 10~20개의 태스크로 작성 후 `gh issue create` CLI로 자동 발행한다.
- 항상 가장 번호가 낮은 미해결 이슈 하나만 잡아 작업하고, 완료 후 스크린샷·검증 내역을 댓글에 남긴 뒤 이슈를 닫는다.

#4 프로젝트 개요 & 기술 스택

- RealWorld 스펙을 따르는 풀스택 예제.
  - 백엔드: Go 1.23+, Gorilla Mux, SQLite(Dev)/PostgreSQL(Prod), JWT, AWS ECS Fargate 배포
  - 프런트엔드: React 19+Vite, TypeScript strict, TanStack Router/Query, Zustand, Tailwind CSS
  - IaC는 AWS CDK, 정적 사이트는 깃허브 페이지로 배포, 깃허브 액션으로 CI/CD

#5 Make 기반 개발 명령

`make dev`, `make build`, `make test`, `make lint` 등으로 백엔드와 프런트엔드를 동시에 혹은 개별적으로 실행, 빌드, 테스트, 린트, 배포를 표준화했다.

#6 API 엔드포인트 요약

- 인증 `/api/users`, `/api/users/login` …
- 기사 CRUD, 즐겨찾기, 피드 등
- 댓글, 프로필, 태그 전 영역 포함하고 RealWorld 표준과 100% 호환이 목표다.

#7 개발-테스트 지침

- Playwright MCP 명령으로 UI 상태 확인 · 스크린샷 · 자동 테스트
- 테스트 커버리지 80%+(Go testify, Vitest + RTL)를 필수 기준으로 삼는다.
- 앞서 정의한 수단으로 모바일 Responsive · 접근성(AA)까지 검증한다.

#8 단계별 일정 & 성공 기준

단계	기간	주요 목표
1	2주	기본 CRUD
2	1주	인증 · 인가
3	2주	고급 기능
4	1주	최적화 · 배포

성공 조건: RealWorld API 완전 준수, 빌드 30초 이하, 80% 테스트, 모바일 대응, AA 접근성 달성.

이 규칙은 단순한 규칙 모음에 그치지 않고, 프로젝트의 기술 설계서 역할까지 수행한다. 클로드 에이전트는 작업을 이어가면서 수시로 이 파일을 참고했을 것이다. 예를 들어 새로운 기능을 구현하다가 '어떤 디렉터리에 코드를 추가해야 하지?'하고 혼동될 때는 규칙에 정의된 프로젝트 구조를 보고 답을 찾았을 것이다. 또 '이 프로젝트에서 테스트는 어떻게 실행하더라?'라는 의문이 들면 빌드 명령어 섹션의 `make test` 항목을 확인해 실행했을 것이다. 심지어 RealWorld API의 정확한 스펙(엔드포인트 URL과 동작)이 필요할 때도, 규칙에 정리된 목록을 찾아 활용했을 것이다.

한마디로, 규칙은 AI의 모든 질문에 답해주는 오픈북 자료처럼 기능했다. 이런 접근은 앞서 언급한 로나허의 경험과도 일치한다. 복잡한 프로젝트일수록 AI에게 최대한 맥락과 규칙을 명시해줘야 실수를 줄일 수 있는데, 바로 규칙 파일(`CLAUDE.md`)이 바로 그 안전장치였던 셈이다.

참고로 `CLAUDE.md`에는 재미있는 규칙도 하나 있었다. '모든 응답 시작 부분에 임의의 이모지를 붙여 컨텍스트가 유지되고 있음을 확인할 것'이라는 항목이다. 이는 개발 도중 클로드가 컨텍스트를 잃고 딴소리를 하지 않도록 고안된 장치였다.

실제 구현 단계에서 클로드가 이전 대화 내용을 잘 기억하고 있는지 사람은 알 수 없으므로, 매번 답변에 랜덤 이모지(😀, 🚀 등)가 달리도록 약속한 것이다. 클로드가 엉뚱한 답변을 내놓거나 이모지를 빼먹으면 문맥 이상을 알아채기 쉽기 때문이다. 이러한 디테일까지 `CLAUDE.md`에 포함한 것을 보면, 사람이 AI와 소통하며 개발할 때 얼마나 세심하게 프롬프트 설계를 해야 하는지 엿볼 수 있다.

10.7 기술 스택 선택: 아르민 로나허의 권고와 실천

이 프로젝트의 기술 스택 선정은 4장에서 소개한 아르민 로나허의 'Agentic Coding Recommendations' 글을 따랐다. 로나허는 여러 언어로 AI 코딩 실험을 진행한 끝에, Go 언어가 백엔드 자동화에 가장 적합하다고 분석했다. 문법이 단순하고 숨겨진 동작이 적으며, 패키지 호환성이 뛰어나 LLM이 오류를 일으킬 가능성이 낮기 때문이다. 예를 들어, Go에는 복잡한 메타프로그래밍이나 함수형 기교가 없고, 테스트도 `go test`만 치면 빠르게 돌아가기 때문에 AI가 헷갈릴 부분이 거의 없다.

반면 파이썬이나 자바스크립트는 생태계 변화가 너무 빠르거나 동적 특성이 많아 AI가 잘못된 개념을 배우기 쉽다고 지적했다. 이러한 통찰에 따라 개발자는 백엔드 언어로 과감히 Go를 채택했다. 실제로 클로드가 Go 코드를 생성하는 과정을 살펴보면, 사람 수준에 가까운 정확도로 HTTP 핸들러, 미들웨어, DB 쿼리 등을 구현해냈다.

`Gorilla Mux` 라우터를 사용한 것도 적절한 선택이었다. 단순하고 명쾌한 라우팅 라이브러리라 클로드가 쉽게 문법을 이해하고 REST API 엔드포인트를 구현할 수 있었기 때문이다. 예를 들어, 커밋 기록을 보면 클로드는 `POST /api/articles` 같은 엔드포인트의 핸들러 함수를 한 번에 올바르게 작성했고, JWT 토큰 처리 로직도 표준에 맞게 구현했다. 이는 Go의 명세와 예제가 AI의 사전 지식으로 충분히 학습되어 있었기 때문으로 보인다.

프런트엔드 역시 로나허의 권고를 따랐다. 그는 프런트 스택으로 `React + Vite + Tailwind CSS` 조합을 추천했는데, 이는 LLM이 참고할 튜토리얼과 예제가 풍부하면서도 비교적 안정된 기술들이기 때문이다.

실제 이 프로젝트에서는 리액트 18+에 Vite 빌드 도구, Zustand 상태 관리, TanStack Router/Query, Tailwind CSS, 맨타인 UI 라이브러리를 사용했다. 얼핏 최신 스택처럼 보이지만, 각 구성 요소는 문서화가 잘 되어 있고 큰 변동이 없는 편이다.

클로드는 이러한 도구들의 사용법을 잘 파악하고 있어서, 예컨대 Zustand로 전역 상태를 관리하거나 TanStack Router로 라우팅 구성하는 코드를 문제없이 작성했다. 또한 맨타인 같은 UI 컴포넌트를 활용해 회원가입 폼, 로그인 페이지, 기사 목록 뷰 등을 손쉽게 구현했다. Tailwind CSS도 AI에겐 익숙한 도구였는지, 클래스 이름들을 적절히 조합해 반응형 디자인을 구현했다.

이렇듯 적절한 기술 스택의 선택은 AI 개발 효율에 결정적이었다. 로나허의 말대로, 새로운 기법이나 복잡한 프레임워크를 쓰지 않고 검증된 도구들을 활용하니 클로드가 헛다리 짚는 일이 거의 없었다. 실제 개발 중 AI가 가장 애를 먹은 부분도 오히려 최신 TanStack Router의 파일 기반 라우팅 정도였다. 파일 이름에 $ 문자가 포함되자 셸 명령으로 오인하는 혼란이 잠시 있었지만, 곧 해결되었다.

결국 Go와 리액트 조합이 바이브 코딩에 최적화된 스택임이 이번 사례로 입증되었다. AI가 작성한 코드는 처음부터 끝까지 크게 손볼 곳 없이 잘 동작했으며, 이는 선택한 기술들이 안정적이고 호환성이 높아 AI의 실수를 흡수한 덕분이라고 할 수 있다.

10.8 자동화된 풀스택 개발의 실증적 성과

이 프로젝트는 풀스택 개발에서 인간의 개입을 최소화하면서도 최종 산출물의 완성도를 높게 유지했다는 점에서 의미가 크다. 클로드 AI는 백엔드와 프런트엔드 양쪽 코드를 능숙하게 생성했으며, 이를 통해 인간 개발자가 특정 분야에 전문 지식이 부족해도 AI의 보조로 충분히 보완할 수 있음을 보여주었다.

예컨대 이 프로젝트의 진행자는 Go 언어에 능통하지 않아도 문제없었다. 클로드가 'Go에서는 컨텍스트를 이렇게 넘겨야 해', 'HTTP 미들웨어 패턴은 이런 식으로 짜야 해'를 이미 알고 코드로 작성해 주었기 때문이다. 프런트엔드도 마찬가지였다. 리액트 훅, Zustand 상태 관리, 타입스크립트 타입 정의처럼 다소 생소한 부분도 AI가 척척 구현해냈다. 개발자는 결과물을 리뷰하며 '의도대로 동작하는구나' 정도만 확인하면 됐다. 다시 말해, 바이브 코딩을 활용하면 특정 프레임워크 전문가가 아니어도 풀스택 개발이 가능함을 입증한 셈이다.

이번 사례에서는 JWT 인증, REST API, DB 마이그레이션, CI/CD 파이프라인, 인프라 코드까지 한 사람이 직접 작성하지 않았다. 그럼에도 완성된 코드베이스는 견고했다. 백엔드에는 단위 테스트와 통합 테스트가 촘촘히 포함되었고, 프런트엔드에도 `React Testing Library`와 `Playwright`를 이용한 테스트 코드가 작성되었다. 인간의 요구대로 '테스트 커버리지 80% 이상'이라는 목표를 달성하기 위해 애썼다.

품질 관리 장치도 눈에 띄었다. 깃 훅을 걸어 커밋 시 자동으로 린트와 포맷을 확인하고, 관련 테스트를 실행하도록 설정한 것이다. 이런 장치들 역시 클로드가 구성해준 결과였다. 실제 커밋 기록에는 '`pre-commit` 훅과 깃허브 액션 포매팅 체크 정합'이라는 메시지가 남아 있는데, 이는 AI가 코딩 도중 `golangci-lint`나 `ESLint` 경고를 발견하고 스스로 수정한 뒤 커밋한 흔적이다. 클로드는 코드를 작성하다가 린트 경고가 발생하면 즉시 고쳐 다시 실행했고, 오류가 사라질 때까지 반복했다. 그 결과 AI가 작성한 코드임에도 인간이 일일이 디버깅할 부분이 거의 없었다.

또 다른 성과는 속도였다. 이 프로젝트는 불과 이틀 남짓한 기간에 대부분의 기능이 구현되었다. 첫 이틀 동안 30여 개의 커밋이 연속으로 쌓였고, 이후 21~22일에는 자잘한 버그 수정과 포매팅 조정 몇 건으로 마무리되었다. 이틀 만에 이 정도 완성도의 풀스택 앱을 만든 것은 전통적인 개발 방식으로는 상상하기 어려운 생산성이다.

특히 RealWorld 같은 복잡한 스펙을 풀스택으로 처음부터 테스트까지 갖춰 구현하려면 보통 몇 주는 족히 걸린다. 이번 초고속 개발은 전적으로 바이브 코딩 덕분이었다. 물론 AI가 대신 코드를 써주니 빨라진 것이지만, 그 전제에는 **사람이 얼마나 명확하게 명령을 내렸는지가 자리한다.**

이 프로젝트에서는 `pre-prd, prd, plan` 같은 문서를 통해 요구사항을 명확히 규격화했고, `CLAUDE.md`와 이슈 분할로 AI의 행동을 세밀히 통제했다. 이런 치밀한 프롬프트 엔지니어링과 계획 수립이 없었다면 AI도 갈팡질팡하며 시간을 허비했을 것이다.

결국 속도와 품질을 동시에 확보할 수 있었던 비결은 **사람과 AI의 역할을 명확히 분리했기 때문이다.** 사람은 설계와 관리에 집중하고, AI는 구현을 담당함으로써 두 영역이 서로의 장점을 극대화할 수 있었다.

10.9 마치며

이 실증 사례가 주는 메시지는 분명하다. 바이브 코딩의 강력함은 뛰어난 AI 도구에만 있는 것이 아니다. 잘 정제된 PRD, 체계적인 구현 계획, 그리고 AI 친화적인 기술 스택이 어우러질 때 비로소 최대의 효과를 발휘한다.

클로드와 같은 도구, 잘 작성된 요건 정의, 적절한 기술 스택만 갖추면 구현 자체는 자동화로 빠르게 이뤄지고 산출물의 품질도 높게 유지된다. 이번 프로젝트에서 **사람은 마치 오케스트라 지휘자처럼 AI에게 방향을 제시했고, AI는 멋지게 연주(코딩)를 해냈다.** 복잡한 풀스택 앱도 '코드를 직접 한 줄 한 줄 짜는 수고' 없이 완성할 수 있음을 우리는 확인했다.

물론 그렇다고 엔지니어의 역할이 사라지는 것은 아니다. 오히려 무엇을 만들 것인지 명확히 규정하는 역량이 더욱 중요해졌음을 알 수 있다. 요구사항을 잘게 쪼개고, 규칙과 맥락을 잡아주는 일이 선행되면 AI는 그야말로 능숙한 장인처럼 일한다. 반대로 요구가 불명확하면 AI도 우왕좌왕할 수 있다.

요약하면, 바이브 코딩을 통한 풀스택 개발은 더 이상 꿈이 아니다. 이 책을 덮는 시점에서 독자 여러분은 이미 확인했을 것이다. 적절한 도구(클로드 AI), 잘 다듬어진 요구사항(PRD와 계획), 그리고 검증된 기술 스택만 갖춰지면 구현은 빠르고 결과물은 믿을 수 없을 만큼 훌륭하다.

앞으로의 소프트웨어 개발은 인간과 AI의 협업이 주류가 될지 모른다. 복잡한 코딩 작업은 AI에게 위임하고, 사람은 창의적 설계와 판단에 집중하는 방식이다.

이러한 변화의 물결 속에서도 변치 않는 것은 **명확한 사고**와 **계획**의 중요성이다. 요구사항을 논리적으로 정리하고 단계를 조직화하며 방향을 제시하는 역량은 여전히 인간의 몫이다. 그리고 그것만 잘 준비되어 있다면 AI라는 강력한 도구가 나머지를 척척 해낼 것이다.

이번 실전 프로젝트는 그 사실을 생생히 보여준 증거다. 여러분도 이제 준비된 설계 문서와 올바른 기술 선택만 있다면, 얼마든지 클로드와 같은 AI와 함께 고품질 앱을 빠르게 만들어낼 수 있을 것이다. 자신 있게 도전해보라. 세상은 이미 '코드는 AI가 짜고, 개발자는 방향을 제시하는 시대'를 향해 가고 있다. 우리도 그 흐름에 올라타야 한다.

이 프로젝트의 최종 결과물은 MIT 라이선스로 공개되었으며, 실제 동작하는 데모는 프런트엔드는 깃허브 페이지, 백엔드는 AWS ECS 기반으로 깃허브 액션 배포 설정까지 포함하고 있다. 관심 있는 독자는 해당 저장소(http://bit.ly/3HTrYfx)를 직접 살펴보길 바란다.

CHAPTER 11

바이브 코딩 시대의 리뷰 전략

이번 장은 속도를 얻은 우리가 무엇을 잃기 쉬운지에 대한 이야기다.

바이브 코딩은 '만드는 시간'을 단축하지만, '맞는지 확인하는 시간'을 빼앗아 간다. 눈앞의 생산성 곡선이 가파를수록, 보이지 않는 품질 부채는 더 빨리 불어난다. 그래서 지금, 리뷰는 선택이 아니라 시스템의 거의 유일한 안전장치이다. 하지만 현실은 리뷰가 많은 부분 개발자 개인의 선의나 직업 의식에 의존할 수밖에 없다. 우리는 먼저 리뷰가 왜 흔히 통과의례로 변질되는지, 그리고 그 결과 어떤 비용을 치르게 되는지를 직시해야 한다. 이번 장에서는 동작하는 리뷰를 어떻게 만들 수 있을지에 대해 이야기한다.

11.1 바이브 코딩에서 리뷰의 중요성

지금까지 우리는 바이브 코딩이라는 완전히 새로운 방식으로 실제 소프트웨어 개발이 어떻게 이루어지는지를 배웠다. 이 방식은 개발 생산성을 높이지만, 한편으로는 사람이 코드 내용을 완전히 이해하지 못한 채 결과물을 얻는 위험을 만들기도 한다. AI가 만들어낸 코드는 겉보기에 그럴듯해 보여도 예상치 못한 버그나 보안 취약점을 품고 있을 수 있다.

현시점에서 사람의 리뷰는 선택이 아닌 필수다. AI가 코드를 '대신' 작성해주더라도, 그 코드의 품질과 의도 부합 여부를 최종 확인하는 것은 인간의 몫이다. IBM의 한 AI 전문가는 'AI는 단순 반복 작업을 자동화해줄 뿐, 창의적 목표 정렬과 검증은 여전히 인간의 고유 영역이다'라고 강조한다. 특히 AI가 생성한 코드는 전통적인 개발 프로세스에서 종종 거치는 코드 리뷰나 보안 점검을 건너뛰기도 쉬운데, 이렇게 리뷰 단계를 생략하면 눈에 보이지 않는 결함이 남아 시스템의 약점이 될 수 있다.

따라서 코드 리뷰뿐 아니라 QA, 디자인, 기획 등 개발 전 과정에서의 리뷰가 제대로 이루어져야 AI의 실수를 걸러내고 제품의 완성도를 높일 수 있다. 바이브 코딩 시대일수록 '신속하지만 신중한 리뷰'가 프로젝트 성공과 안정성의 열쇠가 되고 있다.

11.2 리뷰가 형식화되기 쉬운 이유

현실의 개발 현장에서는 코드 리뷰가 종종 형식적인 절차로 전락하기 쉽다. 바쁜 일정 속에서 리뷰어들은 피어 리뷰를 깊이 있게 하기보다는, 겉핥기식으로 보고 빠르게 승인해주는 유혹을 받는다.

예를 들어 깃허브 등의 PR[pull request] 리뷰에서 동료의 코드를 몇 분 만에 훑어보고는 LGTM[Looks Good To Me]('괜찮아 보인다') 한 마디로 승인해버리는 경우가 적지 않다. 이는 리뷰 과정이 겉모습만 갖추고 실제로는 코드 품질 향상에 기여하지 못하는 가짜 리뷰 사례다.

리뷰가 이렇게 형식적으로 흐르게 되는 이유는 다양하다. 첫째, 속도와 효율에 대한 압박으로 충분한 시간을 들이기 어렵기 때문이다. 빠른 배포를 중시하는 문화에서는 리뷰를 신속히 끝내야 한다는 압박이 생겨, 자연히 깊은 고민 없이 넘어가기 쉽다.

둘째, 심리적 요인도 작용한다. 동료의 코드를 까다롭게 지적했다가 관계가 어색해질까 우려하여, 문제가 보여도 애써 눈감아 주는 경우가 있다. 셋째, AI 보조 도구에 대한 과신도 한몫한다. '자동화된 테스트도 통과했으니 별문제 없겠지'라고 믿고 넘어가거나, AI가 어느 정도 리뷰를 대신해줄 것이라 기대하며 책임감을 낮추는 것이다.

이러한 이유들로 인해 코드 리뷰는 본래 취지였던 결함 발견이나 개선보다는, 스타일 교정이나 사소한 코멘트에 그치는 경우가 많다. 실제 연구에서도 '결함을 찾는 것이 코드 리뷰의 최우선 동기임에도 불구하고, 현실의 리뷰 결과는 사소한 문제 지적에 치우치는 경향이 있다'는 지적이 나오고 있다. 요컨대 리뷰 자체를 목적이 아닌 통과의례로 여기기 시작하면, 아무리 절차를 밟아도 품질 개선 효과는 미미해진다.

11.3 실질적인 리뷰를 위한 심리학 기반 접근: 행동경제학

형식에 그치지 않고 실효성 있는 리뷰 문화를 정착시키려면 사람의 행동 심리를 활용한 전략이 도움이 된다. 심리학의 한 분야인 행동경제학의 원리를 리뷰 과정에 적용해 리뷰어들의 동기를 자극하고 올바른 행동을 끌어낼 수 있다. 대표적인 원리들과 적용 방안을 다음 예시와 함께 살펴보자.

손실 회피 심리

사람은 같은 이득을 얻는 것보다 손실을 피하는 데 두 배로 민감하다고 한다. 이 원리를 리뷰에 활용하려면, 리뷰를 소홀히 했을 때 발생할 수 있는 손해를 팀 차원에서 분명히 인식시키는 것이 효과적이다.

예를 들어 과거에 리뷰 부족으로 중대한 버그나 장애가 발생했던 사례를 공유하고, '이번에 우리가 꼼꼼히 거르지 않으면 이런 손실을 다시 입을 수 있다'는 경각심을 불러일으킨다. 코드 리뷰 체크리스트에 '잠재적 손실 점검' 항목을 추가하여, 변경된 코드로 인해 사용자가 겪을 불편이나 시스템 장애 가능성을 항상 확인하게 하는 것도 방법이다. 손실 회피 동기가 작동하면 개발자들은 '문제를 놓쳐서 잃는 것'을 피하고자 자연히 리뷰에 심혈을 기울이게 된다.

사회적 증거

다수의 사람이 어떤 행동을 할 때, 다른 사람도 그것을 따라 하려는 경향이 있다. 리뷰 문화를 개선하는 데도 이 사회적 증거 효과를 활용할 수 있다. 가령 팀 내에 모범이 될 만한 철저한 리뷰 문화를 만든다. 선임 개발자나 리더가 앞장서서 상세한 코드 리뷰 코멘트를 남기고 개선점을 제시하면, 다른 개발자들도 '다들 저렇게 하고 있구나'라는 걸 느끼고 따라 하게 된다.

또한 코드 리뷰 결과나 통계를 가시화하는 것도 도움이 된다. 예를 들어, '지난 분기 코드 리뷰를 철저히 한 덕에 운영상 발생하는 버그가 30% 줄었다'는 식의 수치를 모두가 볼 수 있게 공유하면, 구성원들은 리뷰의 가치를 직접 체감하고 따라야 할 표준으로 인식하게 된다. 결국 주변 동료들이 리뷰에 공을 들이는 모습 자체가 넛지가 되어 전체적인 리뷰 품질을 끌어올린다.

넛지

넛지는 팔꿈치로 슬쩍 찌르듯 부드럽게 개입함으로써 행동을 유도하는 방법이다. 강압적으로 지시하지 않으면서도 올바른 행동을 쉽게 선택하도록 환경을 설계하는 것이 핵심이다. 코드 리뷰 과정에 넛지를 적용한 대표 사례로 메타의 NudgeBot 실험을 들 수 있다. 메타는 리뷰 지연을 줄이기 위해, PR이 24시간 넘게 '대기 중' 상태이면 자동으로 담당 리뷰어에게 알림을 보내는 봇을 도입했다. 그 결과 개발자들의 느린 리뷰 응답이 크게 개선되어, 3일 이상 걸리던 PR 비율이 11% 이상 감소하는 등 속도 향상 효과를 보았다.

이때 메타 팀은 속도만 강조할 경우 리뷰어들이 형식적으로 빨리 승인해버릴 수 있음을 인지하고, 리뷰어의 실제 코드 읽는 시간$^{eyeball\ time}$을 측정해 품질 저하를 방지하는 장치를 함께 두었다. 이처럼 넛지 전략을 사용할 때에는 의도한 행동(예: 신속한 리뷰)과 지켜야 할 가치(예: 리뷰 품질) 사이에 균형을 잡는 것도 중요하다.

그 외에도 넛지는 여러 형태로 활용 가능하다. 리뷰 요청 시 기본적으로 두 명 이상의 리뷰어를 자동 지정해 책임 분산을 막고 각자가 책임감을 느끼게 하거나, 리뷰 승인 버튼을 누르기 전에 '이 코드를 충분히 이해했나요?' 같은 확인 메시지를 띄워 한 번 더 숙지하게 만드는 작은 장치도 생각해볼 수 있다. 이러한 부드러운 개입들은 리뷰어 스스로 올바른 선택을 하도록 환경을 조성해준다.

자율성과 책임감 부여

사람은 스스로 결정권과 소유감을 느낄 때 더 높은 책임감을 가진다. 리뷰를 형식적 의무가 아니라 자율적이고 의미 있는 일로 인식시키면 그 질이 높아진다. 예를 들어, 구성원 각자에게 특정 모듈이나 기능의 '챔피언' 역할을 맡겨 해당 부분의 코드 품질을 책임지게 해보자. 그러면 그 영역에 관한 한 리뷰어는 남의 코드라도 내 코드처럼 여겨 세심하게 검토하게 된다.

또한 리뷰어에게 재량권을 주는 것도 중요하다. 리뷰 가이드라인은 제시하되 세부적인 판단은 리뷰어가 알아서 하도록 신뢰하면, 리뷰어는 자긍심을 가지고 적극적으로 참여하게 된다. 반대로 지나치게 체크리스트만 강요하고 재량을 없애면 리뷰어는 수동적으로 변하고 책임감이 떨어진다. 개발 문화 차원에서 '우리 모두가 품질의 공동 책임자'라는 인식을 심어 자율적으로 리뷰에 임하게 하면 리뷰가 형식에 그치지 않고 능동적인 개선 활동이 된다.

즉각적 보상

인간은 눈앞의 작은 보상에도 민감하게 반응한다. 리뷰 행위에 대해 즉각적이고 긍정적인 피드백을 제공하면 리뷰 동기를 강화할 수 있다. 예를 들어, 철저한 리뷰를 통해 버그를 잡아낸 경우 그 사실을 바로 팀 채널에서 공유하고 해당 리뷰어를 칭찬한다. '덕분에 사고를 미연에 방지했다'는 즉각적 인정은 리뷰어에게 큰 보람으로 다가온다.

일부 조직에서는 코드 리뷰에 게이미피케이션을 도입하기도 한다. 리뷰를 완료할 때마다 포인트를 부여하고, 일정 포인트 이상이면 배지나 소정의 보상을 제공하는 식이다.

혹은 월간 '베스트 리뷰어'를 선정해 공개적으로 치하하면, 동료들의 존경과 인정을 받게 되어 자연스레 리뷰 참여율과 성실도가 높아진다. 중요한 점은 보상의 크기보다 즉시성이다. 사람들이 리뷰를 마치자마자 얻는 작은 성취감이 쌓여 내재적 동기로 전환되면, 더 이상 형식적인 리뷰가 아니라 즐겁고 보람찬 습관으로 자리잡는다.

이상의 심리학적 접근들은 리뷰어 개개인의 동기를 자극해 리뷰 과정이 단순한 규칙 수행이 아닌 능동적 문제 해결 행위가 되도록 돕는다. 결국 사람의 마음을 움직이는 장치를 함께 마련해야 AI 시대의 리뷰 문화가 제대로 정착된다.

11.4 AI의 보조 역할: 인간 중심 리뷰를 위한 AI 활용

바이브 코딩 시대의 리뷰는 인간의 주도하에 이뤄져야 하지만, AI는 유능한 조력자가 될 수 있다. AI의 힘을 빌려 리뷰 효율과 품질을 높이되, 최종 판단과 창의적 통찰은 사람이 담당하는 인간 중심 리뷰 전략이 필요하다. 여기서는 AI가 맡을 수 있는 몇 가지 보조 역할과 활용 사례를 살펴본다.

자동화된 결함 탐지와 제안

AI는 방대한 코드 데이터를 학습해 패턴 인식과 이상 탐지에 능하다. 이를 리뷰 단계에 접목하면, 사람이 놓치기 쉬운 부분을 AI가 먼저 걸러줄 수 있다. 예를 들어, 정적 분석 도구나 AI 코드 리뷰 툴을 PR에 연동하면, 코드 스타일 위반이나 명백한 버그, 보안 취약점 등을 자동으로 검출하여 리뷰어에게 알려준다. AI가 사전 필터 역할을 해주면 리뷰어는 반복적이고 자잘한 지적에 쓰는 시간을 아껴, 더 중요한 설계나 로직 문제에 집중할 수 있다.

마치 워드 프로세서의 맞춤법 검사가 오탈자를 잡아주어 글쓴이가 내용에 집중할 수 있게 돕는 것과 같다. 이러한 AI 보조를 통해 리뷰 효율과 결함 발견율을 동시에 높일 수 있다.

리뷰 품질 피드백

AI는 리뷰어가 남긴 코멘트나 검토 행동을 분석해 피드백을 제공할 수도 있다. 예를 들어, AI 시스템이 리뷰 기록을 학습해 '중요한 오류를 발견하지 못한 리뷰' 패턴을 인지했다면, 해당 리뷰어에게 사후에 '이런 부분을 놓쳤습니다'라고 조언할 수 있다.

혹은 리뷰어별로 AI가 리뷰 품질 지표를 산출해보는 것도 가능하다. (예: 리뷰 코멘트당 발견된 결함 수, 리뷰 소요 시간과 코드 복잡도의 상관관계 등) 이를 통해 리뷰어들은 자신의 리뷰 스타일을 객관적으로 돌아보고 개선할 점을 파악할 수 있다. 다만 이러한 피드백은 격려와 학습 목적이어야 하며, 평가나 감시 수단처럼 비치지 않도록 주의해야 한다. 긍정적인 피드백 환경에서는 AI가 선생님처럼 리뷰어의 성장을 도와, 팀 전체의 리뷰 수준을 한 단계 끌어올릴 수 있다.

책임감 유도와 워크플로 관리

AI는 프로젝트 관리 측면에서도 리뷰 책임감을 높이는 데 기여할 수 있다. 예를 들어, AI 기반 코드 소유자 추천 시스템을 구축하면, 변경된 코드 영역과 과거 기여도를 바탕으로 가장 적합한 리뷰어에게 자동으로 요청이 할당된다. 이는 해당 영역에 익숙한 사람이 리뷰하게 함으로써 책임 의식과 리뷰 품질을 동시에 높여준다.

또 다른 예로, AI 챗봇이 '현재 리뷰 대기 중인 PR이 3건 있다. 가장 오래된 것은 2일 경과되었다'와 같이 팀원들에게 주기적으로 알려주면 리뷰해야 할 항목을 잊지 않게 해준다. 사람들은 때로 의도치 않게 리뷰를 미루고는 하는데, AI가 이를 적절히 관리하면 자연스럽게 개인의 책임감을 상기시켜 행동을 촉진시킨다. 앞서 소개한 메타의 NudgeBot처럼, AI는 귀띔해주는 동료 역할을 하여 사람이 스스로 리뷰에 나서도록 만드는 것이다.

AI와 사람의 협업 리뷰

리뷰 과정을 전적으로 사람에게만, 혹은 전적으로 AI에게만 맡기는 이분법을 넘어, 두 주체가 협력하는 혼합형 모델을 활용할 수 있다. 예를 들어, PullRequest와 같은 플랫폼은 AI

가 먼저 코드 변경을 분석해 간략한 리뷰 인사이트를 제공하고, 그 후 인간 전문 리뷰어가 이를 토대로 심층 리뷰를 진행하는 방식을 취한다.

AI는 방대한 오픈 소스 코드 학습을 바탕으로 '유사한 코드 변경에서 문제가 되었던 사항'을 알려주거나, 변경된 코드의 의도를 요약해줘서 리뷰어의 이해를 돕는다. 이렇게 AI가 후방 지원을 해주면, 인간 리뷰어는 더 전략적이고 창의적인 피드백에 집중할 수 있다.

결과적으로 사람과 AI의 장점을 결합하면 리뷰 시간이 단축되면서도 누락된 부분 없이 꼼꼼하게 검토할 수 있게 된다. 중요한 점은 AI의 제안이나 검출 결과를 최종적으로 인간이 해석하고 판단하는 프로세스다. AI가 '이 부분은 비효율적입니다'라고 지적하더라도, 실제 개선 여부나 방향은 인간 리뷰어가 맥락을 고려해 결정해야 한다. 이렇듯 인간을 중심에 둔 AI 보조는 리뷰 과정을 한층 더 강화해주지만, 어디까지나 결정권과 책임은 사람에게 있다는 원칙하에 운용해야 한다.

전반적으로 AI는 리뷰어들의 생산성 도구로서, 반복 작업을 덜어주고 중요한 통찰을 끌어내는 데 기여한다. 하지만 최종 품질에 대한 책임과 창의적 판단은 인간 리뷰어에게 있기 때문에 AI는 도구, 리뷰는 인간 주도라는 균형을 유지하는 것이 핵심이다. 이를 통해 AI 시대에도 리뷰가 단순 형식이 아닌 사고력과 전문성이 발휘되는 과정으로 남을 수 있다.

11.5 개발 프로세스 전반의 리뷰 적용 지점과 품질 향상 방안

리뷰는 코드 단계에만 국한되지 않으며, 소프트웨어 개발 수명 주기software development life cycle (SDLC) 전 단계에서 품질을 담보하는 중요한 체크포인트 역할을 한다. 각 단계마다 리뷰를 적절히 배치하고 잘 수행하면, 초기 결함을 조기에 잡아내고 후속 단계를 수월하게 만들어준다. 이어서 개발 프로세스의 주요 단계별 리뷰 지점과, 각 리뷰의 품질을 높이는 방안을 살펴본다.

요구사항 리뷰

프로젝트의 맨 첫 단추인 요구사항 정의 단계에서는 요구사항 리뷰를 통해 요구가 명확하고 완전한지 검증한다. 비즈니스 분석가, 기획자, 개발자, QA 등 다양한 관점의 사람이 문서를 검토하여 모호한 표현이나 상충되는 요구사항은 없는지 점검해야 한다. 이 단계에서 발견된 모호함은 나중에 큰 손실을 막는다.

품질 향상을 위해 체크리스트를 활용할 수 있다. 예컨대 '모든 요구사항에 수용 기준이 명시되어 있는가?', '기술적 제약은 명확히 기술되었는가?' 등을 검토한다. 또한 테스트 케이스 구상을 요구사항 단계부터 함께 진행하면, 요구사항이 테스트 가능할 정도로 구체적인지 판단하는 데 도움이 된다.

요구사항 리뷰는 결국 '만들 제품이 정확히 무엇인가'에 대한 모든 이해관계자의 합의를 이끌어내는 과정이다. 이 합의가 견고할수록 이후 단계의 시행착오를 크게 줄일 수 있다.

설계 리뷰

요구사항을 바탕으로 시스템 아키텍처나 상세 설계를 할 때, 동료 개발자들과 설계 리뷰를 거치는 것이 바람직하다. 설계 리뷰에서는 제안된 아키텍처가 요구사항을 충족하고 구현 가능하며 향후 확장이나 유지보수에 적합한지를 검토한다. 예를 들어 다이어그램이나 모델을 보면서 병목이나 단점이 없는지 토론하고, 대안 설계가 있다면 함께 비교해본다. 이 과정에서 QA 담당자는 테스트 용이성 측면의 의견을, 보안 담당자는 안전성 측면의 의견을 더하여 설계를 다각도로 살핀다.

설계 리뷰의 품질을 높이려면 사전 준비가 중요하다. 리뷰 자료를 충분히 공유하고, 리뷰 미팅 전에 참가자들이 질문과 우려 사항을 생각해오도록 한다. 또한 의사결정 기록을 남겨 나중에 '왜 이렇게 설계했는가'를 추적할 수 있게 하면 좋다. 잘 된 설계 리뷰를 통해 구현 단계에서의 큰 변경이나 재작업을 예방할 수 있고, 개발 팀 전체가 시스템의 큰 그림에 대해 공통 이해를 가지게 된다.

코드 리뷰(구현 단계 리뷰)

구현 단계에서는 개발자가 작성하거나 AI가 생성한 코드를 동료들이 검토하는 코드 리뷰 과정을 거친다. 이 단계의 리뷰 목표는 코드가 요구사항과 설계 의도에 맞게 동작하는지, 버그나 취약점은 없는지, 코딩 표준과 스타일을 준수했는지 등을 확인하는 것이다.

효과적인 코드 리뷰를 위해서는 몇 가지 방안을 적용할 수 있다. 첫째, PR 단위를 작게 유지하여 한 번에 리뷰하는 분량을 줄인다. 코드 변경 범위가 커질수록 리뷰 품질은 떨어진다.

기능별로 작게 나누어 보내야 리뷰어가 집중해서 볼 수 있다. 파이프라인에서 코드 변경 양을 규칙으로 정하고, 불가피한 상황에 의해 예외가 필요한 경우 매니저나 시니어 개발자의 승인을 받도록 하는 것도 좋은 방법이다.

둘째, 리뷰 가이드라인을 팀 내에 마련해둔다. 어떤 부분을 중점적으로 볼지를(예: 핵심 로직, 에러 처리, 성능, 보안 등) 미리 합의하면 리뷰어들이 일관된 기준으로 검토할 수 있다. 셋째, 자동화 도구를 적극 활용한다. 정적 분석, 린터linter, 자동 테스트를 PR에 연결해 스타일 문제나 간단한 버그는 도구가 걸러주도록 하고, 리뷰어는 더 높은 수준의 이슈를 다룬다.

넷째, 피드백 문화를 긍정적으로 형성한다. 리뷰 코멘트를 단순 지적이 아닌 협업 제안의 형태로 남기고, 리뷰이를 존중하는 어조를 유지한다. 예를 들어, '여기서 Null 체크를 추가하면 좋겠습니다'라고 제안하고 그 이유를 설명하는 방식이다. 이러한 문화가 자리 잡으면 리뷰이가 방어적 태도를 갖지 않고 열린 마음으로 수용해 코드 개선으로 이어진다.

코드 리뷰는 자칫 형식적인 승인 절차로 전락하기 쉽다. 그러나 위의 원칙들을 지키면 실제 결함을 잡아내고 팀 역량을 향상시키는 생산적인 단계로 활용할 수 있다.

테스트 단계 리뷰

코드 구현이 끝나면 이를 검증하는 테스트 단계가 진행된다. 여기서의 리뷰는 작성된 테스트 케이스나 시나리오에 대한 검토를 의미한다. QA 엔지니어뿐만 아니라 개발자도 서로의 테스트 케이스를 리뷰함으로써, 중요한 시나리오 누락이나 잘못된 가정이 없는지 확인할 수 있다.

테스트 리뷰를 잘 하기 위해서는 먼저 요구사항 추적 매트릭스 등을 활용해 모든 요구사항이 적절한 테스트로 커버되었는지 체크한다. 또한 경계값 분석, 예외 상황 등 극단적 케이스도 포함되었는지 동료 시각에서 점검한다.

자동화된 테스트 코드의 리뷰도 빼놓을 수 없다. 테스트 코드 역시 인간이 작성하는 소프트웨어이므로, 정확성과 가독성을 위해 코드 리뷰를 적용한다. 예를 들어, '이 테스트는 항상 성공할 것 같은데, 제대로 된 실패 사례를 포함하고 있는지?'와 같은 피드백을 통해 테스트의 유효성을 높일 수 있다.

마지막으로, 테스트 결과에 대한 리뷰(테스트 리뷰 회고)도 고려할 만하다. 어떤 버그가 테스트에서 잡혔고, 어떤 버그가 놓쳤는지를 팀이 함께 분석하면 다음 테스트 계획에 반영되어 품질 향상이 이어진다. 이처럼 테스트 단계에서의 리뷰는 단순히 '테스트를 했다'에 그치지 않고, 테스트의 철저함을 담보하여 제품 품질을 한층 끌어올린다.

배포 및 운영 단계 리뷰

소프트웨어가 배포될 때와 배포된 후 운영 단계에서도 리뷰가 개입한다. 배포 전 리뷰는 배포 계획이나 릴리스 노트에 대한 검토가 있다. 여러 팀원이 배포 절차를 함께 점검하여 중요한 설정 누락이나 호환성 문제가 없는지 확인한다. 예를 들어, '이번 배포에 데이터베이스 마이그레이션 스크립트가 포함되어 있는데, 롤백 절차는 검토되었는가?'와 같은 질문을 던져보는 것이다.

또한 IaC나 배포 파이프라인에 변경이 있을 경우 인프라 엔지니어와 함께 리뷰하여, 잘못된 구성으로 서비스 장애가 발생하지 않도록 한다.

운영 단계의 리뷰는 배포 후 모니터링 결과와 사용자 피드백을 검토하는 포스트 모템 post-mortem 리뷰가 있다. 장애나 심각한 버그 발생 시 원인을 분석하고 대응 과정을 돌아보는 리뷰 모임을 가져, 재발 방지 대책을 도출한다. 이때 책임 추궁보다는 학습에 초점을 맞춰 무엇을 개선할지 팀이 함께 논의하는 것이 중요하다.

또한 정기적으로 운영 지표 리뷰를 열어 시스템 성능, 오류 로그, 사용자 만족도 등의 지표를 확인하고 문제가 감지되면 선제적으로 조치한다. 이러한 배포/운영 단계의 리뷰를 통해 개발 팀은 제품의 실제 환경 동작을 꼼꼼히 들여다보고, 지속적으로 개선 사이클을 이어나갈 수 있다.

결론적으로, 처음 요구사항에서 최종 운영에 이르기까지 모든 단계에 리뷰 문화가 스며든다면 실수와 결함을 조기에 발견해 품질을 높이고 개발 효율을 극대화할 수 있다.

11.6 바이브 코딩 시대의 개발자, 리뷰 능력이 경쟁력

AI가 코드를 대신 작성해주는 바이브 코딩 시대에도, 리뷰하는 능력은 개발자의 핵심 경쟁력으로 부상하고 있다. 이제 개발자는 단순 코더가 아니라 AI가 만들어낸 결과물을 빠르게 이해하고 정확히 평가하는 감별사이자 품질 관리자의 역할을 맡는다. 눈부신 속도로 생성되는 코드들 속에서 무엇이 옳고 그른지 가려내는 일은 오롯이 사람의 몫이며, 이는 숙련된 리뷰 역량 없이는 불가능하다.

구글 CEO 선다 피차이Sundar Pichai 역시 '나도 바이브 코딩을 즐기고 있지만, 소프트웨어 개발의 핵심은 결국 인간이다'라고 언급하며, AI가 여전히 기본적인 실수를 범하기 때문에 엔지니어 인력을 줄일 생각이 없다고 밝힌 바 있다. 이는 곧 AI 시대에도 인간 개발자의 최후 보루는 리뷰와 판단 능력임을 시사한다.

바이브 코딩 환경에서 살아남는 개발자가 되려면 무엇보다 **빠르고 정확한 리뷰 역량**을 길러야 한다. AI가 생성한 코드를 남들보다 한 발 앞서 파악하고, 숨은 문제를 짚어내며, 더 나은 방향을 제시하는 능력이 곧 개발자의 가치가 된다.

이를 위해서는 꾸준한 학습과 연습이 필요하다. 다양한 도메인의 코드와 설계를 리뷰해보며 눈을 길들이고, 보안, 성능, UX 등 여러 측면의 품질 기준도 폭넓게 익혀야 한다. 또한 앞서 논의한 심리학적 원리들을 활용해 자신만의 리뷰 습관을 꾸준히 개선하면, 어떤 상황에서도 흔들리지 않는 리뷰 원칙을 세울 수 있을 것이다.

결국 뛰어난 리뷰어는 AI 시대 개발 팀의 신뢰의 등대가 된다. 자동화 도구가 놓친 부분을 보완하며 프로젝트가 올바른 방향으로 나아가도록 이끌고, 빠른 개발 주기 속에서도 품질을 유지하는 데 결정적인 역할을 하게 될 것이다.

즉, '리뷰 잘하는 개발자'가 곧 '성공적인 개발자'인 시대가 열리고 있다. 바이브 코딩이 보편화될수록 이러한 경향은 더욱 뚜렷해질 것이다. 새 시대에 적응하고 앞서가기 위해, 개발자들은 지금 이 순간에도 리뷰 역량 강화를 위한 노력을 아끼지 말아야 한다. AI와 협력하면서도 인간의 통찰을 최대로 활용하는 리뷰 능력, 이것이 바이브 코딩 시대를 헤쳐 나갈 궁극의 무기가 될 것이다.

INDEX

숫자

12 팩터 앱   142, 158
12 Factor App   142, 158

ㄱ

가변적 변화   157
공통 언어   153
기술적 공감 능력   31
깃허브   20
깃허브 코파일럿   22

ㄴ ㄷ

눈송이 서버   157
다음 단어 예측   35
단위 테스트   29
대규모 언어 모델 (LLM)   19, 32
도메인 주도 설계 (DDD)   153
딥러닝   32

ㅁ

맨타인   81
멀티샷   129
멀티헤드 어텐션   33, 34
모델 컨텍스트 프로토콜 (MCP)   163

ㅂ

바이브 코더   28
바이브 코딩   19, 21
불변 인프라스트럭처   157
브랜치 커버리지   106
빈칸 채우기   35

ㅅ

사고 연쇄 (CoT)   46, 128

사용자 가치 명세   106
서버 사이드 렌더링 (SSR)   79
서버 전송 이벤트 (SSE)   165
서버리스 아키텍처   159
서비스형 백엔드 (BaaS)   159
서비스형 함수 (FaaS)   159
설계 문서   24, 142
셀프 어텐션   33, 34
소프트웨어 개발 수명 주기 (SDLC)   213
순환 신경망 (RNN)   33

ㅇ

애플리케이션 로드 밸런서 (ALB)   176
어텐션   33
엔드투엔드 테스트   29
윈드서프   62
유전 알고리즘   24
의존성 규칙   150, 152
인간 피드백 강화학습 (RLHF)   35
인공신경망 (ANN)   32
인공지능 (AI)   19
인스트럭션 튜닝   35

ㅈ ㅊ

자동 스케일링   175
장기 의존성   33
정적 사이트 생성 (SSG)   79
제로 트러스트   160
제미나이   62
제품 요구사항 문서 (PRD)   27, 143
종량제 요금제   83
초과 프로비저닝   176
총소유비용 (TCO)   71
추상 구문 트리 (AST)   37

INDEX

ㅋ
커서 62
컨텍스트 22
컨텍스트 윈도우 38, 47, 127
코덱스 62
코파일럿 21
클로드 코드 62
클린 아키텍처 150, 152

ㅌ
테스트 주도 개발 (TDD) 23, 154
통합 테스트 29
트랜스포머 32

ㅍ
파운데이션 모델 35
패턴 언어 141
퓨샷 129
프롬프트 52

ㅎ
하이브리드 추론 47
합성곱 신경망 (CNN) 20
행동 주도 개발 (BDD) 23, 155
헌법 기반 AI 43
확률적 경사 하강법 24
확장 사고 103

A
abstract syntax tree(AST) 37
application load balancer(ALB) 176
artificial intelligence(AI) 19
artificial neural network(ANN) 32
attention 33
auto scaling 175

B
Backend as a Service(BaaS) 159
behavior driven development(BDD) 23, 155
branch coverage 106

C
chain-of-thought(CoT) 46, 128
Claude Code 62
clean architecture 150, 152
Codex 62
Constitutional AI 43
context 22
context window 38, 47, 127
convolutional neural network(CNN) 20
Copilot 21
Cursor 62

D
deep learning 32
dependency rule 150, 152
design document 24, 142
domain driven design(DDD) 153

E
end-to-end test 29
extended thinking 103

F
few-shot 129
foundation model 35
Function as a Service(FaaS) 159

G H
Gemini 62
genetic algorithm 24

INDEX

Github 20
GitHub Copilot 22
hybrid reasoning 47

I
immutable infrastructure 157
instruction tuning 35
integration test 29

L
large language model(LLM) 19, 32
long-term dependency 33

M
Mantine 81
masked language modeling 35
mechanical sympathy 31
model context protocol(MCP) 163
multi-head attention 33, 34
multishot 129
mutable change 157

N, O
next token prediction 35
over-provisioning 176

P
pattern language 141
pay as you go 83
product requirements document(PRD) 27
prompt 52

R
recurrent neural network(RNN) 33

reinforcement learning from human feedback(RLHF) 35

S
self attention 33, 34
server sent event(SSE) 165
server side rendering(SSR) 79
serverless architecture 159
snowflake server 157
software development life cycle(SDLC) 213
static site generation(SSG) 79
stochastic gradient descent 24

T
test driven development(TDD) 23, 154
Total Cost of Ownership(TCO) 71
transformer 32

U
ubiquitous language 153
unit test 29
user value statement 106

V
vibe coder 28
vibe coding 19, 21

W, Z
Windsurf 62
zero trust 160